無名戦士たちの行政改革

WHY NOTの風

村尾信尚 監修／澤　昭裕 編集
WHY NOTメンバー 著

関西学院大学出版会

無名戦士たちの行政改革

——ＷＨＹ　ＮＯＴの風

はしがき

行政改革を論じる人は多い。政治家、学者はもちろんのこと、民間のシンクタンクや高名なコンサルタントの手になる著書も巷にあふれている。しかし、自分と等身大の人々が行政改革や市民活動に取り組んだ経験というのは、誰かの体験談として聞いたり、ブログなどで見かけたりすることはあったとしても、本という形で世に出ることはなかなかない。

この本は、そうした狙いをこめて、行政改革推進ネットワーク「WHY NOT」のメンバーが、それぞれの立場から行政改革や市民活動について執筆したものだ。WHY NOT設立の経緯については最終章に触れているが、いま流行のマニフェストとは逆に、市民の側から候補者に公約を提示して、候補者の立場を明確にさせるという方法を提案してきた。今では、いくつかの地域で、そうした動きも見られるようになっている。

WHY NOTには、現役の公務員やメディア関係者、市民活動者など多彩な人々が参加している。WHY NOT創設者の村尾がニュースキャスターとなり、WHY NOT代表世話人の澤が大学に移ったことを契機に、WHY NOTの今後の活動の方向を決めようということになり、二〇〇六年秋口に、メンバーたちが東京、名古屋それぞれに集まった。

そこでの議論は白熱し、行政改革を行政機関内部から進めている人、ＮＰＯと行政との協働を通して、行政機関のみならず市民側の問題に気づいた人、メディアの立場から自治体行政に関心を寄せている人などからさまざまな意見が飛び出した。こうした実のある議論をこの場だけで終わらせるのは、いかにももったいないという声が大勢を占め、本書の企画に至ったのである。

本書の構成は、まず序章として、木村が二人の改革派首長へのインタビュー結果をもとに、行政がなぜ変わらないのかを探る。その後第1章で、澤がその理由を一般的な行政の構造から検討する。これらの問題提起をもとに、以下を三部構成とし、第一部は行政機関内部からの改革体験を踏まえて、行政機関の硬直性等を考える。第2章担当の山口は行政改革の旗手とも言われた三重県の今を、第3章担当の勝浦は都市部近郊の鶴ヶ島市の挑戦を、第4章担当の西村は石川県での変わる行政スタイルを、それぞれ当事者として分析する。こうした体験的改革を一般的手法に転化するため、第5章担当の中村は、施策の品質管理と言う観点から行政評価のあり方を提言する。

第二部では、市民活動者の課題を考える。第6章担当の十枝は、今流行の「協働」を取り上げ、参加する市民側の課題を指摘し、第7章では、渋谷・林・澤が、ＮＰＯ法人「参画プラネット」活動を軸に、最近導入された指定管理者制度について考える。第8章では、堀尾が自らの選挙活動体験をもとに、志ある候補者が選挙で遭遇する問題を取り上げる。

第三部では、行政改革や市民活動とメディアとのかかわりについて論じた。第9章で竹居は自らのジャーナリスト体験をもとに、メディアとしての新聞のあり方を検討し、第10章では、木村がインターネットの普及に伴う新たなジャーナリズムの可能性を追求する。

最終章では、村尾がＷＨＹ　ＮＯＴやその後の活動をもとに、総括的に行政と市民の関係を考え、締めくくりを行った。

この本の出版を契機に、ＷＨＹ　ＮＯＴの主張がさらに多くの人に共感を得ていくことを期待したい。

二〇〇七年夏

編　者

目次

序章

首長の嘆き
――どうして行政は変わらないのだ!?

木村恭子

1　不思議な「首長と職員」との関係

「勝ち組の人材マネジメント」「リーダーを育てる会社、つぶす会社」「人が育つ会社を作る」……。書店の棚に並ぶ人材マネジメントに関する書籍。会社の人事部や総務部出身者によって書かれた本も多い。自分が所属する組織の人材を最大限に有効活用することは、上に立つ人間にとっての当然の責務であり、組織の成長や活性化にとっても不可欠なことだ。

一方、使われる側の心構えは、というと、いちサラリーマンとして長く暮らしてきた私の私見だが、組織や社会の環境変化に従って柔軟に対応していきたい、と思っている。この考えは、「組織人」として、そんなに外れてもいないだろう。いや、正確には、「会社の利益を給与としてもらっている会社員という組織人として」と言うべきかもしれない。

なぜならば、税金でまかなわれている組織人、公務員の場合は、その心構えがちょっと違うな、と感じる人、場面を実際よく見聞きするからだ。

この書のテーマは地方自治なので、ここでは地方公務員を取り上げるが、週刊誌で忘れたころに繰り返される、役所窓口の「怠慢な仕事ぶり」への批判や、職員の費用対効果の低さ、退職後の悠々自適な生活を揶揄するなどの特集記事。世間が、地方公務員に対して、残念ながらいいイメージを持っているとは言いがたい。

もちろん、「良心的な地方公務員」を個人的には知っている。とはいえ、その知人らでさえも、「困ったものですよ」と嘆くのだから、世間のイメージもあながちズレているわけでもないだろう。さらに、困った職員は、やり手の首長が当選して、「役所内改革」なんて言おうものなら、「強固な抵抗勢力になりかねない」（改革派知事がいた某県職員談）そうだ。

こう聞いて、ふと疑問がわいた。

会社の大小を問わず、いちサラリーマンが、社長（ただの上司ではない）の命令に背くとなれば、「辞職」という二文字が頭をよぎらないはずはない。

一方、それが、時の知事や市長などの首長と、職員という関係性になると……。不思議なことに、「職員たるもの、まずは抵抗してみるもの」と思っている人も多いらしい。逆に、首長側のほうが、あの手、この手と、職員が自分の言うことを聞くように、考えてあげる——という構図。

「改革」という言葉が、職員を抵抗勢力にさせてしまうのか。とはいえ、世間で評判が芳しくない役所を「改革しよう！」と号令をかけたくなるトップがいるのは、不思議ではない。しかも国家財政はもとより、地方財政も厳しい折り、たとえ役所の評判が悪くなくても、「改革」は必至のご時世。業績が良くない企業は、必ずリストラクチャリング（再編、改革）を行っているではないか。

ましてや、選挙民によって選ばれた首長のかけ声であればなおさら、民間会社の役員会や株主総会で決定、了承を得た社長よりも、社会的影響力が大きい、と受け止めるべきではないだろうか。

こんな疑問を持ったのも、地方自治関係者が多い、WHY　NOTのメンバーの方々と、これまで話してきたことの積み重ねがもとになっている。ほかにも、いろいろと「思うところ」もあるので、この章では、そうした「思い」の中でも、「首長がより良い地方自治体を目指して遂行する組織内改革」をテーマに、その際の①首長と役所（職員）との関係②首長の立ち位置③持続可能な改革のための要件——の三点について考えてみたいと思う。

①は、前述のような、私が不思議だと思える関係性を整理していきたい。また、②については、改革を進めるにあたって、首長は、組織内に敵を作らないように職員組織に軸足を置いて行うのか、それとも、どうせ組織改革を行うのだから組織内に敵がいて当然、として自分を選挙で選んだ住民側に軸足を置いて行うのか、といったところを探っていきたい。最後の③は、三重県の北川正恭知事や、

長野県の田中康夫知事の時代に行われていた県庁内の改革が、彼らが退陣した後は継続されていない、と少なからず聞く中で、とはいえ、より良い改革なら、誰がトップになろうとも続けてほしいのが、住民の本音ではないか、という問題意識からの疑問点だ。

そこで、改革派と呼ばれる首長二人への取材のアポイントメントを取り付け、話しを聞いた。一人は、二〇〇六年九月に当選した静岡県熱海市の斉藤栄市長(1)。就任して約二カ月後に「熱海市も財政破綻するかも」と、「財政危機宣言」(2)を発表し、役所内外に「抵抗勢力」を作ってしまった市長だ。財政破綻した北海道夕張市の話題が全国に知れ渡った頃だったので、報道でご存知の方も多いだろう。

もう一人は、佐賀県の古川康知事(3)。二〇〇三年にマニフェストを掲げ初当選し、二〇〇七年四月八日投開票の知事選にも出馬し圧勝。二期目をスタートさせている。県庁内の人事制度の改革などに着手し、他県からの視察がくるほどの「先進的な県庁」を実現させている一方で、お笑いタレント・はなわのヒット曲「佐賀県」のプロモーションビデオに出演したこともある。宮崎県の東国原英夫知事が誕生する以前は、「九州で最も有名な知事」だった、と私は思っている。

なぜこの二人に取材を申し込んだのか、というと、この章で掲げた課題三点について考えるにあたり、ベースとなる共通点とともに相違点があり、比較するには好都合に思えたからだ。

まず共通点については、二人が中央官庁出身であること。斉藤市長は国土交通省の、古川知事は総務省(旧自治省)の官僚から地方自治に身を転じた。地元の役所や議会出身者が首長になるよりも、「組織内改革」に対するモチベーションが高い一方で、抵抗勢力は多いだろうと考えられる。そうした環境下での改革への取り組みを、ぜひ聞いてみたいと思った。

また、二人は、当選と同時に抵抗勢力が存在する環境にあった。というのは、斉藤市長は、地元の保守勢力が分裂し、保守系からは二人が立候補。斉藤氏は無所属として六二票差で保守系の現職を破った。また、古川知事の場合は、自民党県連が古川氏を含む四候補の支持を決めた中、六人の候補者が乱立した激戦を制した。つまり、二人は、当選はしたものの、他の候補者を応援・支持していた勢力が役所内外で多く残っている中で施政をスタートせざるをえなかったわけだ。そうした抵抗勢力をどうかわしていったか／いくのか——は、一期終えた先輩首長と、始まったばかりの新人首長との比較の意味でも、興味深いところだ。

さらに、二人は、当時の市長として、知事として、いずれも最年少当選者（当時、斉藤市長は四三歳、古川知事は四四歳）であったことも共通する。

一方で、相違点については、そもそも、トップとなっている組織が、市と県という違いとともに、斉藤市長が国土交通省を辞めた後、民主党の国会議員の秘書を務めるなど、民主党に近い立場にいる一方で、古川知事は保守系であること。また、斉藤市長は東京都出身であるのに対し、古川知事は佐賀県が地元であることなどが挙げられる。

これらの共通点と相違点とを加味しながら、①首長と役所（職員）との関係②改革を進めるにあたっての首長の立ち位置③持続可能な改革のための考え——の三点についての二人の考えが、こうした課題に関心のある、他の自治体の首長や職員、住民の皆さんの考えや行動の一助になれば幸いである。

2　斉藤栄熱海市長の場合

寒い街

静岡県熱海市の斉藤栄市長に会いに、市役所に出向いたのは、二〇〇七年二月初旬。小雨の降るとても寒い日だった。でもあの寒さは、実際の気温だけの問題ではなかった。

約三〇年ぶりに降り立ったＪＲの熱海駅は、レトロといえば聞こえがいいが、時間が止まったような駅舎や駅前ターミナル。正直、まったくエネルギー（活気）が感じられなかった。駅の改札口を出たところで、旅館の一行に混じり、芸者さんが着物姿で立っていたのが、唯一の「華」に感じた。

このインタビューは、第５章担当の中村健一さんと一緒に行った。私たちは、約束の時間より少し早めに役所に到着したので、周辺の喫茶店で時間をつぶすことにしたのだが、これもまた寒い気分に追い討ちをかけた。

まず、喫茶店が見あたらない。歩くアーケードの商店に魅力、個性がない（生計が成り立っているのか、と心配なくらい）。とはいえ、「スターバックスがあればいい」と言いたいわけではない。実際、駅の改札のすぐ左手には「ドトールコーヒー」、駅前ターミナルには「マクドナルド」もあった。

私の父の会社の保養所が熱海にあった関係で、小学校時代は毎年、家族旅行といえば熱海だった。

2007 年 4 月 28 日に、熱海市・熱海芸妓見番歌舞練場で開かれた「熱海をどり」の開会のあいさつをする斉藤栄市長。「熱海をどり」は、年に1度、2日間だけ開かれる熱海芸妓によるイベント。京都の「都をどり」、東京の「東をどり」に匹敵すると称され、熱海芸妓が、日頃の厳しい修練の成果を披露する

私にとっての熱海は、東京から遠くない最高のリゾート地。今の閑散とした（と感じた）町並みを、「地方都市なんか、どこでもこんなもの」と、私はあきらめたくはない。ほかの地方都市はもとより、由緒ある温泉街の熱海を、寂れさせてはいけない、と強い危機感を覚えた。

「これが、かつてリゾート地としてあこがれていた熱海か……」と、驚きながら歩き、熱海が「財政危機宣言をした街」であることを肌で感じ、冷え切った。

強気と妥協

斉藤市長は、二〇〇六年九月の市長選で、四選を目指す現職を六二票差で破り、初当選した。もともとは国土庁（現、国土交通省）のキャリア官僚。「地方の自立がなければ、日本はだめになる」と痛感しながらも、自分は国のお世話

になっている、という自己矛盾から抜け出すために、約一一年間の役人生活に終止符を打ったそうだ。

「地方行政に携わりたい」という目標を掲げ、「まずは民間企業で経験を積もう」と、福祉分野での仕事を求めて学校法人グループに転職したが、任されたのはヘアサロンの立ち上げの仕事。民間での仕事の最初は、東京・表参道のサロンでの店長だったという。

その後、土日開庁の先駆けで知られる元島根県出雲市長の岩國哲人衆院議員や、通産省出身の藤末健三参院議員の秘書も務めた。熱海市在住の知人から「まちづくりを手伝って」と頼まれ、二〇〇五年秋に市内に転居。二〇〇六年五月には地元の伊豆山神社で挙式。新婚ほやほやの中での立候補だった。

選挙では、自民、公明両党が推薦する現職と、同じく保守系の旅館業の候補者が現職の多選批判を繰り広げ出馬。保守が分裂し、プロレスラー、アントニオ猪木のお兄さんも立候補する中での乱戦を制した。

「九月一四日に市長に就任して、一カ月間は、助役がいなかったんですよ」

インタビューが始まってほどなくして、斉藤市長はこう切り出した。長身でスラッとした体型にダブルのスーツ。フレームがおしゃれなメガネをかけながら、ソフトに語る姿は、「財政危機宣言」を発表し、観光協会を始めとした経済界や議会から、強い批判を浴びた後とは、到底思えない感じだった。

市長は、前市財政部長の櫻井優氏を助役に選任する人事案を、就任早々の九月定例議会に提案しようとしたが、議会内の承認が得られないことがわかったため断念。やっと一一月の臨時議会で同意にこぎつけた。

「櫻井氏は、人物的にも能力的にも、まったく非がなかったんですが……。選挙のしこりですね」と、市長は続けた。議会には、斉藤氏によって四選を阻まれた、川口市雄・前市長を強く支持していた市議が多い。ただでさえ前途多難な船出。それを、さらに多難にしたのが、助役がやっと就任した後、一カ月もたたない一二月五日に発表した、「熱海市財政危機宣言」だった。

熱海市の二〇〇五年度の一般会計予算は歳入で二〇八億円、歳出が二〇四億円。二〇〇五年度までは、五億円前後の黒字決算を続けてきたが、二〇〇六年度以降は基金残高の減少、国庫支出金の住民税への振替え、社会保障費の増大などで、二〇一一年度までの五年間に累積で約六一億円の赤字決算になる見込みとなる、というデータを公表。市長は「現在のままの財政運営を行えば、近い将来、財政再建団体に転落する可能性がある」と訴えた。

ちょうど北海道夕張市が財政破綻したことが話題になっていたさなかということもあって、「財政が苦しいらしい熱海」が全国区のニュースとなった。

これに対し、「危機という言葉は、観光のイメージダウンにつながる」と、観光業界や商工会議所など、市経済界が猛反対。その対立の構図も、マスコミでは話題になった。

「これほどの反発が出るとは、想定外でしたか」と聞いてみた。

市長は、「観光に影響が出るかもしれない、と頭をかすめたが、事実を市民の皆さんに知ってもらう事の方が大事だと思い、議会や経済団体に対してきちんと説明する時間を持たなかった。わざと持たなかったわけではない。今思えば、配慮が足りなかった。正しいことを言っているだけでは、駄目でした」と反省する。

そもそも、財政危機宣言を発表した市長の狙いは何だったのか。熱海市の厳しい財政の再建が選挙の争点ではあったものの、選挙中の公約には掲げていない。

ふと、市長席の真正面、私たちの右手方向にある壁の前の大きなホワイトボードに目を向けると、「一一月一日」の文字。その下に、いろいろと政策が列挙されている最後のほうに、「財政危機宣言」という文言を見つけた。

「一一月一日に、これから何をやらなければならないか、ということを書き出した際に、『財政危機宣言』と書きました。選挙中から、熱海の財政は厳しい、借金をこれ以上増やしてはいけないし、無駄な投資をしてはいけない、とは言っていました。宣言を急に出したわけではありませんし、隠していたわけでもないんです」と、市長は強調する。

そして、一一月一七日に就任した助役への最初の指示は、「熱海市が今の財政運営を今後も続けるという前提で、今後の財政見通しを出してほしい」

助役から一一月末に報告を受け、一週間程度で「財政危機宣言」を発表した意図について、市長は「一二月議会では財政を中心に議論してもらいたかったから」ということと、「視線が市民の方に向いていたので、市民の皆さんに、自分の問題としてとらえてほしかった」と説明した。「危機」を「再建」に変えた「財政再建宣言」だと、市民が「それは市役所の問題ね」「私たちには関係ない」と、他人事のように受け止めてしまうことを危惧し、あえて「危機」という言葉を使ったのだという。

しかし一二月議会は、市長の意図とは異なり、財政危機宣言を出したことで、「宣言はけしからん」「撤回せよ」との批判が噴出し、財政問題そのものの議論には入れず、逆に宣言の撤回を求める決議が可決された。

市長は、年が明けた二〇〇七年一月二五日、危機宣言を「財政再建スタート宣言」に名称変更した。改革実現のためには、時には妥協も必要なのだろうか。

「妥協した理由は二つあります。一つは、市民の皆さんに、市の財政が危機的な状況にあるという認識が深まったこと。町の集会に行くと、『財政厳しいことがわかりました』『市民として応援するので、ぜひ財政立て直してください』との意見があり、市外からのほうが多いくらいのメールもきました」という。さらに「もう一つの理由は、このままでは市政が滞ってしまうから」

二六年間も据え置きだった水道料金を、一時借入金の返済のために引き上げることが、市長就任前から決まっていたにもかかわらず、いざ審議会を設けて具体的に進めようとしたら、経済界は審議会に参加しない、と言いだし、七月から予定していた値上げができない状態になった。結果、宣言の名称を変えることで、経済界も溜飲を下げ、施策が前に進み出したという。

「市政が一―二カ月遅れてしまったことが、宣言の名前を変える事でやっと動いた。市長としては、譲りました。ずっと平行線ではしょうがない。市政を運営するには、経済界の協力がないとできない」と、妥協した経緯を語る。

これは、長野県で田中康夫知事が、事あるたびに県議会と衝突していたことや、小泉純一郎前首相が守旧派との対立を強めていたことと比べると、「抵抗勢力への強さが足りない」と一瞬は感じたが、すぐに違いに気付いた。以前、田中知事のような改革派知事がいた某県庁の職員に他県ながら、県政と議会との対立が及ぼす住民への影響について聞いたことがある。「田中県政が、あれだけ議会ともめて、条例などが通らなくても、市町村の住民は特に困っていないでしょう。県とは、全体の方向性を決めることが多いから、その時の不都合さはなくても、将来的なところで問題が出てくる。問題に気付くのは先になってしまう」

熱海市は、住民の暮らしとより密接に関わっている。だから、市政の滞りは、住民生活に直接影響を与えやすい。市政は市長の責任。市長には「強気と妥協」が必要なのかもしれない。

役所を変えるには

斉藤市長は選挙中、公約に観光振興を掲げ、市役所に「観光戦略室」を新設することを挙げた。この公約実現に向けての一歩が、やっとのことで踏み出すことができたのが、二〇〇七年二月一日。同室の設立準備室がスタートした。

「昭和四〇年代から変わっていない」と市長が指摘する熱海市の観光のビジネスモデル。古いビジネスモデルから脱却するための観光戦略室の役割や目標、内容などについて、市長は準備室の職員二人に対しメモを渡した。

最初の項目である「ミッション（使命）」は、「熱海の新しい観光モデルを創造し、観光地熱海を復活させる」との文言で始まっていた。「そもそも、この一行『新しい観光モデルを創造し』が、職員には理解されていない」と、市長は嘆く。

「新しいモデル、というのは、先進モデルという意味ではなく、いかにお客さんにPRをして、いかにお客さんにお金を落としてもらって、いかにお客さんにもう一回きてもらえるか、という観光モデル」だと、市長は説く。「この戦略室で変えよう。目標として、観光客を日本でナンバー一とする、などと掲げた。ただ、職員にはなかなかわかってもらえない。熱海市民すべてがおもてなしの心をもってほしいので、まずはこの戦略室の二人の職員が模範となり、ここにきた人が、熱海のファンになるようにがんばってほしい。それから、観光文化部、市役所全体と広げていこう」という構想だ。

しかし、職員の反応は「それは今までだってしていますから」というものだったという。「ただ、僕の目から見たら、なっていないのですが……」と、市長は残念そうだ。

市議会や経済界だけでなく、市役所内でも前途多難な様子。内憂外患ですね、と話を振ると、「熱海は観光都市なので、止まったら衰退しかない。新しいことをどんどんやって、お客さんが何を望んでいるかを考えなくてはいけない。『斉藤市長は観光の素人だから』と批判されるが、逆に素人の視点が大事だと思っています」と、きっぱり語る。

かなりのポジティブ・シンキング。これが強力なリーダーシップとなり、市役所内の改革が進むかもしれない、ひいては熱海の活性化、財政再建につながるのでは、と思わせるだけの気迫が感じられた。

斉藤市長は、観光の新しいビジネスモデルを確立させることとあわせ、待ったなしの熱海の財政状況の建て直しのために、「行財政改革会議」を設立する計画も進めていた。コンサルティング会社出身で、九州大学の村藤功教授のアドバイスを受け、「レスキュー　熱海　プロジェクト」を立ち上げる構想を話してくれた。

斉藤市長は手始めに、市役所の仕事の「棚卸し」を二〇〇七年夏までに行う予定だという。各部署で全仕事の優先順位をつけてもらい、市長が経費について「何割減」といった枠を設ける。

「今の市役所の仕事はかなり肥大化していると思う。無駄が多い部分もある一方で、もっと人を配置しなくてはいけないところに、十分な人がいなくて、サービスレベルが下がっている」という、バランスの悪さを是正するのが目的だ。民間企業でいう、「事業の選択と集中」に類するものだが、「仕事が増えるばかりで、減らすことができない」市役所では、なかなか実現が難しいことだという。

民間企業では当然のことが、市役所ではまかり通らない。そのギャップの典型例として、市長は市債残高を挙げ、「将来のための投資だというが、一般庶民からみると、赤字、ローン以外の何ものでもない」と切り捨てた。

棚卸しの結果、余った仕事はどうするのか。市長は選択肢として、三つ挙げた。一つは、一切行わない。二つ目は、民営化や外注（指定管理者制度）、あとは売却だ。

さらに、大手民間企業では一段落したといわれるリストラクチャリングの実施も課題に挙げる。「民間企業は、業績が不振になれば、仕事を減らし、人員整理もする。役所もこれをしなくてはいけない」

と市長は言明する。

「もちろん、反発もありますよね」と水を向けると、「職員については、基本的には給与を下げたくない。下げたら嫌じゃないですか。モチベーションも下がるし、公務員の給与は高い、と批判されるが、相対的に見て今は高いのであって、バブルの時代は公務員の給与は低かった」とするものの、「人口一〇〇〇人あたりの職員をみると、一三・三人と、熱海市は静岡県平均の約二倍。数を少なくしなければならない」と吐露した。

「その時は、その方々にも生活があるわけで、何らかの形で働き続けてもらわなくてはいけない。公務員という立場を変えて民営化した先で働いてもらうか。他には、早期退職という制度もある」

これからも、一波乱も二波乱もありそうな予感がする市役所内改革だが、斉藤氏を市長に選んだのは、そもそも市民。その点を、市長は十分認識し、それを拠り所にしながら、また追い風に改革を進めていると見受けられる。

「選挙で一番票をとった人間が私だったわけだから、財政再建をしないと私の存在意義はない。ある意味で前の市政の批判になるかもしれないが、そういう市長を選んだ市民の意思。ある程度摩擦もしながら、この目的は達成しないといけない」と、力を込める。

しかも皮肉なことに、市長の片腕となる助役は、二〇〇六年三月まで市財政部長だった、いわば、今日の市の財政の窮状を作り出した責任の一端を担ってきた人物だ。自己否定とも、自己反省とも取れる立場に身をおいている助役と、市長は二人三脚で財政再建に取り組む決意を決めている。

市役所職員にとって、かつて同じ釜の飯を食べた助役の存在は、「よそ者」の市長の改革姿勢へのバッファーとなりうるのだろうか。今後の動向にもよるが、この登用が功を奏するのであれば、改革派の首長が組織内改革をするにあたっての一つのモデルになるのかもしれない。

市民が味方

身内組織や外部の既存組織から反発を受けても、世論からの高い支持で改革を進めることができた小泉純一郎前首相にみるように、「有権者の支持」は、市長にとって、「地元の有力団体（経済界など）」や「市議会」と並ぶ、政策遂行のための重要な後ろ盾の一つとなりうる。ましてや、斉藤市長のように、地元出身者でもなく、また市議会にもシンパが少ない、地元との〝しがらみ〟がないトップにとっては、なおさらだ。

前述のように、財政危機宣言を発表するにあたって、斉藤市長は「視線が市民の方に向いていた」と話すように、市民によって六二票差の接戦を制した市長は、市民の眼を意識し、そして市民こそが、自らの最大の応援団であり、味方であってほしいと願っているようにも思えた。

財政改革についても、「市民に対しては、成果を見せることだと思っている。毎年進捗状況を見ながら、見直していくことが大事」と、情報を公開していく姿勢を強調し、市民とともに改革を進めていく考えを示した。

とはいえ、斉藤市長は、もともとは国土交通省のキャリア役人。選挙前のプロフィールでも、

「在職中に米国で経営学修士（ＭＢＡ）も取得した『まちづくりのプロ』を自認する」（朝日新聞、二〇〇六年九月七日朝刊）というのなら、観光戦略を柱とした財政改革についても、「プロの市長にお任せ」ということで、いわば「ブラックボックス」形式の決定方法でも、結果として市民にメリットのあるものが出せれば、それで事足りる、という考えはないのだろうか。そもそも、中央官庁は、そうした手法を取っているようにも見受けられる。

翻って市長は官僚時代とは異なる手法のアプローチを選んだ。

「市長に就任して九月、一〇月がたち、一一月になって、助役に頼んでいた今後の財政見通しについての数字が出てきたとき、『これは、まずいな』と思った」。このままの財政運営を続けてきたら、あと二年で財政再建団体に落ちる、つまり、四年の任期中に、夕張市のようになってしまう可能性が出てきたわけだ。「私が役人だったら、対策をセットにしないと絶対に外に出さない」そうだが、市長になった斉藤氏は、官僚時代とは違う方法をとった。「まず状況を市民の皆さんにお示しして、対策はこれから考えます。一緒にやりましょう」と、宣言を発表。「無責任といわれるかもしれないが、私はそういうスタイルのほうがよいと思った」と語る。

中央官庁を経験したことによる、アンチテーゼとも言えるのかもしれない。

宣言を発表した数日後、ある市民グループの会長から、「財政危機宣言を見ました。大変ですね。今まで市のバスをグループの社会見学に使っていたが、もうやめます。できるだけ自分たちで何とかやります。財政の問題がこれだけ厳しいんだから。市役所だけの問題ではなく、自分たちの問題として考えたいと思っています」との言葉を受けたという。

「うれしかったですね。私の意図したことをすぐに受け止めてくれて」と、斉藤市長は、当時を思い出してか、声のトーンが少し上がった。

とはいえ、しつこいようだが、市民もそんなに物わかりのいい人ばかりでもないだろう、と突っ込みをまだ入れてみたくなる。かえって面倒、と思う人だっているはずだ。「市民と一緒に」という姿勢のメリットは何だろうか。その答えは、市長就任早々に取り組んだ、市庁舎建設についてのタウンミーティングを通じて、読み解くことができた。

斉藤市長が初登庁した二〇〇六年九月一四日は、新市庁舎建設の設計コンペ（競技）で、業者を三社に絞る第一次審査が予定されていた。前市長が再選されることを前提として、スケジュールを組んでいたそうだが、市長は、これに「待った」をかけた。庁舎建設について市民の意見をもっとよく聞くべき、との考えからだったという。

もちろん、すでに市は審議会で議論してはいたが、役人出身の市長からすると、審議会は、所詮「結論ありき」「出来レース」。専門家や関係者の意見をきちんと聞いている、というエクスキューズにすぎないように見えたそうだ。実際に中央官庁で経験してきた人が、その弊害を指摘するのだから、多分そうに違いないのだろうが、政府の審議会や調査会といったものが押しなべて、エクスキューズだとすると、怖いものだ。確かに、小泉政権時代のタウンミーティングでのやらせ問題が、記憶に新しい。

そこで、斉藤市長は一一月の一カ月間を「新庁舎建設についてご意見を伺う月間」として、市内七箇所でタウンミーティングを開いた。のべ四九六人、人口の一％超が参加した計算になるという。

市長は、その際に人口減の見通しや基金の減少、負債の増加などのデータも提示。参加者から「こんなデータを見たのは初めてだ」などという意見が出たことを紹介してくれた。

ミーティングの結果、それまでの新庁舎の建設の前提として、四年後の市人口を五万人、市職員六四〇人とし、総工費約四〇億円で計画されていたが、市人口（約四万人）が減少傾向であることや、現在の職員数と同数にしていることなどについて、「新庁舎は今後五〇年使うんだから、そもそも前提が違うだろう」と問題視。新しい方針として、①新庁舎は規模を大幅に縮小②規模をどれくらい小さくするかの検討を行うために、着工を二〇〇七年度から一年延期して二〇〇八年度内に③市民参加の方式を作る――ことを掲げ、財政危機宣言と一緒に公表した。

ここでも、市民参加にこだわった。

「私としては、熱海市がいまの地方税の不交付団体のままであることを維持していきたい。合併する気もないし、される気もない。これは私の信念です。ほかの人がなんと言おうと、熱海市は絶対生き残る。そのためには、早め早めにやって何も悪いことはないんだから、ブランドに多少影響があったとしても、情報を公開して、認識していただき、その上で、皆さんで一緒になって財政再建に取り組んでいこう、というのが正しい筋道だと思っている」

「信念」。この強い言葉は、市が置かれている状況がいかに厳しいかということを、逆に浮き彫りにしている感じがした。経済産業省が二〇〇五年にまとめた「二〇三〇年の地域経済シミュレーション」

によると、熱海市は人口が約四〇%減り、GDPが三〇%減るという結果だった。減少率は、全国でもワースト一〇内に入っている。

市の財政再建のためには、人口を増やし税収を増やすことしかない。そのためには、市長や市役所と、一部の関係団体だけで施策を遂行していても、もう限界にきている（従来、そうやってきて、現在の熱海があるわけだから）。市民一人一人が、自らの問題として動いて、市一体となって対応しなくてはいけないほどの、切羽詰まった状況にあるとも見える。

特に、熱海市の場合、市民の八割以上が何らかの形で観光業に関係している以上、それらの人々すべてが、「熱海市観光課」に属し、市の最大の収入源に関わっているとも言えるだけに、「市民参加」の重要性の意味合いも増す。

幸いにして、タウンミーティングを通じて、市長は市民からの手応えを感じているようだ。市長からの情報公開を通じて、知り得た市民が理解し、市全体が動く。こんな理想的な構図の中で、ひいては、市長による市役所の職員へのリーダーシップにつながっていくのかもしれない。

持続的改革のために

斉藤市長にインタビューしたときは、就任してまだ半年ちょっと経った時だった。国土交通省時代に、「地方の自立がなければ、日本はだめになる」と痛感し、キャリア官僚の生活に終止符を打ったのが一九九九年。「役所にいた時と、実際に経験した地方自治は違いますか」。こんな質問を投げかけてみた。

「はっきり言って、霞ヶ関にいたら、現場のことは何もわからない、ということがわかった。市役所の人や県庁の人と会っても、私らはお客様。先方は、本当の悪いところなんかは見せない。仮に、国土交通省の役人として熱海に視察にきても、悪いところなんか、わからなかっただろう」

地方行政に携わってみたい、と思い続けて、念願の市長に初当選して取り組みたい改革の数々は、まだ緒についたばかりだ。とはいえ、すでに改革に取り組み、実績を上げてきた改革派首長は多い。そんな至近の成功例は斉藤市長にも力になるだろうと思う一方で、こうした改革派知事が退任した後に、その改革が継続されているとは言い難い現実もある。

より良い改革なら、トップ変わろうとも、連続性のある政策の遂行をしてくれることが、そこで暮らしている人間にとっては、ありがたいことだと思うのだが、とかく人が変わると改革が後退したり、一過性で終わりかねないケースも散見される。斉藤市長は、この点をどう考えているのだろうか。

斉藤市長は、「改革の継続性を意識して運営している」と語り、「絶対に熱海市が、私が辞めてもちゃんと回っていく市役所にしたい」という。とはいえ、それを、どうやって実現していくのか。それは、これからとはいえ、「持続可能性のある改革」を見守っていきたい、と思った。

ちなみに私は、このインタビュー終了後、熱海の老舗旅館（私にとっては、かなり高額な宿泊料だったが……）に大学時代の友人と一泊した。もちろん東京に戻るには十分な時間もあったが、なぜあえて泊まり、しかもある程度のお金を出して泊まりたいと思ったか、というと、「財政危機宣言」をした熱海市の窮状を知った以上、「なら、応援したい」と単純に思ったからだ。かねて憧れた地への〝ファンの心理〟とでも言おうか。

急に誘った友人も、もちろん「宣言」のことを知っていて、「なら泊ってみよう」とすぐに同意してくれた。宣言をイメージダウンと受け止めるよりも、私たちのように受け止める人もいるのだ。

逆にもし、市長が宣言を発表せずにいたら、おそらく私は斉藤市長にインタビューを申し込むこともなく、熱海に三〇年ぶりに泊まることもなかっただろう。

3　古川康佐賀県知事の場合

アイディア官僚

佐賀県の古川康知事には、東京・永田町の県東京事務所で、この本の編集取りまとめと第１章を担当している澤昭裕さんと、熱海市長へのインタビューにも同席してくれた中村さんと一緒に、二〇〇七年一月中旬に会った。ちょうど統一地方選で二期目を目指していた時だった。その後、四月八日投開票の知事選で再選を果たした。

古川知事は、佐賀県唐津市で生まれ、自治省・総務省のキャリア官僚から、二〇〇三年に知事選に立候補した。役所時代から、なかなかのアイディアマンとして名が通っており、新しい政策を遂行す

全国高校総体（インターハイ）の総合開会式で、「自分のベストを超えた結果をつかんでください。そこには必ず、あなただけの金メダルが待っています」とあいさつする古川康知事（2007 年 7 月 28 日、佐賀県総合運動場陸上競技場で）

る突破力には定評があった。例えば、佐賀県が、二〇〇三年度から全国で最初に始めた「トライアル発注事業」[4]。これは、県内企業が開発した製品について、県の機関が試験的に発注。使用した結果、その製品の有用性を評価し、官公庁での受注実績を作ることにより、特に信用不足から販路拡大が難しい中小企業を支援するなど、県内企業の育成を図るための制度だ。二〇〇七年二月には全国ネットワークも作られ、各県でも取り組みだしている。

この制度も実は、知事が一九九九年に自治省から長崎県に出向し、商工労働部長だった時、「こういったことができないか」と発案したが、部内の会議でつぶれてしまった案だそうだ。

初当選した二〇〇三年選挙は、自民党県連の候補者選びが難航し、二四年ぶりの保守が分裂。四四歳という全国最年少で制した（同年五月に徳島県で四二歳の飯泉嘉門知事が当選し、抜かれたが）後は、知事選の際に掲げたマニフェストをもとに新機軸を打ち出すことにとどまらず、ラジオのパーソナリティーを務めたり、とパフォーマンスにも余念がない(5)。

二〇〇七年四月の知事選挙は、混戦だった前回とうってかわって、共産党候補との一騎打ち。三三万二七八五票を獲得し、他候補（八万七一五八票）に大差をつけての勝利だった。知事が進めてきた政策に不満があれば、保守系からも対抗候補が出そうなものだから、これは、政策が評価されている結果といえるのかもしれない。そんな状況だった選挙前の知事に、四年間を振り返り、また今後を見据えて、行政機関（県庁）改革について、聞いた。

丸い体に歯切れの良い語り口。会話の中に時々混じる方言（佐賀弁なのか、大阪弁なのか、判別つかず）や冗談で、初対面の私は会話に引き込まれてしまった。ただ、発言内容はかなりロジカル。古川知事は、県庁改革の大前提として、「『戻らない改革』を目指している」ことを踏まえて、読み進めていって欲しい。

部下からアイディアを汲む方法

古川知事が勤めていた自治省（現在、総務省）の官僚は、東京・霞ヶ関にある省と、地方自治体への出向を繰り返す。知事も、自治省の財政局や税務局、大臣官房で働く時期と、沖縄県や長野県、岡山県、長崎県への出向とを交互に行っている。

中央官庁の中でも、地方自治体で仕事をする機会が多かっただけに、霞ヶ関から見た行政機関（県庁）の問題点と、実際に知事になり県庁に入ってから見た問題点との間には、そんなに大きな齟齬《そご》がないように思われるが、どうだろうか。

「僕自身、新しいことを考えた時に、『知事がダメというのではないか』と先回りして考えてしまった。ところが、知事の立場になると、『ダメになってもいいから新しいものを出して欲しい』と本当は思っている。でも、なってみないとわからなかった」と吐露した。

前述の、長崎県商工労働部長の際に発案したトライアル発注制度についても、当時の知事から「慎重にやれ」との指示を受け、古川氏は「決定的に『ダメ』といわれると、自分がダメといわれているようで、結局やめてしまった」そうだ。

県庁の職員の思考回路を、古川氏は「新しいものを考えるよりも、『ダメ』と言われるものを出したくない、というほうが先に働く」と解説し、知事になった現在は、そうやって部下が知事を忖度《そん》していることを、「気がつくんですよ。『おかしい』と思いますよ」。知事にはお見通し、ということらしい。

さらに、「知事」という職業に対しても、「部課長のころは、知事は自分で新しいことを考えることもないし、レールにそっているというイメージがあった」ものの、「実際なってみると、自分のところに新しいアイディアがくる。トップは、常に新しいことをやりたい、古いことをやめたい、変えていきたい、と思っている。今のままが一番いい、と思っている人は程度の差はあれ誰もいないのではないか」

立場が変わると見えてくるものも違ってくる。では、知事になって、部下からの新しいアイディアをどう汲み取り、政策に生かしているのだろうか。最初は、なかなかうまくいかなかったそうだ。就任した最初の年に、ある政策を始めようとした。例えば、佐賀県の名産、海苔についての新規事業。最初は様子を見る意味で、少ない予算で始めたが、知事は「追加が出てきたら、補正予算を組もう」という主旨で、「予算が足りなかったら、言って」と部下に伝えたそうだ。

しかし、部下は知事の言葉を「予算が足りないことがないようにして」との意味だと受け止めてしまう。その解釈が、市町村の役場に降りていくと、最初に組んだ少ない予算内での事業にとどまってしまう。補正予算を組む余地もなく――という、経験をしたそうだ。

経済産業省出身の、澤さんと中村さんは、このエピソードに大きくうなずいていた。中央官庁→県庁→市町村と、伝言ゲームのようになっていくと、最初の趣旨と違った方向で結論が出てしまう、という誤謬が生じるケースが、よくあるのだという。

何がそうさせてしまうのか。

「自分の反省点をこめていうと、対話が足りなかった。最初の年は、十分に対話したつもりだったが、上のほうが十分と思っていても、下は十分の一にしかなっていないのだと思う。結局思いは伝わらなかった。共通言語がまだできていない」

とはいえ、「昔は『検討します』は『やらないこと』と同義語だった。今は『検討』といえばそうでもない。マネジメントが変わっていく中で、使っている言葉が前と変わっていないことが、誤解を生む原因ではないか。共通言語を持たなくてはいけないのではないか」と思い至ったそうだ。

さらに、アイディアを生かしていくためのシステムとして、古川知事が始めたことは、「原石を磨こうかい」という、すでにつぶれてしまったアイディアを掘り起こすこと。しかし一年やってみたが、「そんなに大したことはなかった」そうで、「担当にしてみれば、つぶれたやつを今さら何でやらなくてはいけないのか、という感じになるんだろうね。でも、今はお休みしているが、またやりたいな、とは思ってはいるんですよ」

次に始めたのは、担当者が現場でないと気づかないことをうまく予算化したものを発表すること。「これは、なかなかうまくいった」という。

例えば、低平地の水門は一〇年くらいで改良工事しないと維持できない場合がある。ある職員が「一〇年に一回しかやらないから金がかかるが、毎年ちょこちょこ手をいれれば、そんなに金がかからないですむ」と提案。担当部長が「おもしろい、やろうじゃないか」と認めた。しかも大規模工事でやると、発注準備などで時間がかかり、実際に水が欲しいのは六月なのに、工事をやるのは秋になる。一方、小さな工事だと簡単に契約しやすいので、梅雨前に終わる。その年から機能が発揮できる。少しずつ予算をつけておけば、大きな支出をしなくてすむ。

いろいろなメリットが生まれた。

古くなった警察の派出所についても、同じような成功例があった。派出所を改造するにあたり、今まではすべて取り壊して新しく作っていたが、古くなった家を、一定の予算内でリニューアルして、住みやすくするテレビ番組を観た警察職員が、「あれが、できるのでは」とひらめいた。そこで、取り壊しではなくリニューアルで対応してみたところ、派出所二個所分を建て直す予算で三個所分のリニューアルでできた。

こういう意見は「担当者ならでは」。知事は、「みんなも出して」と、訴えた。

このほか、知事は「スモール　サクセス」の共有を心がけているという。現場での小さな成功事例を職場で共有しよう、という取り組みだそうだ。「小さい成功であれば、みんなもできるのではないか、と思ってもらいたい」と語る背後には、「改革は知事がどっかで偉そうに言っているのではなく、自分もその仲間だと思う人を増やしたい」という思いがある。

こうした取り組みや、知事が毎月一回、全職員あてに組織や人のあり方について書くメールへの返信では、若い職員や技術系の職員の反応がいいそうだ。とはいえ、知事は、長野の田中康夫前知事が「改革についてくるのは、むしろ五〇代の方が多い」と言っていたことを紹介してくれた。田中氏は、その理由について「五〇代の人は、たぶん自分が卒業（退職）するまで知事は田中だろう、と思っている。二〇—三〇代は、どうせ変わるだろう、と思っていて、あまりついてこない」と解説したそうだ。佐賀県の若い職員は、「まだ古川知事は変わらない」と思って反応がいいわけではないとは思うが、したたかな職員もいるだろう中で、古川知事のリーダーシップが今後も問われ続ける。

「磨けば光る」県庁職員

県庁の職員が、知事のいろいろな「しかけ」により変わっていきつつある中で、そうした変化への対応、つまり人事評価の仕組みも変えてきている。

佐賀県のホームページを見て知ったのだが、佐賀県は、二〇〇六年四月の人事から、「コンピテンシーモデル」(6)を導入した新たな人事制度を取り入れた。高い業績を上げる職員に共通して見られる特徴的な行動特性を一四項目に分類し、レベル〇から四の五段階で評価する。上司の一方的な評価にならないようにするため、同モデルを基に年二回、自己評価し、上司と面談して最終的な評価を決める。人事評価の透明性を高め、適材適所に人材を配置することが狙いだという。

「コンピテンシー」とは、「高い業績を継続的に示している人の行動の仕方などに見られる行動特性」と定義され、もともとはハーバード大学の心理学者、D・C・マクレランド教授を中心としたグループが、米国務省から、学歴や知能レベルが同等の外交官が駐在期間中に業績格差がつく原因についての調査依頼を受け、研究。その結果、「学歴や知能は業績の高さとさほど相関はなく、高業績者にはいくつか共通の行動特性がある」と判明したのが始まりといわれている。

職種や職務によって異なるといわれるコンピテンシー。この概念を人事評価に取り入れたのは、佐賀県が自治体としては最初だという。

「僕の根っこの考え方は、『磨けば光る、だから磨こう』」――。「県庁が好き」な古川知事は、総合的な人材マネジメントの基本的な指針を、こう語った。

「今までは、あまりポリッシュ（磨く）しなくても、流してでも仕事ができた。くわしいことは霞ヶ関が決めるし、遺漏なくやる、きちんとこなす、というこなす仕事だった。それをやっていれば大過なくできてきた」と、これまでの県庁職員の仕事を振り返る。しかし、現在については、「今でもそういう仕事もあるが、それ以上に、自分で物を考えて、政策課題を見つけて、提案して、実行して、解決している、ということをやらないと、『何のための県庁なんだ』ということになる」と、新たな「県庁職員像」を語る。

そこで、「もっと自分たちを磨いていく仕組みを作っていかなくてはいけない」という考えに立ったときに、「コンピテンシー」にたどり着いたのだという。

県庁職員全員が、高い業績を上げる能力を身に着けるように努力する。その行き着く果ては、「夢は『みんなが引き抜かれて困る』という事態になること。県庁職員が定年になって民間企業に口利きのように天下りするのではなく、その人が持っているスキルやネットワークに期待してお呼びがかかるような人材にしたい。そのほうが県庁職員も豊かな人生を送れる」と、笑顔で語った。確かに、県庁職員のレベルの底上げとなり、ひいては県民がよいサービスを受けられることになり、職員も県民もハッピー。「WIN・WIN」の法則である。

とはいえ、今までの流れを変えること＝改革は、職員皆が容易に適応できるとも思えない。かつて、トヨタ自動車の奥田碩相談役が日経連会長当時、記者会見で、「改革に適応できない社員はいてもいいが、改革の邪魔はしないでほしい」と発言していたのを、私は聞いたことがある。

組織の根幹に関わる人事制度の改革を含めた県庁改革は、県庁職員の反発にあい、職員不信が起きませんか、と懸念をぶつけてみた。

「知事のタイプを大きく二つに分けたら、県庁を好きな人と、県庁が嫌いな人とに分かれると思う。自治省系の人は、一般的に県庁が好き。本質的な部分で信用している。自分もその一員だったから。問題点もわかっているけど信用している」といい、「僕は、県庁が好きか嫌いかといわれれば、ためらわずに好き。すごく好きで大事だから変わらなければいけない、といっている。時代も変わっているのに同じ泳ぎ方をしていたら、誰からも相手にされなくなる。時代にあったやり方や発想に変えていかないと、先輩たちが築き上げてきた信頼なんかすぐに吹っ飛ぶ。県庁はいらない、とは思っていない。県庁が好きだから変えていこう」

あふれんばかりの「県庁愛」がある以上、その愛は、相手＝県庁職員には通じる、というロジックだと理解した。

一方、職員不信に陥る場合について、知事は「県庁変えよう、と外から殴りこみ的にきた時には、『県庁職員は何をするかわからない』といったところから始まって、『県庁に体をゆだねることなんてできるか！』となって、常に一歩距離を置いて、緊張感をもってやっていく人が多いと思う。『県庁がけしからんから直してやろう』『お前らの捻じ曲がった根性をたたき直してやろう』と、竹刀をもった剣道の達人みたいな感覚」と説明する。

確かに、これでは知事と職員の対立は生まれやすい。

古川知事には、私たちの懸念は不要だったようだ。改革とは、相手の側にばかり立ってもいけないが、相手と反目していてもダメ、ということか。組織内の立ち居振る舞い全般にもいえることだな、と納得しながら聞いていた。

さらに、知事が県庁内改革を行うにあたって、知事と県庁職員との関係に加えて、県民（有権者）とのトライアングルの中での関係を、どう考えているのだろうか。

知事は、「県庁の人にやる気をもって働いてもらう、というのが、納税者への一番の恩返しだと思っている」と断言。それにあたっては、リーダーたり得る人材の確保が大事だと語った。そのためには、「処遇を悪くして、給与を下げてということではなく、給与の水準は客観的なところで決まるわけだから、その水準は下げない」とし、「私は、総人件費は下げます、ただしある程度の給与のレベルを払う人については、ふさわしい働きをしてもらいます、といっている」と声高に答えた。

一般的な公務員への批判として「公務員の給与は高い」といわれているだけに、「改革」というと、給与を下げると思いきや、知事は、高い給与に見合うだけの仕事をすることを求める、という手法。それが結果的には、県民へのメリットになる、という、「ゴールデン・トライアングルの法則」（と勝手に名付けてしまったが……）を導き出そうとしているように思えた。

また、県民との関わりについての別の視点として、県庁職員の質が上がり、良い公共サービスを県民が受けられる――という、サービスの供給者が県側で、受給者が県民という構図を発展させ、県と住民とが協働し、サービスの質を向上させようという、最近、広く地方自治体でも見られる傾向についての知事の考えも聞いてみた。ちなみに、知事は「県民協働」を県政のキーワードの一つに掲げている。

知事は、協働の動きを「公務員が公務員たるところを問われている」と受け止めていた。「住民がより良くやれるのであれば住民が、我々がより良くやれるのなら公務員がやればいい。競争相手が出てきた」といい、試みとして、「今までは、住民にやってもらう仕事を県庁で決めていたが、今度は、警察の仕事や公立学校の教員の仕事などは概念的に公《おおやけ》と見られるようなもののみ、県庁に残す仕事として決めてみた。あとの二〇〇〇くらいの仕事は、取りあえずわからないので、住民ができる仕事の対象にしてみます。この中で自分たちができる仕事があったらとにかく応募してみてください」という方式を取ってみた。

「今は一つ一つ、担当課と提案してきたＮＰＯや自治会などとやり取りしている」段階だという。住民と直接対話をすることによって、職員は県民の満足度が高まる公共サービスのあり方を意識するきっかけになり、公が行うべき仕事のレベルアップにつながるのではないか、との狙いもあるそうだ。

しかし、住民に仕事を任せる際の問題点も指摘する。「安いから任せるのではなく、ある程度お金がかかってもいいから、いい人、いい組織にお願いして、住民から見た時に満足度の高いようにしないといけない。今はただ、ただ、コストを下げるためだけにアウトソーシングしているように感じられてならない。特に対人サービスの関係をアウトソーシングすると弱まるものがでるのでは」と懸念を示す。

確かに、私が住む東京都内の図書館でも指定管理者制度により、組織が民間に委託され、職員が区職員から民間人に変わった。活気が出た感じがする一方で、働いている人を見渡すと、非正規雇用の方も目に付き、このアウトソーシング＝コスト削減、といった考え方が、民間企業を含め、日本社会全般にはびこっていることではないか、と感じられた。

本来、アウトソーシングは、県行政であれば、民間に職の場が増え、さらに競争原理が働き県民へのサービス向上につながるメリットもあるはずだ。知事の疑問は、県庁のみならず、広く日本の現在の職場構造の問題点の指摘だと受け止めた。

そして知事は、こう締めくくった。

「とはいえ、自分たちだけが善、という考え方ではなく、公は、行政だけでなくみんなで担っていこう、という、新しい公共空間を創出するという考え方には極めて賛成。もとはといえば、自治体は住民が作っているわけで、使い道を聞かずにお金を取り上げている。企業の人からみると、使い道も聞かずにお客様からお金を預かるなんて、できない相談。そういった奇跡的なことを我々がやっている。しかも国を移らない限り、この状況からは抜けられない。ですから、預かっているものにきちんとお応えするのが大事。質の高い公共サービスをどう提供するか、に尽きる」

「戻らない改革」のために

最後に、冒頭に触れた、古川知事が目指す「戻らない改革」のための考えを聞いてみた。まず、中村さんが、自身が執筆する章にも関係する「政策の品質管理」について尋ねた。

知事は、「人様からお金をお預かりして、自分たちの判断で使い道を決めることを生業にしている我々は、いつもその問題がある。非常に役に立つ政策もあれば、役に立たない物もあるのは、残念ながら事実」と、大きなテーマだとして、考え込んだ。

具体的には、「自治体の中で、一番品質管理が行われないのは、補助金の事業」と指摘し、理由として「補助要項に反せずに、所管官庁や会計検査院から一個も指摘がなかったことが最大の評価。住民から評価されたかどうかは、『なお、住民からの評判もよかった』と〝なお書き〟の世界にすぎない」ことを挙げた。

例えば、佐賀県が海苔の産地であることにまつわる漁業行政。かつて、有明海にカキが自然発生的にずいぶん出てきたので、海苔には邪魔だからカキを取り除く事業に補助金を出していた。しかし悪影響が出てきたので、今度はカキの養殖場に補助金を出しているという。

「今の政策は、政策評価もやっているが、ドラスティックな（思い切った）答えが出ているか、というと、そうでもない。一定の監視機能はあると思うが、監視機能以上にはなっていない。確かに政策品質管理をよりきちんとやれればやれるほど、無駄にお金を使う、ということがなくなる」と、今後の課題として取り組む姿勢を示した。

とはいえ、一期四年で、県庁内でいろいろな改革をやってきた。そんな中で、新たな四年に向けての課題は、どのようなことだろうか。

知事は、「一番、組織改革を含めて実現したかったのは、県庁に議論する風土を持ち込みたかった」ことだそうで、「現場のことをわかった上で、制度を勉強し、どこからの議論にも耐えられるような骨太の政策を出していく。そのためには議論をする風土を作っていくことが何より大事」と考えていたのだが、「しかし、これがなかなかできていない」と振り返る。

「庁内分権」を行い、各本部の本部長に予算権と人事権をかなり与えたそうだ。いわゆる人事課はなくし、職員課に名前を変え、人の配置もさることながらコンピテンシーなど職員の資質を伸ばすことに重きを置いた仕事をしている。財政課もなくしたが、知事曰く「中途半端に分権した結果、誰も真剣にやらなくなった」のだという。「予算は、本部に任すと、みんな同じように削ろうとする。本部の中でメリハリをつけなくてはいけないのに、できていない」と嘆く。

さらに、「恥をさらせば」と続け、本部長のマネジメント力が不足していた例を挙げた。例えば、私学関係で、幼稚園、小学校、中学校、高校とあるのに、幼稚園は幼稚園だけの個々の縦割りの政策を持ってきて、小学校や中学校など横の調整はできていない、ということがあったそうだ。

「同じ私立学校協会からの要望に対してどうしていくか、という議論なのに、課が違うだけでまとめきれていない」と指摘する。「ルーティーンの仕事をこなすだけでは、公務員の醍醐味を味わえない。だから、本部長の権限で人を勝手に動かしていい、といっている。今の時期は人が足りない、というのなら動かしなさい。そういうときに呼ばれる人にとっては、プラスになる、プラス評価になる、といったようにしたいと思っている」と、知事自身の公務員としての経験をもとに語った。

知事も、消防庁に配属されていた時に、救急隊員が医療行為を可能にするための法律改正を手がけた。「暇な部署にいたからか、他の部署に呼ばれて、ほぼ三カ月泊り込んでやった」そうだ。「すごくやりがいがあった」と振り返る。

また、知事はこんなエピソードも披露してくれた。県庁職員が、「今まで先進視察というと、行く方だったが、いまや来てもらうようになった。誇らしい」と言っていたそうだ。知事は、こうした「周りの人から褒められる」ことが、職員のやる気につながっていくと考える。

これに対し、澤さんが「（北川正恭知事がいた）三重県庁も以前はそうだったが、今は見に来ることがなくなったので、（改革が）戻ったのではないか、と言われている」と指摘した。そこで、知事は、「広報の役割」の重要性を説いた。

「トップはしょっちゅう間違う。間違いをフォローするのは副知事の仕事というが、一番できるのは広報。佐賀県は、危機管理報道官という部長級を置いている。広報はパブリックリレーション。まさに外部との関係性を『こんなことをしたら呆れられる』『こういうのはよくない』と、外の空気を知事や県庁内に伝えるのが仕事。広報は組織内野党でなければならないと思っている。世間の風と県庁内の空気との温度や風向・風速の違いを敏感に感じ取る仕事。これまでは、県庁の各課がいっていることを記者クラブに説明する仕事をやっていた。広報ができていると、裸の王様的な、県庁だけが浮いている、ということが少しはなくなってくるのではないか」

「空気が読める県政」を目指していると、受け止めた。

少し本題から逸れるが、もう一人のインタビュー対象であった、熱海市長に対し、改革首長の先輩としてのアドバイスを求めてみた。

中村さんが、熱海市長が「財政危機宣言」を出すなど、財政における品質評価をしようとしながらも、周辺で反対をされてしまう事態に対しての対処方法はないか、と聞いたのに対し、知事は「まずは『七人の侍と一〇〇人の仲間』を作ること」を挙げた。

「庁内でもわかってくれる人はいると思う。熱海市役所をこよなく愛している、大事に思っている人たち。あとは、市民集会をやりながら、『なんでこんなこと市役所がやっているのか』といった声を集めて、『やっぱりやらなくてはいけない』と議会と話すしかないのではないか。庁内と市民に味方がつくと、議会も仕方なくついてくるでしょう。しかも早い方がいいです」とのこと。

まさに、就任早々にタウンミーティングを行った斉藤市長は、古川知事のアドバイスよろしく、「改革派の王道」に徹した、というわけだ。ところや人は違えど、王道となる改革手法は似たり寄ったり、ということか。

余談だが、私は佐賀県には行ったことがない。特に、県出身の知り合いもいないので、かなり遠い存在だったが、知事にインタビューしたことで「一度は行ってみたいな」という気になった。まずは、特産品の海苔をインターネットで購入することから始めてみた。聞くところによると、有明海の海苔、と呼ばれる中で、値段の高い高級品は、佐賀県寄りの海で取れるそうだ。

さらに、帰り際に知事がＰＲしていた、東京・銀座にオープンした佐賀牛を食べることができるレストラン(7)にも興味をそそられる。ちょっと値が張るので、何かの祝い事の時にでも利用してみたい。

4　終わりに

冒頭で記したように、この章では、首長がより良い地方自治体を目指して組織内改革を遂行するにあたって、①首長と役所（職員）との関係②首長の立ち位置③持続可能な改革のための要件――の三点について考えたい、という狙いがあった。

時間的な制約がある中、二人の首長のインタビューしかできなかったが、二人の発言の中から、三点に関する部分を取り出してみた。

三つの問題意識のまとめ

① 首長と役所（職員）との関係

斉藤熱海市長	古川佐賀県知事
助役を元市職員から抜擢	「(県庁職員は) 磨けば光る、だから磨こう」
「民間企業は、業績が不振になれば、仕事を減らし、人員も整理する。役所もこれをしなくてはいけない」	「県庁が好きか嫌いかといわれれば、ためらわずに好き。すごく好きで大事だから変わらないといけない、と思っている」
「基本的には給与を下げたくない。数を少なくしなければならない」	「ある程度の給与のレベルを払う人については、ふさわしい働きをしてもらう」

② 改革にあたっての首長の立ち位置

斉藤熱海市長	古川佐賀県知事
「視線が市民の方に向いていた」	「県庁の人にやる気をもって働いてもらう、というのが、納税者への一番の恩返し」
「(改革を市民と) 一緒にやりましょう、というスタイル」	「(住民との関係は) 質の高い公共サービスをどう提供するか、に尽きる」
「財政再建をしないと私の存在意味はない。そういう市長を選んだ市民の意思。ある程度（組織と）摩擦をしながら、この目標を達成しないといけない」	「(県庁職員が) 住民と直接対話をすることによって、県民の満足度が高まる公共サービスのあり方を意識する」

③ 持続可能な改革のために

斉藤熱海市長	古川佐賀県知事
「改革の持続性を意識しながら運営している」	「『戻らない改革』を目指している」
「絶対に熱海市が、私が辞めてもちゃんと回っていく市役所にしたい」	「県庁に議論をする風土を作っていくことが何より大事」

こう比較してみると、「首長と役所（職員）との関係」については、二人とも「職員を育てる」という視点を持ちながらも、一定の距離感、緊張感を保ちながら「改革」の道筋を立てている、と言えるのではないか。

古川知事の発言にあったように、最初から職員と対峙姿勢では、何事にも衝突するだけで前に進むのはなかなか大変。とはいえ、改革は衝突を生みやすい。その二律背反的な要素を抱えながら、改革に向けて県庁内をうまく舵とっていく、という技法（リーダーシップとでも呼べばいいのか）が、「改革首長」には必要ではないか、とも思えた。斉藤市長の取材の中で感じた「強気と妥協」も、キーワードになりそうだ。

「首長の立ち位置」については、市民により近い立場にいる斉藤市長から、市民を意識した発言が多かったように思う。市民を巻き込んでいく姿勢が強く伺えた。他方、古川知事の発言からは、県庁職員の質が向上する→県民がより良い公共サービスを受けられる→県民がハッピー、という構図が印象に残った。つまり、県民にとっての県庁（職員）改革、という位置づけ。

二人とも、最初の選挙で他候補と競り合った結果の勝利だけに、「選んでくれた有権者」への責任感が、とても強いように感じた。それだけに役所内の粗《あら》、欠点が見えれば、それらを改革していかなくては住民に顔が立たない、という気持ちにつながっていくのだろう。今後、「競り合わない選挙」を経て続投する場合であっても、まず「住民にとっての幸せは何か」を、正しい方向性で考えていってほしいものだ。

首長が、いろいろなハードルを越えて、住民にとって有益となる改革を実際に行ったとしても、それと同じように、またそれ以上に大変なのが、その改革を持続させることではないか、というのも、私の問題意識の一つでもあった。

その点、斉藤、古川両氏とも「改革を後戻りさせてはいけない」と、異口同音に強い信念があった。実際に持続的改革を実践するにあたっては、首長の信念とともに、仕組みとして根付かせなくてはいけない。

すでに一期を終えた古川知事は、県庁内に議論する風土を根付かせたい、と思っているがなかなかうまくいかないそうだが、別の仕組みとして、「広報」の重要性も説いていた。役所内のPRをするのではなく、住民と県庁内部との温度差や齟齬《そご》をつなぐ役目となる広報。

改革とはいえ、正しい方向性にもっていかないと意味がない。また、知事自身も多選の中で、ややもすれば唯我独尊になる危険性だってある（歴史を紐解けば、「裸の王様」になった事象は少なからずある）。そんな不具合を調整しながら改革を進めることが、改革を持続させていくコツ、ということなのだろう。

これは、「首長のブレーン」が大事であることにもつながる。これについては、熱海市でも、斉藤市長がインタビューの中で計画していることを明らかにしてくれた、外部の専門家を交えた「行財政改革会議」が四月に立ち上った。こうして、一つ一つ楔を打っていくことで改革が根付いていくのかもしれない。

特に、持続可能な改革について

今年の統一地方選を経て、各地で「改革」を実行する首長が出てきている中で、私の関心は、三点の中でも「持続可能な改革」について必然的に高くなっている。いくら素晴らしい改革でも、「一時的」では、結局のところ住民にとっては不利益だ。

地方自治にくわしい知り合いによると「とかく新しい人は新しいことをやりたがる」ものだそうで、新しく首長に選ばれると、前任者とは「違う」ことをやろうとする——。これは、自治体の首長に限ったことではなく、民間の組織でも、新しい部長、局長など、「長」がつくような役職の場合よくありがちなことだ。

確かに、前任者に過失があれば、新しいことを手がけるのは当然だが、「前任者が、良いことをやってきたのなら、それをベースとして、プラス・アルファする自治体」があっても、良さそうなものだが、全国各地の地方自治体にくわしい知人でも、「めったに出会ったことがない」そうだ。

例えば、かつて改革派知事の筆頭だった、三重県の北川正恭氏。手がけた県庁内改革は、職員の意識改革だけでなくマネジメントシステムを導入したことが画期的だと言われている。県の総合計画の数値目標に予算や組織、定数、人事評価などを連動させるシステムで、「経営する県庁」を目指したそうだ(8)。

しかし、古川知事のインタビューの際に、澤さんが「(三重県の改革が)戻ったのではないか、と言われている」と指摘したように、やはり改革が根付くのは難しいのだろうか。この疑問を解くカギを、地方自治の情報誌『ガバナンス』（ぎょうせい）(9)から見つけた。

北川氏が知事退任の表明をしたのを受けて『ガバナンス』が特集した、「三重県政八年の検証」（二〇〇三年四月号）(10)の中に、北川知事へのインタビュー記事が載っている。そこで北川氏は、「県庁のシステムを全部体系化させた。だから、私は知事を辞めてもいいと思った」と語っている。

しかし、聞き手の同誌の千葉茂明副編集長が、政策システムが条例化されていないことを挙げ、「知事が退任しても担保されるのか」と問いただしたのに対する、北川氏の応えは、以下のものだった。

「職員には率先実行の姿勢がかなり定着してきたので、どなたが知事になっても、かなり継続し、発展していくと思っている。次の知事が下手なことを言ったら、目覚めた職員たちが『それはいかがなものでしょうか』と議論できる雰囲気ができてきたと思っている」

「条例化」。条例とは、地方自治体がその自治権に基づき、法令の範囲内で議会の議決によって制定する法。つまり、地方自治体が独自で決めた、守らなくてはいけない掟。確かに条例なら、明文化されて残り、改正されるまでは、いつまでも、首長が変わっても、その内容は変わらない。首長が市民の信任を得て条例を作ることで、将来に向けて改革のたがを締めることになる。

仮に澤氏の三重県庁に対する指摘が的を射たものだとすれば、北川氏がマネジメントシステムを条例化しなかったことが一因とも考えられる。少なくとも、『ガバナンス』でのインタビューでの聞き手の危惧が、四年後となった今、現実化しているようみえるからだ。たとえ「体系化させたシステム」であっても、「意識の目覚め」だけでは駄目なのか。

興味深い話しを知り合いの県庁職員から聞いた。彼の県は、名前の通った改革派知事が辞め、その後は、前任者ほどには改革のイメージが強くない知事が就任し、「改革が後戻りしたのでは」との評判が立っているところだ。

彼曰く、県庁の時の流れは、「振り子の原理のようだ」と。

改革派知事が去り、改革の振り子は、いったんは元に、改革派知事が登場する前に戻ったとしても、振り子がそこに留まることはない。たとえ小さな幅であっても、また改革のほうに振れ、実はもう二度と過去の地点にはとどまらない、というのだ。

「内部で見ていると、決して前知事がやった改革がなくなってはいない。完全に昔のままには戻らないのだ」と実感しているとのこと。

私は彼に、「県庁の職員は、改革派知事時代と今と、どちらがハッピーですか」と聞いてみた。彼によると、「確かに、内部改革に慣れるまでには大変だったから、今はホッとしている職員もいるようだが、ほとんどは、ちょうどそれに慣れてしまったところだったから、物足りなく感じている」のだそうだ。

古川知事ではないが、「質のいい公共サービスのため」という、どんな時代も変わらないだろう目的のために、ぜひ住民にとって有意義な改革の火は消さないでほしいものだ。

常に政治は、結果が歴史として検証できる。その意味で、今回ご縁があった二人の首長の改革の具体的な内容、さらには改革が将来どうつながっていくのか（進化、深化していくのか）について、読者の皆さんと一緒に見守っていきたい。

【注】

（1）斉藤市長の出馬までの経緯などは、『まちづくりから日本を変える』海南書房、二〇〇六年を参照。

（2）財政危機宣言は、以下の熱海市役所のＨＰに掲載されている。http://www.city.atami.shizuoka.jp/

（3）古川知事の個人ＨＰは、http://www.power-full.com/

（4）トライアル発注制度については、日本経済新聞の二〇〇六年一二月一二日朝刊一七面の『トライアル発注制度、独創的な商品購入でＶＢ支援、自治体じわり浸透』を参照。

（5）ＮＢＣラジオの「こちら知事室」の放送内容のうち、県政に関する話題は、佐賀県庁のＨＰで紹介されている。http://www.saga-chiji.jp/hatsugen/radio/

（6）「コンピテンシーモデル」についての記者会見資料は、http://www.saga-chiji.jp/kaiken/06-1-4/shiryou2.html

（7）佐賀牛を食べられる「銀座　季楽」はＪＡ佐賀経済連の運営。http://www.ginza-kira.jp/

（8）三重県庁の改革については、第2章「行政が変わった――改革派自治体の述懐」もご一読を。

（9）ぎょうせいのＨＰは、http://www.gyosei.co.jp/home/top/index.html

（10）『ガバナンス』ぎょうせい、二〇〇三年四月号、一七―二一頁。

第1章

行政は変わるのか？
――しぶとい行政

澤　昭裕

1　「官主導・住民置き去り」の行政改革

官主導の行政改革の流れ

行政改革はなぜ必要なのだろうか。近年の行政改革は、中央省庁再編にしても、ニューパブリックマネジメント手法導入にしても、あるいはここ最近の公務員制度改革論議にしても、官側の問題意識に基づいて進められているのが実態である。それには三つの理由がある。第一に、バブル経済が弾けた後、累次の景気対策や社会保障予算の増大などによって国・地方の財政負担が増加したことを背景に、国・地方の財政再建が政府の一大課題になったこと、第二に、本来民間企業が遂行可能な事業を官が行ってきたことや、官がさまざまな理由で法的規制を続けてきたことによって、民間経済活動の潜在的な可能性を奪ってきたことが経済低迷の原因の一つであるとの認識が広まったこと、第三に、国・地方において、公務員の不祥事が多発し、行政機関や公務員の信頼性が一挙に低下し、その回復が政治的な課題になったことである。

こうした問題意識に基づいて、政府・地方自治体のトップが、審議会や懇談会を設置し行政改革の方向性を議論させるとともに、法律や条例に基づいて行政改革推進のための組織や段取りを整えることによって、種々の改革を進めてきた[1]。こうした経緯から、行政改革のアジェンダ（議題）は官側によって設定され、その射程も、①行政が行うべき事業の範囲の見直しと規制緩和、②行政機関および準行政機関（特殊法人や公益法人）の組織・定員規模の見直しと事務の効率化、③これらによって可能となる財政再建のための措置（人件費削減、事業費削減）に重きが置かれた[2]。本書の中心的課題である地方自治体における行政改革においても、その内実はこうした射程の範囲内にあり、どの地方自治体においても定員削減計画の策定、内部組織改編、外郭団体の統廃合、事務事業の縮減・廃止、事務の効率化のための諸措置などの行政改革プログラムが作成されてきている。確かに、こうしたプログラムは、基本的には財政状況の改善のための行政コスト削減に繋がるメニューによって構成されており、地方自治体の運営を預かる首長としては、その責任を全うするために必要な手段であることには違いない。ただ、そこには行政改革によって、住民の視点から見て、どのようなサービス改善がもたらされるのかが明確に示されていない。

住民不在の地方自治体の行政改革

地方自治体の現代的な行政改革は、北川正恭知事下の三重県で、いわゆるニューパブリックマネジメントの手法[3]を活用して始まったのが嚆矢である。その後、この手法は官への民間マネジメント方法論の導入（公共サービスは顧客サービスとの意識、競争原理、業績評価、組織フラット化等）として注目を集め、都道府県、市町村問わず広く地方自治体行政に導入され、更には独立行政法人の制度設計として、国の政府まで取り入れられることとなった。ニューパブリックマネジメントの手法は元来、英国のシティズンズ・チャーターや米国のクリントン大統領時のナショナル・パフォーマンス・レビュー（およびその後のナショナル・パートナーシップ・フォー・リインベンティング・ガバメント）[4]のように、住民に対する公共サービスの直接的改善を成果目標として掲げるものであったはずだ。だが、日本の地方自治体に取り入れられる過程においては、右記の財政再建の文脈に置かれたために、行政改革の住民への効果よりも、むしろ行政機関にとっての歳出削減効果の方が強調されてしまうこととなった。確かに、行政改革プログラムの策定に当たっては、情報公開など行政の実施プロセスについての改革措置も導入されてはいる。しかし、それはアジェンダの中心的位置を占めているわけではない。本来主役であるはずの住民（ＮＰＯを含む）は、官の事業のアウトソース先として位置づけられるか又は行政改革の実施プロセスにおける監視者の役割が求められているに過ぎない。

こうした欠陥のある行政改革であるにもかかわらず、最近地方自治体の内部には、行政改革は一段落したとの認識が広まりつつある。国から指導される改革事項を忠実にプログラム化しつつ、住民に対しては流行の行政改革手法を取り入れていると説明することによって責任は全うしたという意識である。実際、特に行政改革後発地方自治体にあっては、他の地方自治体に乗り遅れまいとする「横並び意識」に促され、他の地方自治体が行っている「定食メニュー」的行政改革プログラムを模倣することに忙しい。行政改革のスピリットそのものは顧みられることもなく、行政改革計画を策定すること自体が目的化しているといったケースが多いのではないだろうか。

こうした官主導・住民置き去りの行政改革は、更に新たな局面を迎えている。それは、地方自治体公務員の間で、「今後は、官の事業をアウトソースした先の民間企業や住民団体が、公共サービスの新たな担い手として責任を全うすることができるかどうかに問題の焦点が移ってきている」という見方が一般的になってきていることである。最近流行している「住民との協働」「住民の参加」「住民とのパートナーシップ」といった概念は、行政が独善的になることがないよう、外部の声特に顧客のニーズを積極的に取り入れた政策立案・政策実施を図ることを目的としているものである。しかし、上記のような行政改革の文脈に置かれてしまうと、縮減される行政機構に代って、住民自身にも公共サービス供給の負担を背負わせることを正当化する論理にもなってしまう危険をはらんでいる。

住民の側から見た場合、こうした一連の行政改革プログラムは、何らかの実質的な意味を持つのだろうか。自らが住む地方自治体の財政破綻が回避され、将来の税負担が増大する危険を免れるという意味では、地方自治体が右記のような行政改革を積極的に進めてくれることは大きな利益を享受できる。また、住民として行政に参画する道が開けることも、自らが公《おおやけ》とは何かを学ぶ良い機会となるだろう。しかし、住民としては、これまでの行政改革は、今ひとつその成果が実感できない面が強いのではないだろうか。その理由は、これまでの行政改革が行政の「何（what）を変えるか」に重点が置かれてきており、改革を「どう（how）行うのか」という面に着目してこなかったからではないかというのが筆者の考えである。住民が長い間行政に対して不満に感じてきた、例えば個々の問題処理におけるスピードのなさ、誤りを認めない傲岸、前例がなければ何も新しいことに取り組まない消極性などの行政機関や公務員行動の性質については、これまでの行政改革の取り組みでは何も変わっていない。そうした本質的な問題が解決していないにもかかわらず、行政改革は「一段落」では困る、というのが率直な住民感情だろう。

では、こうした行政機関の構造的問題はどのような理由で存在しつづけているのだろうか。これまでのニューパブリックマネジメントに代表される行政改革手法ではなぜ解決されなかったのか。その解決に向けて、公務員はどのような行動をすればよいのか、それを可能とする制度変革はありうるのか。以下、こうした点を考察していきたい。

2　行政の原理とその硬直性

行政改革から行政機関改革や公務員行動改革へと歩を進めるための障害は大きい。なぜなら、行政機関の組織設計原理、意思決定システム、公務員人事システムの三要素が複合的に絡み合い、そのシステムの中で合理的に行動しようとすれば、それらがすべからく「責任回避」という選択肢を取ることを動機づけているからである。内部的な改革努力による解決がほとんど不可能な理由はここにある。

これらの要素を、順を追って説明しよう。

(1)　行政機関の組織設計原理

タテ割り組織の問題点

行政機関組織は、国、地方とも、所管事項を分担分業し、行政対象となる事項や物資・サービスごとに権限と責任を分断していく方式、即ち「タテ割り」的に設計されていると言われているが、これは行政機関に特徴的な組織設計とは言えない。民間企業においても、例えば事業部制のように、販売対象の商品群ごとに責任組織が明確に区分されていることが多い。およそヒエラルキー型の組織は、下位組織に業務を分業させることによって、その効率性を確保しているからである。

しかしながら、タテ割り組織設計には構造的問題点がある。政治的な問題や世論が沸きあがっている問題については、トップダウン（トップのみがタテ割りではなく、総合的責任者である）によって問題の取り扱いがなされることが期待されるが、行政の日常においては、そのような問題は多くない。むしろルーティーン的な許認可業務・窓口業務の実施や、所掌事務に関する調査・分析、予算その他の制度の運用、福祉・教育・治安サービスの提供など、現場が裁量を持つ形で行政事務が進められていることが多い(5)。第一線で働く公務員がどのような活動をどの程度しているのか、上司は詳細に把握することが困難なため、実際の公共サービスが住民を満足させる水準まで供給されているのかどうかは検証しがたいのである。

また、現場の公務員は、自らの担当する業務を遂行している中で、問題点を把握することも多くある。その問題点が自らに与えられた裁量によっては解決が可能でない場合、新たな政策立案に繋がる重要な認識となるのだが、実際にはその問題点を自らの胸の内にしまいこむか、あるいは自らの裁量権不足を嘆くに終わってしまうことが多い。なぜなら、その問題点を仮に自ら属する組織の長に伝えたとしても、その長が持っている裁量権をもってしては解決が望めないことが多いからである。更に、別の組織が持つ権限を拝借しなければならない場合には、後述する行政機関内部の意思決定システムにおいては、新しい政策の実現可能性が小さく見えることもその原因である。こうした状況では、住民が行政機関に望む身近な問題処理機能は十分果たされていない。住民の目には、いくら行政改革が進んでいると説明されても、行政機関の行動は何ら変化していないと映るであろう。

森羅万象所管主義

タテ割りの弊害に加えて、行政機関の組織設計には、実はもう一つ重要な特徴がある。それは「森羅万象所管主義」ともいうべき考え方である[6]平たく言えば、「世の中で起こる全ての事象は、どこかの行政機関が担当している」ということである。例えば、「いじめ」問題は家庭教育に端を発しているかもしれない。しかし、世間は必ず行政（文部科学省・教育委員会）の責任を問うし、メディアも政府・地方自治体が何もせずに手をこまねいていれば、批判的な追及姿勢をとる。これに対して行政機関は、仮に立法機関から法的な権限が付与されていなくとも、何らかの対応をとらざるをえない羽目に陥る。もしその対応に不備があれば、更に責任を追及されるのである。

明治以来、官は民を保護する責任を有するかわりに、その責任を全うするために統制管理的な介入を行うことが許される又は期待されるという考え方が根強く存在している。規制緩和や分権が進んだ現在も、行政機関の内部ではこうした責任を意識している公務員は多い。したがって、何かの事件が起こるたびに、たとえそれが行政機関に法的責任がなくとも、トップの記者会見用の想定問答を用意することなどを契機に、「担当課」探しが始まるのである。もし、その事件に前例がなく、担当課が見つからない場合には、「他の（部課の）所掌に属しない事項に関すること」を所掌する課が必ず用意されている。この規定は、どの国の省庁や地方自治体の組織規則にも必ず含まれている[7]。国の省であれば大臣官房総務課、地方自治体であれば総務部の主管課がこうした課だ。まさに「森羅万象所管主義」の組織法令的表現である。

「森羅万象所管主義」は、一見、公務員が新たな事象や政策課題に積極的に取り組むためには適切な組織設計のように思えるかもしれない。しかし、実際の行政の場面では、ネガティブな事象への対応を迫られることが多く、複雑化した社会の中では単一の原因を除去すれば問題が解決するというような単純なケースは稀である。したがって、政策資源やツールに限りのある下位組織単位（即ち「課」）は担当責任を忌避しがちになるのである。筆者自身の行政経験でも、ある有害物質の処理責任をめぐって、その有害物質がさまざまな機器に含まれている（即ち、担当課が複数にまたがる）ことから、総合的責任を特定組織単位に課することができなかったことがあるが、いわゆる「たらい回し」が行政機関内部で生じることになるのである。

こうした問題に対応する組織改革として、「所管別」から「行政目的別」に編成原理を転換することが考えられる。例えば商工、農林など産業別に編成されている部を統廃合して、「県の富を増やす部」にするなどの考え方である。実際、橋本龍太郎内閣の中央省庁再編時には、その検討過程において「行政目的別」再編原理が浮上したこともあった(8)。しかし、各省庁のタテ割り権限にこだわる姿勢は強力で、最終的には省庁を統合したうえ、再度「所管別」編成がなされるに終わった。中央省庁再編では、一方で内閣機能が強化されたため、その後内閣官房が中心となって省庁を超える政策課題を取り上げ、解決に導いてきた例も増えつつあるが、地方自治体においては、首長の依然として個人的リーダーシップによるところが大きく、組織設計的な対応までは取られていないことが多い(9)。

(2) 行政機関の意思決定システム

次に、意思決定システムの問題を取り上げよう。行政機関の意思決定システムの問題点であまり取り上げられることがないのが、「合議(『あいぎ』。『ごうぎ』と呼ぶ行政機関もある)システム」がもたらしている責任所在の不明確化である。閣議に先立つ事務次官会議の法令案に審議においては、コンセンサスが必要であり、一人の事務次官が反対すれば閣議に上がらないといったシステムはよく知られているが、各行政機関の内部においても、法令や予算に限らず全ての意思決定が同様のシステムによって行われている事実を指摘するものは少ない(10)。

合議システムと責任の所在

合議システムとは、担当組織単位が何らかのアクションを起こす場合、その波及効果によって影響を受けると思われる別の組織単位に事前に了解を求める仕組みのことである。これはあらゆる政策、あらゆる過程(立案、実現、実施)に求められると考えてよい。この意思決定システムの必要性は、行政の整合性を確保することにある。

行政機関の最も下位組織においては、それぞれ異なる行政目的を追求しつつ、異なる制度や予算を運用しているという状況がある。わかりやすい例で言えば、公園を整備することを仕事としている課が、いくら公園立地の最適地だからといって、既に整備されている道路をつぶしてしまっては困るわけである。したがって、公園整備課が公園の立地を決める際には、立地することによって他の行政事務に悪影響が及ばないかを他課にチェックしてもらう必要があるのである。

これは組織としては当然のように思えるが、この意思決定システムが対住民サービスに逆作用を及ぼすことが往々にしてある。例えば、清流の水質悪化が発見されたとしよう。行政機関においては、すぐさま水環境保全を担当する課が対応を迫られる。その原因究明の結果、上流の工場排水が水質の悪化をもたらしたことが判明したとすると、住民から見ればすぐに排水規制強化をすればよいではないかということになる。しかし、行政機関内部では、水環境保全課が排出規制政策を立案・実現するためには、その政策の影響が及ぶであろうと考えられる課、例えば工場誘致を仕事としている課に対して、その政策内容について「合議」しなければならない。すると工場誘致課は、排出規制強化は誘致に不利な条件を課することとなるとして反対を表明するだろう。この場合、その反対が残っているままでは次の段階に進めないのである。水環境保全課としては、反対している課に妥協して、排出規制を弱める修正を行うことになるが、清流が元に戻ることはなくなってしまう。住民は当然行政機関の責任を追及するだろうが、この場合どちらの課に非があると考えられるだろうか。素朴な感情論からすれば、いいことをしようとしている水環境保全課ではなく、それを歪めさせた工場誘致課に責任があると見るのが自然だろう。ところが、行政機関内部では水環境保全課に責任があると断定される。

どの程度妥協するべきかの判断、それによって関係者が納得して事態が収拾できるのかについての判断は、一義的に水環境保全課が責任を持つべきであって、反対した工場誘致課に責任はないとみなされるのが行政組織の通常の論理なのである。外部者から見た責任の所在と、内部の論理による責任の所在とのギャップが生じてしまうわけだ。

この合議システムを裏から見れば、反対することはコストゼロだから、自分の担当する事務に少しでも関係すれば、別の課が取り組もうとしていることに反対や修正要求を出すだけ得にもなるわけである。また、その反対や修正要求に対して、何らかの見返りが提示されない限り、次の段階に行かないとなれば、別の課が行う新たな政策対応に拒否権を持ったと同然である。こうした意思決定システムに囚われた形の担当課としては、何か事を起こそうとすると、リスクは大きくリターンは小さいという予想を立ててしまうため、合理的に行動しようとすれば、「不作為」を選択する傾向がある。つまり何もしなくていい間は、何もしようとしなくなるのである。

合議システムと意思決定

合議システムのもう一つの問題点は、容易に想像できるように、意思決定に時間がかかるうえに、玉虫色の解決策しか期待できないことである。トップダウンの意思決定に変革すれば、そうした問題は解決できるのではないかとの主張もあるだろう。しかし、意思決定には適切な量と質の情報が必要である。

政治的・外交的課題のようにトップに近い層のみが保有し交換可能な情報を必要とする場合はトップダウンの意思決定になじむ。しかし、行政の日常案件のように、現場の密度の高い情報が下位組織から流入し、中間層のフィルターを通してトップに上がってくるような場合には、トップが決断して特定の措置を執るよう下位組織に命じたとしても、それが行政対象である住民にとって最適な措置となっている保証はない。こうした場合、トップは「特定の措置」ではなく「何らかの対応」を速やかに行うよう、下位組織に命ずることができるに過ぎない。その場合には、命令された下位組織は対処を急ぐことになるだろうが、その対処方針自体が決定・実行される前に、改めて合議システムにかけられてしまうのである。

更に、合議システムの中では、担当課は目前の政策課題に最も適当な措置を案出したとしても、上の段階に行くにしたがって、行政機関内部での修正が加えられることは不可避である。したがって、当該措置の内実は、行政機関内部の別組織が了承しうる最大公約数的なものとならざるをえない。こうして決定された最終対処方針は、文章表現的に玉虫色になっていることが多く、その方針の実行をめぐって、下位組織間で解釈の相違が生じることで更に対応が遅延したり、そもそもの問題が解決されなかったりすることも、よく起こる行政実務の問題点である。

(3) 行政機関の人事システム

公務員の人事システム

最後に人事システムを取り上げよう。

公務員の人事システムは国家公務員法、地方公務員法に定められており、原則として能力主義の体系となっている。当初、国家公務員法、地方公務員法においては、米国から導入された「職階制」という概念、すなわち「全体の仕事を、個人が分担できるまで細分化して必要な権限と責任を明確にし、個々人に割り当てて仕事をさせる方式」[11]を基にした人事管理を想定していた。しかし、紆余曲折の結果[12]、現在に至るまで「職階制」は導入されていない。その代替物として、職務のランクごとに級が設けられた俸給（給与）表とその級別の標準職務を職制（部長、課長などの役職）と結びつけて定義された標準職務表が開発され、それらをもとに、昇格・昇級管理が年功序列的に運用されているというのが、公務員人事システムの現状である。

その結果、ヒエラルキーの階段を上っていく各段階でふるい落とされることはあっても、在職期間がより長い先輩を追い越す形で抜擢されるということはほとんどなく、逆に安穏として仕事に不熱心であっても、ある程度の段階までは昇格・昇給することが保障されるということが起こる。また、若手のうちは入省・入庁年次が同じである限り、給与については差がつかず、競争意識をもって仕事に切磋琢磨するという風土がないとも批判されている。

こうした公務員人事処遇体系が、公務員の職務にまつわる諸問題を招いているとして、国において公務員制度改革が議論されている(13)。また、ニューパブリックマネジメントを研究する民間のコンサルタントや人事制度研究者からも、昨今さまざまな改革案が提案されている(14)。これらの提案の共通要素は、上記のような年功序列型の人事システムを改革し、能力・実績主義に転換して能力・成果評価による任用を実現することを提唱していることである。

成果主義の功罪

筆者が旧通商産業省工業技術院人事課長の職にあった際、工業技術院が独立行政法人産業技術総合研究所研究所に改組されることを契機に、主に研究職の人事マネジメントについて、目標管理型成果主義を導入した経験がある。その際の実感だが、こうした成果主義システムへの変革が効果をもたらすためには、三つの必要条件がある。第一に、現状の処遇に不満な職員が全体の七〜八割を占めていて、人事改革の必要性が切迫していることである。情実人事や明らかなえこひいき人事が横行しているような組織の場合には、成果主義のような一見透明性を有する新人事システムを導入することも効果があるだろう。しかし、人事実務を経験すれば分かることだが、どの職場においても自分自身が正当に評価・処遇されていると感じている人は、そもそもそれほどいるわけではない。むしろ、少なくとも半数の人は何らかの不満を持っているのではないだろうか。こうした状況は、どのような評価システムを導入しても大して変わらないという点には留意が必要だろう。

第二に、成果主義の導入が何を目的としているかを明確にする必要がある。組織には、二―六―二の原則とでも言うべき法則がある。科学的に実証されたわけではないが、組織構成員のうち、仕事ができる、普通、仕事ができないと単純に評価区分すれば、上位が二割、中位が六割、下位が二割となるという経験値である(一―八―一という見方もある)。こうした状況の中で、成果主義を導入する際、人事担当や人事コンサルタントがまず考えることは、下位二割にペナルティを与える(リストラ、給与削減など)ことによって人件費を削減することである。しかし、公務員の場合、解雇・降格や給与削減には法令上の制約があることから、こうした効果を望むことは難しい。

次に考えることは、上位二割の職員に、より大きなインセンティブを与えることによって、モチベーションを更に向上させることだろう。しかし、上位二割の職員は、どのような評価システムを取ろうとも上位の評価を得るものである。現状の制度の中でもインセンティブを与えることは十分可能であるし、またそのように処遇されてきているはずである。

したがって、成果主義が本来ターゲットとすべきは中位六割の層なのである。この中位六割の層が、現状の人事システムのどこが問題となってモチベーションを下げているのか、また期待される人材に育っていないのかを十分分析した上で、成果主義がもたらすどの作用を利点と考えて導入するかを明確にしておく必要がある。成果主義を唱える論者の提案する評価システムの中には、様々な能力や実績評価を個別に点数化し、それをもとに「総合点」を算出して処遇に反映させるものがある。しかし、多様な長所・短所を持つ個性的人材をどのように配置するかを考えなければならない人事担当実務者からすれば、職員を「総合点」で評価することに何の意味があるのか、全く理解できない。

第三に、当該組織の中間管理職層が、被評価者にどのような目標を設定させるか、またその到達度を評価できる能力をもっているかどうかが重要な必要条件となる。地方自治体の事務職員の場合、産業技術総合研究所の研究職とは全く異なる目標を設定することが必要となる。この目標設定において、先述した住民置き去りの行政改革目標をもとにした内容を被評価者に課すとすれば、成果主義の導入は住民サービスの向上をもたらすどころか、住民が望んでもいない行動に専心する公務員が続々と生まれてきてしまう危険がある。地方自治体は、組織としては相対的に大規模なものであるがゆえに、その中間管理職層全員が、首長が掲げる抽象的な組織目標を咀嚼して、自分が担当する組織の目標にブレイクダウンできると期待するのは難しい。その結果、中間管理職層は目標設定や成果評価の細かな運用について、人事課に指示を仰ぐようになりかねない。成果主義は本来、それまで組織構成員全員の評価を独占してきた人事課に代わって、被評価者の活動について身近な現場で評価できる直属の上司たる中間管理職層が、分権的に人事処遇を行っていくことに意味がある。ところが、中間管理職層自体がその分権化に及び腰で、評価責任を避けようとして、人事課にいちいち具体的な運用についてお伺いを立てるようなことにでもなれば、人事課のミクロ的マネジメントが復活することになり、成果主義はそこで破綻してしまうのである(15)。

成果主義は答えではない?

こうした必要条件が満たされているとは思えない地方自治体においては、人事システムの改革の答えは成果主義ではないというのが筆者の考えである。従来、給与や昇格年限においてそれほど差がなかった時代が長く続いた間に、実務上どのように個々人の評価を処遇に反映させてきたかといえば、それは「ポスト」である。外部から見てもよく分からないが、組織内の職員であれば、どのポストの格式が高く権限も大きいかということは共通認識があることが普通である。地方自治体によって地域事情によりポストの軽重はあるが、一般的に人事課と財政課はその最高位を占める（部で言えば、それらの課が属する総務部）ことは共通である。こうした課に配属された職員は（仮に給与に差はなくとも）、他の職員に比べて自らの能力を高く評価されているというプライドが満たされ、将来も明るくなるわけであるから、モチベーションも高いことが多い。

もちろん、人事課や財政課は、組織全体の資源配分に関わる仕事を行う重要な組織であることから、組織内で最も優秀な人材を集めることは必要である。しかし問題は、こうした最高位組織に例えばいったん係長で配属されれば、補佐時代や課長時代にも必ず同組織に戻ってくるような人事が行われていないかどうかである[16]。係長時代、補佐時代、課長時代、それぞれの時代において最も優秀な働きを見せている職員を配属することには問題はない。しかし、例えば人事課係長を終えたあと、同一人物を将来人事課課長補佐として戻してくるために、経歴に傷がつく危険がないような課に配属し、「大過なく」仕事を終えさせるといったローテーションが組まれていたりすると、大きな問題が発生する。

内部的には、こうした道から外れた職員にとっては敗者復活が望めなくなるという問題、外部的には、最も優秀な職員が行政課題の複雑な（つまり本人が傷つく危険性の高い）課に配属されず、住民の役に立たないという問題である。

最も優秀な職員が、自らの将来を危うくするようなリスクの大きい職務を避け、責任をできるだけ回避する姿を見ていれば、それ以外の職員も同じ行動をとることを考え始める。特に、敗者復活が認められていないのであれば、リスクは大きいが成果も大きいと思われる仕事にチャレンジするという意味もないわけである。こうした上司の行動原理を見て育つ若手職員に対して、これからの期待される公務員像の理想を掲げて、「意識改革」を迫る研修をいくら積み重ねてもほとんど無意味である。また、こうした人事が続く限り、成果主義が導入されて少しばかりの給与アップを得られたところで、モチベーションに変化は期待できないだろう。

(4)　行政の問題処理原理――「責任」をめぐるババ抜きゲーム

上記のような組織設計原理、意思決定システム、人事システムの相互作用の中で、行政機関は問題を処理していくことになる。その問題処理原理を一言で表現すれば「責任回避」である。といっても、問題処理の責任は消え去るわけではないのだから、行政機関内部でその責任の所在を巡って、ババ抜きゲームが行われることになる。水平的には、これは別の部や課の責任であるという押しつけ合い、垂直的には、これは上司の責任である、いや部下の責任である、時間的には、これは前任者の問題である、いや後任者に押しつけようといった具合である。こうした行政機関においては、そのゲームを戦う中で、責任を回避するための三つの論理が開発されてきた。前例主義、横並び主義、先送り主義である。

責任回避の論理

第一に、前例主義は、法律統治国家において行政の継続性や予測可能性を担保する原理として必要不可欠なものであることは事実であるが、ここでは本来の用法を逆手にとった責任回避のための道具として使われていることを指摘したい。日常的行政において、何らかの問題を処理する際には、法令に則った判断を行うことが通常である。しかし、法令はその性質上抽象的なものであり、具体的なケースに応じてさまざまな解釈を必要とする。その場合、住民から見れば、新たに生じている状況に対応した創造的な解釈によって、時代に即応した行政を行ってほしいと思うのが自然だが、公務員にとってはそれはリスクが大きい。前例がない解釈を行えば、その解釈を行った根拠を内外から問われることは間違いないし、場合によっては法令違反となることさえあろう。ならば、法令を改正すればどうだということになるが、一つの例外的事例をもって、根っこにある法令を改正していくようなエネルギーが生まれることはめったにない。こうした状況下では、前例主義が責任回避の論理となる。上司にも、住民にも、「昔、こういうことがありまして、今回のケースはそれに似たケースですので、以前と同様の解釈をすれば、こういう対処方針になります」と説明すれば済む。

第二に、横並び主義である。これは、ある住民から持ち込まれた問題に対して、「過去」どうだったかではなく、「現在」他の地方自治体ではどのように対応しているかを問題処理の論理として用いることである。他の地方自治体で特定の対応をしてうまくいっている以上、その対応の仕方には何らかの合理性が認められるわけだから、自らの自治体においても相当の適用性を持つ措置だと考える思考方法であると言えよう。これも、前例主義に負けず劣らず、内外に説明しやすい論理である。

ただ、実際には、すべての問題は異なる事情や経緯から発生しているものであるから、「横並び」の措置が最適かどうかの保証はない。にもかかわらず、入念な分析検討なしに、他の自治体の真似をしてしまうということが起こりがちなのである。

第三に、先送り主義である。これは、過去から積み重なってきた事情によって問題が今になって噴出した場合の組織的責任の所在についての考え方が影響している。例えば、現在の問題を生じさせた最初の原因が、自分の三代前の前任者の時代に既に存在していたとしよう。二代前の前任者はその原因に初めて気づいたが、何らの措置も取らずに放置していた。また直前の前任者は、おざなりの対応を取っただけで、自分に先送りしてきた。そして自分の時代になって、問題が噴出し、メディアも騒ぎ出した。こうした場合、行政機関内部においては、誰に責任があるとみなされるだろうか。実は「自分」なのである。噴出した問題の処理の手際如何が、最も大きな評価ポイントであって、原因を放置してきた担当者については、外部からの責任追及はあるとしても、内部的には本質的な問題とはならないのが一般的である。こうした責任の所在の考え方が、なるべく問題は先送りしようとする公務員の行動を生み出しているわけである。

3　行政改革から行政機関改革へ

行政機関改革は公務員行動改革

官がアジェンダ設定をした行政改革を進めるだけでは、住民サービスの向上など住民に目に見える形で行政機関の行動が変化するわけではないことを理解していただけただろうか。行政機関の改革には、公務員の行動変革をもたらすための処方箋が必要となるのである。

米国占領下の日本の行政は、GHQの方針もあって、旧来の行政機構を通じて行われてきた。その間政治勢力は弱体であり、日本の将来は官が背負って立つものという意識を持った官僚達（国士型官僚）が主流を占めた。その後、与党の力が付くにしたがって、政治勢力や利益団体などとの間の利害を調整し、現実的な解決策を考案して実現していくリアリスト官僚（調整型官僚ともいう）が大勢を形成し始めた。しかし、利害調整の中で公私の別がつかなくなった一部高級官僚の過剰接待問題、収賄事件などの不祥事をきっかけに、公務員バッシングが始まった。公務員のモラル低下が疑われる一方、天下りシステムや退職金・年金などの公務員優遇制度が槍玉に上がってきた。また政府の政策決定についても、小泉政権時から「政治主導」が演出され、安部政権に至っては、一種の政治任用制度が採用されている。地方自治体でも、裏金問題や談合加担などの問題が噴出し、公務員の信頼度は低下する一方である。それに伴って政策立案も「住民との協働」という名の下に、公務員の関与を薄める方向が流行している。こうした中で、公務員は政策立案や決定に関与するべきではなく、総理や首長が政治主導で政策を決定した後、その実行を能率的に行うことが行政の務めと考えている公務員（吏員型官僚）が増えてきているという研究結果もある(17)。就職を控える若い人たちは、物心ついてからずっと、公務員批判の論調ばかりに接してきているし、公務員になってもエキサイティングな仕事はできないと予想されるわけだから、優秀な人材が公務員を魅力ある職業だと考えなくなっているのも不思議ではない。

いったい公務員というのは、それほど極悪非道の人種なのだろうか。国家・国民・住民への奉仕という高い志を胸に公務員になり、中堅、幹部となってもその姿勢を変えていないという公務員はいないのだろうか。政策立案に、もう公務員は必要ないのだろうか。「住民との協働」の名の下にプロフェッショナルとしての公務遂行を放棄する公務員の責任回避を認める前に、自分たちが税金で雇っている公務員にもっと働いてもらうことの方が先決ではないか(18)。

こうした疑問を呈する論者は、残念ながら今やほとんどいない。ましてや、公務員自身が反撃することは許されていない。それは、公務員にアキレス腱が三つあるからである。第一に、選挙によって選ばれたという正統性を持たないこと、第二に、公務員は組織として仕事を行うことが義務付けられ、無名性が前提であること、第三に、政治的中立性との引き換えに身分が保証されていることである。したがって、公務員組織が自己防衛を図ろうとするときには、どうしても「暗躍」せざるをえない。それが暴露されて、やはり公務員は救いがたいと世論に叩かれ、悪循環に陥るのである。

しかし、公務員には依然として重要な役割がある。それは、短期的な政治的誘惑に流されず、住民の安寧・福祉を慮った長期的視点での政策を立案し、さまざまな利害を調整しつつ、政策実現への合意プロセスを形作っていくことである。心ある公務員の間では、自主的な内部からの改革を模索する動きも出てきたし、これまでの公務員改革と称されるものは、単に懲罰的な処遇改悪を行うことで住民の快哉を得ることを政治的な目的としているのではないかと疑問をもつ住民も増えてきている。住民としては、住民のために自分の将来のリスクをかけてでも、身近な問題の処理に一生懸命努力してくれているという公務員の姿を見ることの方がより大事なのではないだろうか。

三つの提案

公務員の矜持回復に向けて、次の三つの提案をしておきたい。第一に、特に若手の公務員が政策原案を作成するために行う内部での議論を公開・発表し、政策形成のイニシアチブを取ることである。政策立案過程において、どの程度自分たちが実態を調査し、制度を勉強し、住民の利益を考えているかということを示すことによって、公務員の政策立案能力・問題解決能力への信頼を取り戻してもらいたい。内部の改革運動として若手公務員が組織改革や人事制度改革を提言している試みもあるようだが、「実現は人任せ」という評論家に陥ってはいけない。

第二に、複雑な人事制度改革に取り組む必要はない。横並び主義、前例主義、先送り主義の原則から逸脱して、リスクを負って責任を回避しない働きぶりを評価するという人事評価基準を首長が明確に宣言し、人事担当責任者がその方針にしたがって、実際に優秀と目されている人材を、問題が山積している部課に配属する人事を継続的に行うことである。先述したポスト主義が根強く残っている地方自治体においては、その人事が意味するところは職員全員が理解するだろう。

第三に、住民に対して、これまでの行政改革の成果についての説明を直接行い、その評価を問うてみることである。いかにこれまでの改革メニューが、住民の実感的なニーズとかけ離れているかを認識するよい機会となる。そして、それにとどまらず、住民から改革してほしい行政機関の行動パターンについての指摘を受け、その指摘がどのような行政機関の構造的問題から生まれているかについての自らの分析と解決策についてのアイディアを、住民に対してフィードバックするという対話をもつべきではないだろうか。

【注】

（1）　平成一八年に成立した「簡素で効率的な政府を実現するための行政改革の推進に関する法律」の構成や総務

省「地方公共団体における行政改革の推進のための新たな指針」(平成一七年三月二九日通知)および「地方公共団体における行政改革の更なる推進のための指針」(平成一八年八月三一日通知)を参照。

(2) なお、地方分権も行政改革の一つではあるが、国の政府から地方公共団体への権限委譲が地方分権の中核であり、官と民との関係を直接変えるものではないことから、ここでは扱わない。

(3) ニューパブリックマネジメントに関する文献は多数あるが、実際に自治体に取り入れられた典型的な型として静岡県の例を参照。http://www.pref.shizuoka.jp/governor/talk/npm1/index.htm

(4) 田辺智子『米国九〇年代の行政改革』レファレンス、二〇〇三年十二月号。

(5) リプスキー・M『行政サービスのディレンマ―ストリート・レベルの官僚制』木鐸社、一九九八年。

(6) 大森彌『官のシステム』東京大学出版会、二〇〇六年、二五八頁。

(7) 石川県の例は、http://www.pref.ishikawa.jp/reiki/reiki_honbun/i1010091001.html 武蔵野市の例は、http://kensakusv.city.musashino.tokyo.jp/reiki/details/rda00100.htm

(8) http://www.kantei.go.jp/jp/gyokaku/975naka13.html を参照。

(9) 政治学者の牧原出は、官僚(キャリア組国家公務員)を原局型官僚と官房型官僚に区分し、前者を自ら公益の体現とする意識をもちながら省益に陥り視野が狭い官僚、後者を官僚の矩をわきまえつつ省益を超えた構想力を持つ官僚として、内閣機能の強化とともに後者のカテゴリーの官僚の数が増えつつあるとしている(『内閣政治と「大蔵省支配」――政治主導の条件』中央公論新社、二〇〇三年、おわりに)。地方自治体においても、こうした公務員の育成を意識的に行う組織設計と人事ローテーションが必要となろう。

(10) 合議システムの存在を指摘したものに、例えば城山英明・細野助博『続・中央省庁の政策形成過程――その持続と変容』中央大学出版部、二〇〇二年、一八二頁などがあるが、その問題点までは踏み込んでいない。

(11) 稲継裕昭『人事・給与と地方自治』東洋経済新報社、二〇〇〇年、一七〇頁。
(12) 川手摂『戦後日本の公務員制度史――「キャリア」システムの成立と展開』岩波書店、二〇〇五年、第二章。
(13) 国の公務員制度改革大綱について、http://www.gyoukaku.go.jp/jimukyoku/koumuin/taikou/index.html を参照。ただし、その後の議論で、再度仕切り直しとなっている。
(14) 例えば、中野雅至『間違いだらけの公務員制度改革――なぜ成果主義が貫けないのか』日本経済新聞社、二〇〇六年や山中俊之『公務員人事の研究――非効率部門脱却の処方箋』東洋経済新報社、二〇〇六年など。
(15) 実際、産業技術総合研究所形成過程において、筆者が成果主義の導入について中間管理職層に対して「新しいシステムにおいては、成果評価やその反映の仕方については、一定の幅において中間管理職層に権限と責任を人事課から完全に委譲する」旨の説明を行った際、「人事課はその具体的運用について細目的な基準を示すべきで、それをしないのは無責任である」との批判が続出した。「無責任」なのは評価を避けようとする当の中間管理層なのである。
(16) こうした還流的な人事を、隠語で「サケ・マス人事」と呼ぶ。
(17) 真渕勝「官僚制の変容――萎縮する官僚」、村松岐夫・久米郁男『日本政治　変動の三〇年――政治家・官僚・団体調査に見る構造変革』東洋経済新報社、二〇〇六年。また、佐竹五六『体験的官僚論――五五年体制を内側からみつめて』有斐閣、一九九八年、岡光序治『官僚転落――厚生官僚の栄光と挫折』廣済堂出版、二〇〇二年参照。
(18) 最近、税金を市民団体の公共サービス供給事業に補助金として支出したり、収める税金の一部を納税者が使途を特定することができる制度を採用するような動きが流行している（日本経済新聞、二〇〇七年一月五日夕刊一面）。

第一部

行政内部からの変革

第2章　行政が変わった
――改革派自治体の述懐

山口武美

かつて“見えない県”と揶揄されるほど地味だった三重県。北川正恭知事が誕生した一九九五年以降、三重県は「生活者起点の県政」を理念に掲げ、……「前例踏襲」や「無謬性」は一蹴され、失敗を恐れず挑戦していく風土からは、創造性あふれる職員が育ってきた。一連の改革は……、いまや全国の自治体から目標とされる存在となっている。北川知事は二期八年での退任を表明したが、三重県の改革はこれからも続く(1)。

これは、二〇〇二年度末に出版された地方自治体、公務員向けの雑誌の特集に掲載された冒頭の文章の抜粋である。

三重県では、北川知事就任後の一九九五年から始めた独自の行政改革により、職員の意識改革や県庁の仕組みの改革等、行政の諸改革を進めてきた。「生活者起点」の考え方に基づき、行政活動の透明性や説明責任を高めるとともに、競争原理の導入や事業評価等を行い、サービスの受け手の側に立った行政に取り組み、いつしか全国の地方自治体や国の注目を集めるほどになった。この一連の改革の成果としては、従来の業務管理型から目的達成型の行政運営への転換が進んだこと等があり、結果としてニュー・パブリック・マネジメントの考え方に近いものとなっていた。

一九九五年以降の三重県の改革については、研究者、実務者などから調査、研究などが行われ、文献にも多く取り上げられるとともに、マスコミ等にも多く紹介されてきた。全国の地方自治体における行政改革は、その改革のアプローチ、手法などに違いはあれ、三重県の改革が影響を与えてきたところもあるのではなかろうか。

二〇〇三年四月の北川知事の退任以降、現在までの四年余りの間に、全国の改革派と称される知事を始めとする首長の退任が続き、ポスト改革派首長に対するマスコミ等の関心は低くはない。また、地方自治体の不正支出、裏金問題、談合による知事の逮捕等が相次ぎ、地方自治体への不信が高まる中で、あらためて行政における真の改革とは何かが問われているとも言える。

全国における改革派首長による改革は一世を風靡し、日本におけるニュー・パブリック・マネジメントの先駆けとして様々な取り組みが行われてきたが、行政サービスの受け手である住民との関係においては、どの程度意義のある具体的な改革ができてきたのであろうか。また、仮にもトップリーダーが代わり、行政運営が元に戻るようなことがあるならば、それは、行政組織における構造的な問題があるのではなかろうか。

三重県の改革は、時代背景や環境条件の変化に伴い、変わることが求められる中において、知事による行政の組織文化の転換、職員の意識改革などからすべてが始まったと言っても過言ではなかろう。

本章では、改革先進県のひとつとして他の地方自治体などから注目されてきた三重県の事例を通して、その改革の経緯や現状を踏まえ、行政の組織原理、職員の行動様式、トップリーダーのコミットメントの面から、「変わる」の視点で行政の改革について述べてみたい。

1　「生活者起点」が行政、職員を変えた

(1)　行政の組織原理の揺らぎと職員の行動様式の変化

パラダイムの転換

今日の多くの地方自治体において、行政経営、政策評価、説明責任、協働あるいは顧客重視というような言葉が普通に使われ、日常語、共通言語にもなっているということを聞いて、異を唱える意見は少なかろう。しかしながら、わずか一〇年余り前の一九九〇年代半ばまでは、これらの言葉が日本の地方自治体にとってほとんど馴染みのないものであった。

このことは、世紀の変わり目であったここ一〇年余りの間において、いかに行政を取り巻く環境の変化が著しく、また行政も変わらなければならなかったかを物語っている。

三重県では、一九九〇年代半ばを時代的、社会的にパラダイムの転換期と位置付け、変えることによって創ることができるという発想により、行政のシステム全体を転換してきた。一九九五年四月に就任した北川知事の時代認識は、二〇世紀末から二一世紀にかけての日本は、明治維新、戦後改革に続く時代の変革期であり、世界史的に見ても、情報技術の進歩により、農業革命、産業革命に匹敵する文明史的転換期とした。そして、地方自治体においても、この変革期を乗り切るためには、「自らの行動様式を変える」ことが必要として、透明な組織運営に基づくガバナンス（協治、共治）のあり方を追求し、県民、生活者こそが地域における主役として、協働による民主主義社会の構築を目指した(2)。

言わば、生き残るためには適応能力が必要との認識のもと、「自己否定」から一歩を踏み出したのである。行政における「自己否定」という発想も、当時としては新しかった。

三つの改革

「従来とは異なる発想、異なる手法で、生活者の視点に立った生活者重視の県づくりを目指して、『職員の意識改革』『行政の改革』およびそれらを通じた『三重県の改革』の三つの改革に取り組む」。これは、北川知事が、就任後の最初の県議会である六月定例会での所信表明だ。

具体的には、「職員の意識改革」では、サービスの受け手である県民の立場に立ってどのような行政サービスをすべきであるかを説き、「行政の改革」では、費用対効果の面から事務事業の自己評価を行い、どのような成果をあげたかという結果を重視する行政への転換、柔軟性に富んだ、効率的、効果的な行政運営の確立を唱えた。そして、「三重県の改革」として、地方分権に取り組み、政策形成能力を高め、自ら政策を立案し働きかける能動型・提案型の行政への脱皮、情報・環境先進県づくり等々を述べたのである。

これらの改革で目指したところは、行政では有り勝ちな予定調和を排したもので、俗に言う落しどころを最初に決めておくようなお茶を濁した改革ではなかった。そして、小さな容器の中の改革に留まるようなものではなく、少なくとも従来の行政改革との比較において、より広範で本質的なものであり、まさしく行政における新たなビジネスモデルの構築に向けた取り組みであった。

それは、別の見方をすると、第1章で述べられているような剛構造ともいうべき行政の組織原理が、トップリーダーの投じた一石（実際は、しつこい程に繰り返し投げかけられたが）により、どのように変化していったかの軌跡でもあると筆者はとらえている。

ここで、行政の組織原理や職員の行動様式の変化について述べる前に、改革の具体的な内容について、少し振り返ってみたい(3)。

まず、最初に取り組んだ「職員の意識改革」では、「生活者を起点とする行政運営」を基本目標とする行政改革運動である「さわやか運動」(4)を始めた。この運動は、単に量的削減を中心とした行政改革、官による官のための行政改革ではなく、行政サービスの受け手の側に立った行政の組織文化の質的転換を目指した改革であった。

職員提案制度である「さわやか提案」では、実に四〇七六件もの提案があったのも驚きだ。それらをもとにした、カジュアルウエアデーの設定、名刺の公費負担など、従来の発想や慣行にとらわれない取り組みを通して、「言えば変わる」「やれば変わる」という感覚が県庁の中に芽生え、「今までとは違うぞ」という新鮮な気持ちをもった職員が徐々に増えていった。県庁の組織文化、職員の行動様式を根本的に変えようとする改革は、一朝一夕にできるものではないので、運動論によるアプローチは、振り返って思うに正解であった。

そして、この運動の根幹として、「職員の意識改革」を掛け声や精神論だけでなく、成果志向、結果重視の行政への意識の転換を目指して、全国に先駆けて「事務事業評価システム」を導入したのである。

「職員の意識改革」とともに、次に取り組んだのは、「行政の改革」としての「県庁の（仕組み）改革」だ。一九九七年一一月に、改革の基本理念と県政の全体像、今後の進むべきビジョンを明らかにした総合計画「三重のくにづくり宣言」を作成し、その計画を確実に達成するために、一九九八年三月には、従来の行政の考え方や枠組みを見直し、システム全体の構造的な改革を行う「行政システム改革」(5)を取りまとめ、三重県の改革の先進性を全国に知らしめるところとなった。

この改革は、サービスの受け手の立場に立った「生活者起点の県政」を推進するため、「住民満足度の向上」を理念に、三つのキーワード「分権・自立」「公開・参画」「簡素・効率」をもとにして始めた。その内容は、事務事業目的評価表の公表、英国のシティズンズ・チャーター（市民憲章）を参考にした行政サービスの指針となる「県民の皆さんへ」の公表、官民の役割分担を明確化した「公的関与の判断基準」による事務事業の見直し、総合計画を展開するための組織機構改革（マトリックス化、フラット化等）、総務部の権限縮小、情報公開の推進、発生主義会計の導入など二一項目の改革に及んだ。

また、北川知事二期目の一九九九年度からは、職員自身の自発的、創造的な改革運動を発展させ、行政運営を経営と捉えて継続的に改善、改革を進め、県民から見て価値の高い行政サービスを提供する活動である「経営品質向上活動」(6)に全庁をあげて取り組むこととなり、知事交代後も現在まで継続している。

さらに、二〇〇二年度には、「職員の意識改革」や「県庁の（仕組み）改革」を政策や住民サービスの向上に反映させていく「県政の改革」を目指して、「政策推進システム」を導入し、総合計画の進行管理と一体で政策評価システムを運用し、予算などの資源配分機能との連携を強化することで、PLAN-DO-SEEサイクルのマネジメントサイクルを回すことにした。

この「政策推進システム」と「経営品質向上活動」を県政の二大戦略と位置付け、これまでの様々な取り組みのまとめを図り、県庁の業務の進め方をニュー・パブリック・マネジメントに基づく県政運営へと発展させてきた。もちろん、取り組みの紹介が、この章の目的ではないので、主なものとして掲げたが、他にも様々な取り組みを行ってきたのである。

以上のような一九九五年から取り組んできた経営の改革は、事務事業評価システムに注目が集まりがちであったが、当初から、評価と表裏一体的に職員の自発性や動機的側面を重視し、予算編成および執行上の権限を事業部局に委譲し、政策体系ごとに組織を編成していくという一連の改革は、成果の評価と分権化を軸とするニュー・パブリック・マネジメントの流れに沿ったモデル性の高い取り組みだった(7)。

職員の意識、行動の変化

ここまで読み進めてきて、一連の改革が、「生活者起点」「サービスの受け手の視点・立場」をもとにした取り組みのオンパレードであることに驚かれた読者も多いのではなかろうか。まさしく次から次へとである。それまでの三重の県政において、これほど根源的で、スピードのある改革に取り組んだことは、おそらくなかったことであり、他府県においてもほとんど例がなかったのではなかろうか。それ故に、その変化に対して「行政も変わるんだ」と世間やマスコミは注目したと思える。

従来から、「お役所仕事」「お役人」などと、行政や公務員を揶揄する言葉も多く、「働かず、遅れず」などは、公務員のしごとぶりに対する世間のひとつの評価であったことは否めない。このようなしごとぶりは、当時の三重県庁においても無縁ではなかった。

それが、先程述べたような事態に直面したのである。職員は、どのように感じ、考え、変化していったのであろうか。

筆者は、一九九五年四月に総務部に異動して四年間在籍したが、これは同月誕生した北川知事の一期目と重なり、直接、間接に上司や同僚達が改革に直面する姿に接してきた。その際に感じたことは、次のようなものである。

「知事は、『改革』『改革』と言うが、どの程度本気で言っており、何をしようとしているのか」程度の差こそあれ、職員の多くは、当初、このような考えを持っていたように思う。知事の言動をよく見ては、自分達との距離を計り、「本気であるのか」「ポーズだけなのか」ということの把握に注力をしていた。それまでの行政の組織原理、職員の行動様式のもとでは、「改革をするにしても、庁内調整などで労だけ多くて、何の得にもならないではないか」と考える職員がいたとしても、経験則上、何ら不思議なことではなかったのである。

しかしながら、知事との議論を何度も何度も重ね、知事の本気の度合いを肌で感じた職員の中には、「我が意を得たり」と内心やる気を燃やす者や長年の職員生活で眠っていた使命感のようなものに火がついた者がいた。それまでの行政のあり方に対して持っていた疑問が、「これではいけない」と行動につながっていった。その数は、決して多くはなかったが、この職員達がキーパーソンとなり、リスクを恐れずに取り組んでいった。目覚めた職員の力は、強くたくましく、やがて行政内部の不満を抑えて改革を大きな輪にしていったのだ。

一般的に、ほとんどの組織においては、組織を牽引できる者は少数派であり、変わることに抵抗感をもつ多くの守旧派をどのように改革に向かわせるかが大きな課題である。三重県でも、目覚めた職員、率先して行動を起こす職員が牽引する形で全体を引っ張ってきたといえる。

実際、あまりの難題の多さやスピードの速さに対して、一般の職員だけでなく、改革の中心的な役割を担っていた部局の職員の中にも、疲れ、困惑した顔を見せる者がいたのも事実である。しかし、目覚めた職員は、どこかで新鮮な気分を抱きつつ、改革が快感となっていった。

読者の皆さんは、以前、NHKに「プロジェクトX　～挑戦者たち～」という番組があったのを憶えているだろうか。熱き想いを捨てきれず、様々な困難を乗り越え〝夢〟を実現させてきた無名の「挑戦者たち」の成功の陰の知られざるドラマを伝える番組である。

三重県の改革を支えた職員の挑戦と努力は、まさに、その題材ともなり得るようなものであったと言っても、まんざら過言ではないのではなかろうか。

逆に言えば、従来の行政の組織設計や意思決定システムが、職員のやる気や使命感を低下させるような制度やしくみで構成されており、何もしない職員を容認するかのような「諦めた者勝ち」という状況を生み出していたとも言えよう。

新たな価値創造への強い思いを抱く知事の気概は、厳しくもそれまでとは明らかに異なるトップリーダーの姿を志ある職員に植え付け、協調路線をとりつつもなれ合いを廃した緊張感のあるパートナーシップのもと、両者の化学反応により、改革の大きなエネルギーになっていった。と同時に、新たな価値の創造を目指した取り組みのプロセスそのものが、組織や職員にとっての大きな学習効果となり、職員の気づきや内発的、自発的な行動につながっていった。

これこそが、まさしく職員の成長を通した組織的能力向上のための新たな価値創造であり、職員は知事の指示だけで行動するのではなく、自らの判断で自主的に行動することを身に付けていった。

壁が破れた！

筆者は、三重県東京事務所に勤務していた際に、職員の意識や行動が大きく「変わる」を肌で感じた経験がある。

東京事務所は、一九九九年三月に新築されたばかりの都道府県会館の一一階にあった。とても立派な建物で、同年四月の人事異動によりはじめて事務所を訪れた時には、ガラス張りの部屋が眩しく感じられ、窓から見える東京の街並みがとても印象的であったことを覚えている。

入所後まもなく、職員は、新たな事務所ではあるが、来訪者との打ち合わせスペースが狭くて使い勝手が悪く、県庁から出張で立ち寄った職員が、一時的に仕事ができるようなスペースがなかった。一方で、月に数度しか事務所を訪れない知事のための部屋が、ほとんど使われておらず、施設の有効利用の面からも問題が多いと感じるようになった。

それで、事務所職員で議論を重ね、民間の先進事例調査や専門家の意見を聞くなどして、職員の座席を固定しないフリーアドレスを含めたオフィス改革の具体案をまとめた。その案は、職員の執務スペースだけの改装ではなく、知事の東京出張の際に利用される知事室の廃止までも含んだ大掛かりなものとなった。その案について、知事に直接、知事室の壁が邪魔になっていると伝えたところ、知事は「壁を取ったらいいじゃないか。知事室なんていらない」と一言。

結果、新築後一年しか経っていない事務所の知事室、所長室を廃止して、二〇〇〇年六月に事務所はリニューアルされたのだが、破れたのは単なる〝知事室の壁〟ではなく、〝職員の意識の壁〟であった(8)。

こんな県庁もあるのか

「『県民のために……』『生活者起点で考えると……』という言葉が、頻繁に出てくるのがびっくりだ。こんな県庁もあるのかと思った」

「管理職がヒラの職員と机を並べて座っており、役職の上下に関係なく、みんなが活発に話をしている。うちの県庁では、ヒラの職員が、部長や課長と直接話をすることはほとんどない」

「三重県庁に来て、はじめて知事と話した。今まで、自分の県の知事と話をするどころか、近くで顔を見たこともないのに」

これらは、他の自治体から人事交流で三重県庁に派遣されていた職員の発言である。三重県の改革が、かなり知れ渡るところとなり、他県からは三重県との職員の人事交流を望む声も多く、活発に行われるようになっていた。この頃の県庁の組織文化を語るものとして、外部の目による興味ある話だ。

(2) 改革の視点 ――成果と課題

三重県における改革の特徴および改革が進んだ要因として、いくつかの思いつくキーワードをあげるならば、「パラダイムの転換」「可謬主義」(9)「議論」「目的達成型」「率先実行」「説明責任」などは、その代表選手だ。これらは、知事によるリーダーシップによるところが大きく、結果として、それまでの行政の組織原理や職員の行動様式に楔を打ち込むこととなった。

改革の特徴やそれが進んだ要因を、行政の組織原理や職員の行動様式の変化との関係で説明しよう。

失敗が許された ――「前例踏襲でなく、前人未到だ!」

「今までの自分達の考え方は間違っているのではないか」

「このようなやり方をしている自分達は、どこかズレていないだろうか」

これらは、自己否定のひとつで可謬主義の考え方に基づくものであるが、住民の側から見て実効性の高い行政経営を目指していくうえで、常にこのような問い掛けをしてみるということは、大切なことである。

さすがに最近では少なくなっているとは思うが、役所は、往往にして独善的であり、住民のために「やってあげている」と考えがちだ。このような考え方が強いと、自己否定はなかなかしにくいのも事実だ。

三重県では、パラダイムの転換により、改革を時代の要請、必然ととらえ、転換期だから、「それまでとは異なり、自分達も変わらなければならない」という自己否定ができやすい立場をとった。このことは、役所お得意の前例踏襲や横並び、あるいは事なかれ主義とでも言おうか、とかく何も起こらないことを願い、間違いを恐れ、そして起きた間違いを認めたがらないという旧弊による呪縛からの解放を意味し、積極的な行動が起こしやすくなった。

「大切なのは、前例踏襲でなく、前人未到だ！」

これは、筆者が知事に業務説明をしていた際の、知事の発言だ。本当に県民のことを思って、生活者起点で進めるならば、これまでと同じことをしていてはダメであるとのことだった。

役所は、民間企業とは異なり、加点主義でなく減点主義だとよく言われる。頑張っても評価されないのであれば、誰も積極的に難しい課題に取り組もうとはせず、そこそこの仕事をこなして、ひたすら失敗をしないような立ち振る舞いをするであろう。そのような保身が、前例踏襲や先送りとなって表れるが、これでは組織自体の活力が無くなるのは、必然である。

三重県では、考えることのない前例踏襲、横並び、先送りといった責任回避が許されない一方で、たとえミスをしたとしても、新しいことへの挑戦を良しとする雰囲気が醸成された。このことは、まだシステムとして担保される段階までには至っていなかったものの、知事のリーダーシップにより、積極的な行動に対する職員のセーフティネットとなっていたのである。

「確実な知識、考え方などというものはなく、すべての知識、考え方は誤り得るものだ」このような考え方は、本質的に物事を考え、進めるための大前提である。

徹底した議論

次に、理念からの議論がある。理念から徹底して議論を行い、生活者起点の県政、住民満足度の向上という理念を実現するための仕組みづくりとして改革を進めた。そして、従来の行政改革が、予算、人員などの削減における効率化を狙いとしていたのに対して、生活者起点のもと、「さわやか運動」「経営品質向上活動」など、改革を運動ととらえ、職員の意識の改革等による自発性を重んじたサービスの受け手の側に立った改革を目指した。

それまでにも、県庁内にはもちろん議論する姿はあった。しかし、それらは、縦割りを意識した自身の属する部、課の利益を優先するためのものであったり、根回しや調整のための議論で、多分にサービスの受け手の側に立った県民の利益とは程遠いものであった。

可謬主義では、確実に正しい知識や理論はないのであるから、常に今まで正しいと思っていた考え方を見直していかなければならない。このことは、対話のあり方にも深く関係し、「自分は間違っているかもしれない」という態度であるから、他人の考え方を尊重し、お互いの知識や知恵を交換しながら、新しい知識や知恵を創造していくようになった。

知事からの問い掛け

さらには、断固やり抜くという知事のリーダーシップと、これに応えた職員の情熱、本気と本気のぶつかり合いがあり、役職の上下に関係なく、忌憚のない議論ができる環境が整備された。これにより、トップマネジメント層と一般職員の距離が、とても近くなった。知事への業務説明においても、知事は部長や課長など管理職だけでなく、二〇代や三〇代の担当者に対しても、「このことについて、君の考えは？」と尋ねる場面が普通に見られた。

一般に、縦割り、ヒエラルキーの意識が強い行政の組織原理や意思決定システムのもとでは、直属の上司を前にして知事に意見を述べるのは、相当勇気のいることであるが、担当者も、そのような機会を通して、真剣に考え、成長していった。知事自身もそれを楽しんでいるようにも見受けられた。

筆者自身も、知事への業務説明では何度か尋ねられたことがあったが、最初はドキドキしたものの、次第に慣れていき、むしろ尋ねてくれるのを期待するようにもなっていったのを覚えている。

ちょっとしたノブレスオブリージュ

三重県の取り組みが、全国的な注目を集めるようになり、マスコミへの登場回数や県庁への他県からの視察や調査が増えるとともに、職員も県外に出向き、国、他県、学会および民間企業などに対して、県の取り組みを報告する機会が増えていったのも大きな特徴であろう。このことは、職員が仕事のやりがいを感じるとともに、政策形成能力やスキルの向上、人材育成にもつながっていった。

トップモデルやトップスターの姿勢、しぐさがいつも凛としているのは、「どこかで誰かに見られているかもしれない」という意識を常に持っており、この緊張感が、更なる美しさや成長につながると聞いたことがある。

このことは、別の世界のこととは言え、行政運営における職員の行動にも当てはまるのかもしれない。世間から注目されているという自負や意識が、高潔な行いにつながると言うものだ。

勝手に、「ちょっとしたノブレスオブリージュ」とでも言おうか。

あえて大袈裟な表現をすれば、ブランドとなりつつあった「三重県庁」という名に恥じないよう、他府県などから手本となるような取り組みを率先して実行し、「地方から日本を変えていこう」との思いを抱くまでになっていった。

変革期にあって、二期八年にわたる北川知事のもと、サービスを提供する行政側の都合で考えがちであった県政を、行政サービスの受け手の立場に立って考える県政に転換してきた。取り組みを通じて、職員には、県民が満足する行政サービスをどのように提供するかを考え行動するといった意識や従来の考え方にとらわれず目に見えない文化を壊し、変わろうとする意識の変革が起きた。また、職員同士が、組織や役職の壁にとらわれることなく話し合える風通しのよい組織風土が醸成されてきたことが、組織、職員にとっての大きな成長である。

一方、そうは言うものの、大多数の職員の意識改革が進んだわけではなく、面従腹背の姿勢により、流れに合わせているだけという職員の数も、決して少なくはなかった。知事によるリーダーシップによるところが大きかったが故に、組織設計、意思決定、人事システムなどの対応がとられなければ、従来の行政の病理に戻ることも懸念されるのである。トップリーダーひとりに大きく依拠する組織は、脆いというのもよくある話だ。

これまでの改革が本物であるならば、知事が誰であろうと、また、知事がいなくても、組織全体として自発的に的確、適切な行動がとれることにつながっていくものである。

これまでに述べてきた改革は、主に行政内部の改革であったが、行政運営に大きな変革をもたらした。改革は、終わりのない旅であり、県民と一体となった第三の改革である「三重県の改革」を進める道半ばで、新たな知事に引き継がれた。

2　県民との改革

県民は改革の成果を実感していないのではないか

「生活者起点の県政」を推し進めた北川知事の後を受け、北川県政の継承、発展を掲げた野呂知事が誕生した。改革に対する知事の認識はどうだったのか。

二〇〇三年四月の就任後、最初の議会である二〇〇三年六月定例会での発言はこうだ。

「これまでの県政の改革によって、県庁の仕組みは変わり、職員もより良質の行政サービスを県民に提供することが使命であるとの意識が浸透し、全国に先んじた数多くの行政改革は、高い評価を得た」

一方「県民は、改革の成果を必ずしも日々の生活の中で、十分には実感していない」

そのため、「改革の流れを基本的に継承し、目に見える成果として、県民が実感できるよう、さらに進化、発展させる」

県民が、それまでの改革の成果を日々の生活の中で、十分に実感しているのかどうか。確かに、その検証は難しい。市役所や役場であれば、まだ住民との距離も近く、住民の反応を直接に感じ、その成果の把握がしやすいのかもしれないが、県庁ではなかなかそうもいかないのが現実だ。

とにかくあれほど注目された後の県政運営である。職員はもちろん、県民にとっても、どのような展開になるのかは自ずと関心が高まった。

「改革」を口にしなかった新知事

野呂県政では、北川県政の継承、発展を掲げたものの、それまでの三重県政の代名詞ともいえる「改革」という言葉がほとんど使われてこなかった。過去形で書いたのは、任期の最終年度である二〇〇六年度になって、知事自らが「質の行政改革」との言葉を使い始めたことによる。

これは、「変えなければならないことを変えるのは当然のことであり、改革のための改革、すなわち改革が自己目的化することを排し、県民が成果を実感できる県政を行うことこそが重要である」という、知事の認識による。

この考え方は、全くもって当然であり、誰も否定する理由はなかろう。しかしながら、改革で全国の注目を集めた県であり、北川県政の継承、発展を掲げて当選した経緯から、知事の思いとは別に、この発言が少なからず議会や職員の間で、誤解を生むこととなった。

議会では、就任当初からの知事による「改革という言葉は好きではない」との発言をとらえて、その真意を問う質問が何度かあり、「改革を目的化せずに、誰のため、何のための県政であるかを素直に考え、取り組む必要がある」旨の答弁が行われてきた。

また、先述したように、職員の意識改革が進んだといっても、知事が言うから流れに合わせているだけという職員の数も、決して少なくはなかったのである。定見のない職員の中には、「知事が改革を好きではないと言っている」などと勝手な方便により、日々の仕事の改善にまで関心を示さなくなる者がいるとの声が管理職員等の一部から出ていた。厄介なのは、このような考え方は感染しやすく、前向きな職員が淘汰されやすい環境が知らぬ間にできあがってしまう恐れがあるということだ。大規模な組織のトップマネジメント層は、自分の発言に関して、職員が勝手な解釈をすることなく、意図したことが的確に伝わるよう、使う文脈に慎重になる必要があるということか。

新たな方向軸

野呂県政による最初の取り組みは、総合計画「県民しあわせプラン」の策定とトータルマネジメントシステムの検討だった。

二〇〇四年三月に策定した「県民しあわせプラン」では、「県民が主役」「県民との協働」「県民と共に感性を磨く」の三つを県政運営の基本姿勢として、〝しあわせ創造県〟を、県民が主役となって築くことを基本理念に、地域のことは地域で決めていく「地域主権の社会」を目指している。

そのための考え方の核が、「新しい時代の公」だ。これは、行政が中心となって「公」を担うという従来の枠組みを転換し、県民一人ひとり、NPO、地域の団体、企業、行政など多様な主体が、対等なパートナーとして共に「公」を担い、支えていくという考え方である。

「県民が主役の県政」は、「生活者起点の県政」を一歩進め、県民が〝しあわせ創造県〟づくりの主役として主体的に参画することを前提にして、県が果たすべき役割についても県民の意思に基づき決定していく県政ととらえている。

また、北川県政以降、いろいろな行政運営システムを構築してきたが、知事は、これらの仕組みの中には、相互の連携が不十分で効果的に機能していないものや、仕組みそのものが不十分なものがあるのではないかとの問題認識をもっていた。そこで、県民から見て、よりよい行政サービスを提供できる仕組みとなっているかどうかを、「トータルマネジメントシステム」の検討として見直し、その検討結果を踏まえて、「みえ行政経営体系」(10)として再構築し、二〇〇四年四月から運用している。ここでは、北川県政時に導入した「経営品質向上活動」を県政運営におけるマネジメントの基本として、継続して取り組むこととした。

さらに、生活の質や一人ひとりの生き方、くらしの中のしあわせ感をもっと大切にする方向に政策の重点を移すことが必要ではないかとの考えのもと、文化のもつ多様な力に着目し、「文化力」を政策のベースに置き、経済と文化のバランスのとれた政策への転換を目指している。この取り組みは、中長期的に社会全体の体質を改善し、健全な社会づくりをとの思いによる。

「新しい時代の公」と「文化力」は、県民が主体的に地域に関わったり、人と人のつながりや関係性を深めたりすることを基本に、地域社会の再生、創造を目指す考え方であり、地域主権の社会の実現に向けて、県政は既に、新しいステージに入ってきていると位置付けている。

ところで、「質の行政改革」とは、「文化力」に基づく政策を、「新しい時代の公」にふさわしい進め方で展開していく取り組みとでも言おうか。現在、具体の考え方の整理が行われている。

見えにくい県政

「新しい時代の公」や「文化力」に代表される県政運営は、一般にどのようにとらえられているのであろうか。「県民が成果を実感できる県政」を目指してスタートし、県民が主役、県民との協働を基本姿勢とする県政だけに、「質の行政改革」の中核でもある「新しい時代の公」や「文化力」に対する県民の理解、それにマスコミや議会の反応は気になるところだ。

まず、県民は、「新しい時代の公」をどのように見ているか。

三重県が、二〇〇六年度に県内居住の二〇歳以上の男女一万人を無作為に抽出して実施したアン

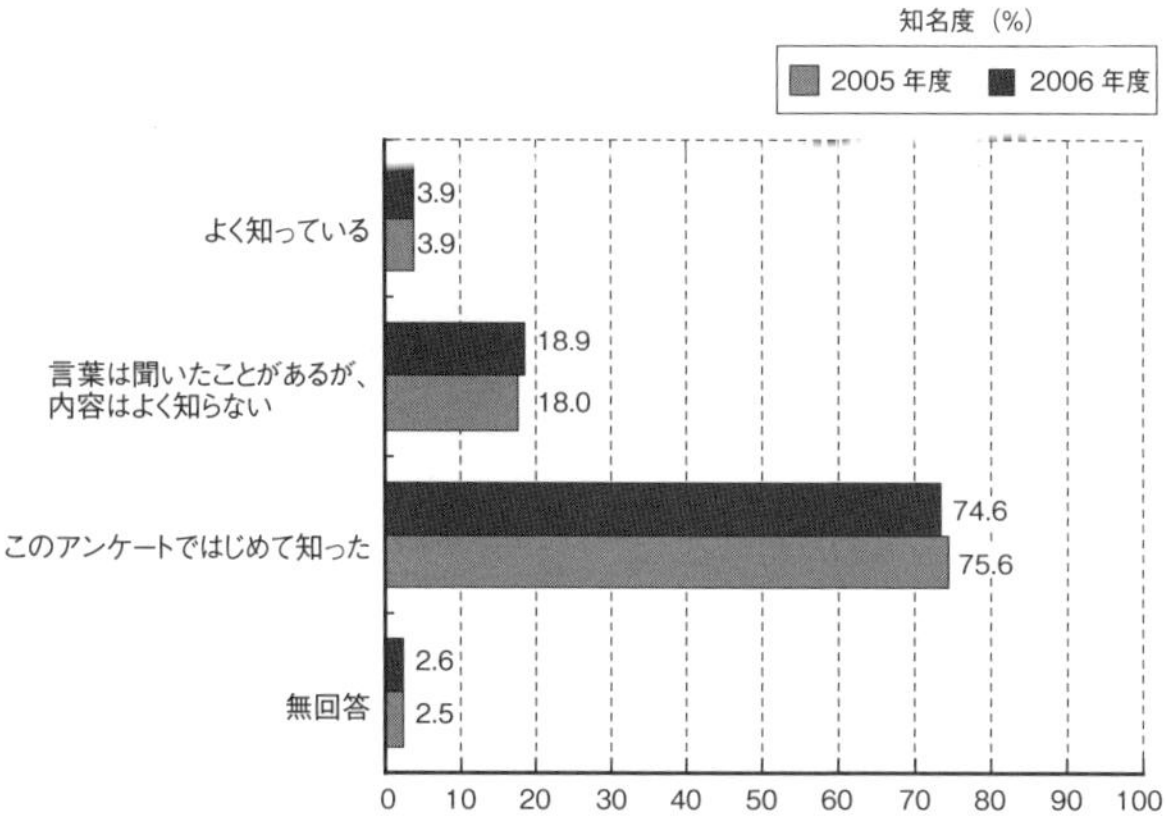

図 2−1　「新しい時代の公」の知名度

ケート(11)では、「新しい時代の公」について、「よく知っている」と回答した人は、わずかに三・九%で二〇〇五年度と全く同数値である。一方、「言葉は聞いたことがあるが、内容はよく知らない」が一八・九%、「このアンケートではじめて知った」が七四・六%で、これらをあわせると九三・五%となり、ほとんどの人は知らないことになる（図2—1参照）。

また、「新しい時代の公」の取り組みへの考えについては、「大いに進めるべきである」が一九・四%、「大切だと思うが、まず考え方を広めていくべきである」が七二・六%であるのに対して、「今のところ必要とは思わない」が四・三%であった。取り組みには肯定的であるものの、多様な主体で「公」を担うという理念の県民への浸透が急がれる（図2—2参照）。

次に、マスコミの反応はどうか。二〇〇七年四月の知事選挙を前にして、新聞各紙は「新しい時代の公」や「文化力」に代表される三重県政の検証などを行っていたが、そ

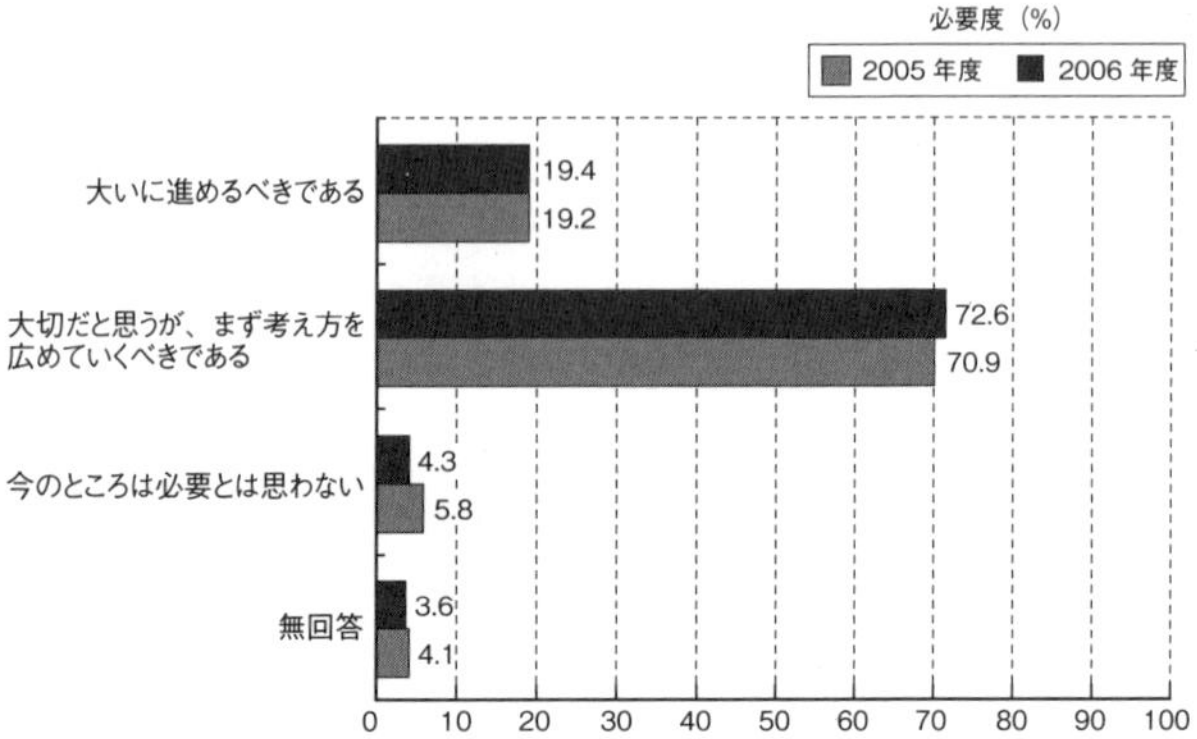

図 2−2　「新しい時代の公」の取り組みへの考え

の中には次のような指摘がある。

「『新しい時代の公』等のスローガンは県民に浸透しておらず、県民はいつまでも暢気に待ってはいられない」(12)

「県は、組織の質の向上を目指した取り組みを、試行錯誤を重ねながら進めているが、組織の根本的な弊害として指摘されている、縦割り意識や事なかれ主義は残っており、それを打ち破るような機運や覇気はない」「知事は、後から振り返ると、じわりと効いている改革を目指し、全国初や極端な改革を敬遠しているが手ぬるい」「『文化力』や『新しい時代の公』の考え方を現実の施策や事業に落とし込み、県民生活に生かされるまでの道筋が見えない。雲の上の理念と、現実社会を結ぶ具体的な手法がない」(13)

「『新しい時代の公』『文化力』などのユニークな理念を新たに掲げ、野呂知事は『社会の体質を改善する、いわば漢方薬』と力を込めるが、県民への浸透は十分とは言えない」(14)

また、議会においても、「新しい時代の公」や「文化力」に象徴される県政について、一定の理解は示しつつも、抽象的、概念的であり、具体的に何をどのように進めるのかが見えない、わかりにくいとの声があがっている。

総じて言うと、「新しい時代の公」や「文化力」に代表される県政が、まだまだ〝見えにくい県政〟であり、言い換えると、多くの県民は、「新しい時代の公」で言うところの協働の大切さは理解しつつも、一方で、行政としてもう少し他にもやってもらいたいことがあるということだろう。

職員の理解

ここで、県政運営の主要なシステムや考え方である「経営品質向上活動」「みえ政策評価システム」「新しい時代の公」について、職員の理解度を見てみよう(15)。

全職員を対象として実施した職員アンケートにおいて、二〇〇六年度は、三九二六人から回答があり、全職員に占める回答率としては七二・一%だった。

各システムについて、「趣旨・内容を概ね説明することができる」「説明はできないが趣旨は概ね理解している」「名前を知っている程度」「知らない」の四択で行い、選択肢の「趣旨・内容を概ね説明することができる」又は「説明はできないが趣旨は概ね理解している」と回答した職員の割合の計を理解しているとしている。

「経営品質向上活動」は、一九九九年から全庁的に取り組んでいる活動であり、北川県政では二大戦略のうちのひとつとして、また野呂県政では「みえ行政経営体系」におけるマネジメントのベースのひとつとして、重要な位置付けをしている。職員の理解度は、年々向上はしているものの二〇〇六年度において七二・七％に留まっている。知事は、全職員が経営品質向上活動を理解することを強く求めており、またそれが責務だとしている。

また、「みえ政策評価システム」については、三重県が全国に先駆けて一九九六年に導入した事務事業評価システムが進化したシステムである。導入から一〇年以上経つものの、職員の理解度は二〇〇六年度において六六・二％であり、三人に一人は理解していない。

なお、「新しい時代の公」の考え方については、二〇〇四年度から始めた取り組みであるものの、二〇〇六年度には七四・九％の職員が理解をしている（図2—3参照）。

県政の信頼確保に向けて

地方自治体の不正支出、裏金問題や公務員の不祥事が多発し、行政や公務員に対する信頼性が低下しているが、三重県においても、架空事業による着服、飲酒運転等々、職員の度重なる不祥事が起こっている。

県民との協働を目指す県政を標榜しておきながら、一方で、不祥事を起こしていては、協働などを考える以前の問題として、「信頼できる基盤づくりを急げ」、と言うのが県民感情だろう。

不祥事と言っても、組織的なものもあれば個人的なものもある。組織的なものとしては、かつては三重県においても、カラ出張問題があった。一九九六年度のことだ。これについては、情報公開がきっ

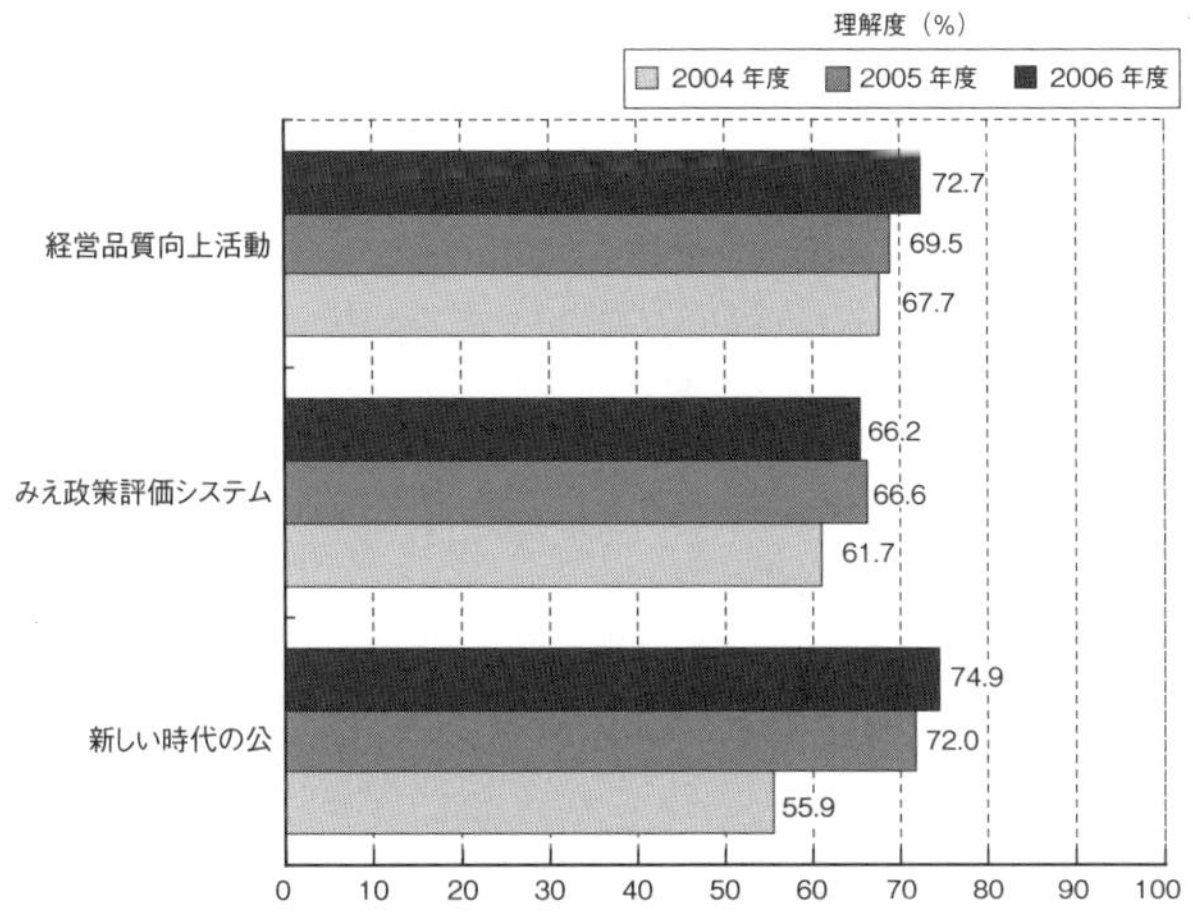

図2−3　経営品質向上活動、みえ政策評価システム、新しい時代の公に対する職員の理解度

かけで発覚し、「県民のために、仕事を進めるうえでやっただけで、着服はしていない」という、世間の常識とかけ離れた役所の論理を克服し、ピンチをチャンスにして一気に改革を進め、透明性の高い県政を実現してきた。

情報公開もそうであるが、見られているという意識は、組織であれ、個人であれ、単なる自分達の世界だけで通じる論理でなく、外部の常識による判断を促す。そして、そのことは、不適正、不正、違法などの行為の抑止力となり、あるべき姿、望ましい姿にもっていくものだ。

三重県の取り組みが、全国的な注目を集めるようになり、県庁への他県からの視察や調査が増えるにしたがい、見られている、注目されているという意識が、仕事のやりがいを感じるとともに、他府県などの手本となるよう一層取り組みに励み、高潔な行いにつながっていったと、先に述べた。

不祥事をなくすためには、声高に危機管理を訴え、精神論、倫理観による唱えも時には必要であろう。しかし、それ以上に大切なものとして、見られている、注目されているから恥ずかしくない行動をしようという意識がもてるほどの取り組みを、日頃から行うことが必要である。

二〇〇七年の年頭には、「県政の信頼確保に向けて」と題するメールが、知事から全職員あてに送られた。

そして、そこには、「職員一人ひとりの県政に対する意識を高めるために最も基本と考えているのが経営品質」「経営品質がどんなに優れたシステムであっても、その基盤である職員の意識に改善への意欲や県政に対する熱い思いがなければ、どんなシステムや仕組みも動かない」とし、「経営品質を三重県庁の文化として定着すべく、さらなる取り組みを進めるように」と記されている。

「誰のための、何のための県政」

これは、経営品質向上活動の考え方にも基づくもので、職員の行動基軸にもなっており、県政運営で大切にしている考え方である。

3　改革への思い・述懐　―役所が変わるために

1、2節では、二人の知事を通した一二年にわたる三重県の改革を、主に、理念、行政の組織原理、職員の行動様式、マネジメントなどの視点で見てきた。宮脇淳によると、改革の四つのグレードとして、第一のグレードを肥大化した事業や人員の減量化である「コスト削減」、第二を組織の縦割り、フラット化等による「機構改革」、第三を組織の行動メカニズムや意思決定プロセス等の見直しである「プロセス改革」、そして第四を「組織文化の変革」とし、このグレードでは組織の行動メカニズムが強制によるのでなく、組織自体に同化しかつ継続的な自己変革を遂げるまでの体質に至ることが理想とする(16)。

そして、高次な取り組みであるプロセス改革、組織文化の変革は、組織内の人的パートナーシップにより進めることを前提とし、学習と反省による創造的活動により、新たな文化を形成するプロセスを展開して、顧客満足度の向上だけでなく職員・社員満足度の向上を求めるとしている。

三重県のこれまでの改革は、四つの改革を複合しつつ、顧客（県民）満足度の向上を目指した途上であろう。一二年にわたる改革において、当然、後になればなるほど、より高次な取り組みであるために、難題も多く、改革のスピードも鈍くなりがちである。それ故に、改革が止まりあるいは逆戻りをしているかのような感覚になることもある。このような状態にあっても、上述の第四のグレードで言うところの組織の行動メカニズムが強制によるのでなく、組織自体に同化しかつ継続的な自己変革を遂げるまでの体質改善ができていれば何も心配はいらない。

三重県では、組織運営の成熟度を把握するために、二〇〇六年度に日本経営品質賞基準書に基づく全庁アセスメントの外部審査を受検し、その審査結果が年度末に報告された。それによると、一九九九年度から経営品質向上活動に取り組んできた中で、最も高い評価であり、「県民目線に立てる職員の意識改革」等の審査ポイントに対して、今までの取り組みが認められ、喜ばしいことに求める価値を戦略的に考え行動している組織と評された。

しかしながら、外から力を加えれば変形し、その力を取り除けば元に戻ろうとする性質は、まだまだ行政の組織原理などの中で生じており、三重県も例外ではなかろう。三重県における住民満足度の向上のための取り組みも、本当の道はこれからとも言える。県庁の行政サービスは本当に良くなったということが、住民に実感してもらえるよう、さらなる前進を続けていく必要がある。

もちろん、改革にゴールはなく、上限もないのだ。

これまでの一二年にわたる改革を踏まえ、取り組みにあたって留意すべき点としてあらためて述べることにより、本章のまとめとしたい。

行政の組織原理とシステムの転換

これまでの三重県の改革の特徴は、的確な時代認識による理念を基にした制度の改革や価値創造への強い思いであり、その一連の取り組みは、行政システムの転換、変革を柱として、主に行政内部の改革であったが、その改革の大胆さ、理念に基づく理論と行動の一貫性にあった。

地方自治体における知事、市町村長などトップリーダーの最も重要なミッションのひとつは、時代の移り変わりによる社会、地域に求められるあるべき姿を明確に示し、そのあるべき姿に向けて、社会、地域を迅速、的確に転換させることである。

これに対し、一般的に官僚組織やその組織文化は、安定した執行体制を前提として、時として役所の論理として揶揄されることもあるものの、基本的には論理、システムあるいは制度によって成り立ち、手続きや調整による運営に重きをおいている。そのため、官僚組織は、従来からの方法や制度によらない、自らを変革、否定しようとする力や動きに対して、臨機応変に対応するというよりは、拒否反応を示すことが合理的な行動原理となるのだ。

トップリーダーは、あるべき行政組織にするには、社会や地域が求めるものが、行政の組織原理やそれを構成するシステム、制度とどのような関係があり、その組織文化も含めて、何を、どのように変えることが必要であるかを、わかりやすく示すことが大切である。そして、必要な制度設計を行いつつ、職員の内発的、自発的な行動に結びつけることができるようにすることが必要だ。このリーダーシップがなければ、改革を進めるのは困難であり、あるいは進んだように見えても、実際はすぐに元に戻るであろう。

ダイアローグとコミットメントの重要性　――その気になるために

三重県の改革は、知事のリーダーシップと、そして、目覚めた、意識が変わった職員が改革を進めた。知事ひとりで、五〇〇〇人程の大きな組織を変革することは容易なことではない。

北川知事も自著の中で、「改革を実現するには、断固やり抜くというリーダーの決意が最も必要であり、職員を『その気にさせる』ことである。そのために、職員と徹底的に話し合い、命令ではなく、対話による納得のうえで進め、そのための時間は無制限だった。知事としての仕事の大半は、職員が自由に発想できるよう組織におけるさまざまな障害をなくすこと、そして自己実現を図ろうとする職員を励まし、勇気を与えていくことだった」と述べている(17)。

そのためには、トップリーダーは、住民満足度の向上の観点から、どのように考え、行動するべきかについて、自らの言葉で語りかけ、職員と徹底的に対話（ダイアローグ）を行うことが必要である。

一方、トップマネジメント層が、例えば「行政は率先して新しいことを試みるのでなく、他県の状況等をみて導入すればよい」といった発言をすると、何もしない職員は、その言葉の真の意図するところを理解することなく、勝手な解釈をし、仕事をしない口実とするであろう。新しい価値を創造する職員を奨励しようとするのであれば、このような発言は、よほど時と場所を考える必要がある。個人的にリスクを負ってまで、横並びを排して積極的に勇気ある行動を起こすメリットが職員には少ない。

行政の組織原理を考えた場合、トップマネジメント層の発する言葉の意味は大きく、組織の成熟度を考えたうえでの適切な言葉が必要である。それを誤れば一般の行政の組織文化や風土では、多くの職員を『その気にさせない』結果を招きかねないであろう。

考えてみてほしい。「失敗してもいい、責任は俺がとる。何もしなくて機会を逃すのが最大の危機だから、住民にとって良いと思うことを積極的にやりなさい」と言われるのと、「行政は率先して新しいことを試みるのでなく、他県の状況等をみて導入すればよい」と言われるのとでは、職員としてどちらが積極的に動くだろうか。答えは明らかである。成功は、多くの失敗の中から生まれるのである(18)。

職員の自覚とシーズの育成

公務員を志した多くの職員の初心は、「社会、地域の役に立ちたい」というような気持ちであったろう。それが、役所に入って行政の現実を知り、仕事のいろいろな場面で、さまざまな疑問や無力感にとらわれるうちに、いつしかやむを得ない、仕方ないといった感覚に変化していくのである。

しかしながら、職員の中には、強い目的意識を持ち、「今の仕事が本当に社会、地域、住民の役に立っているのか」「社会、地域をもっと良くしたい」といった思いを強くしている者がいるものである。トップリーダーはもとより、マネジメント層は、その組織の中にある自発的な変革のシーズに気づくことであり、これを摘むことなく発芽、育成させることである。

マネジメント層が、このような職員の思いに応えるべく、明確なビジョンを持って新たな価値創造に向けた対話を職員と重ねることにより、職員はあらためて目覚め、自覚が高まり、そして改革に向けた取り組みへの参加が大きなモチベーションとなる。

既に述べたが、改革の高次な取り組みは、組織内の人的パートナーシップにより進めることを前提とする。そして、学習と反省による創造的活動により、新たな文化を形成するプロセスを展開して、顧客満足度の向上だけでなく職員満足度の向上を求めるのである。

それとあわせて、働き甲斐のある組織設計、人事制度のもと、何よりも人事において変革者を認めることが示されれば、後に続く者も多く出てくるであろう。

【注】

（1）『ガバナンス』ぎょうせい、二〇〇三年四月。

（2）北川正恭『生活者起点の「行政革命」』ぎょうせい、二〇〇四年、九頁、一三三頁。

（3）詳しくは、『生活者起点の県政をめざして——三重県の改革八年の軌跡』三重県政策開発研修センター、二〇〇三年一月を参照。

（4）「さわやか運動」は、「サービス」「わかりやすさ」「やる気」「改革」の頭文字を取った行政改革運動。「生活者を起点とする行政運営」を基本目標とし、目指すべき方向、検討すべき方策について全体的、体系的にとりまとめた「三重県さわやか運動推進大綱」には、どこの自治体の行政改革大綱にも必ずといって掲げられる職員定数、事業費の削減数値等は掲げられていない。

(5)　行政システム改革については、村尾信尚・森脇俊雅『動き出した地方自治体改革』関西学院大学出版会に詳しく述べられている。

(6)　経営品質向上活動とは、常に「誰のために、何のために仕事をしているのか」を再確認しながら、サービスの受け手から見て最良の仕事となるよう、改善・改革を継続的に進めていく活動。常にサービスの受け手の立場から考える「顧客本位」と、職員一人ひとりのやりがいを高める「職員重視」の両立を目指している。

(7)　『三重県トータルマネジメントシステムに関する調査分析報告書』東京工業大学大学院社会工学専攻、坂野研究室、二〇〇四年二月。

(8)　詳しくは、『いつでも、そして思いついたところから――三重県職員が語る改革のいま』三重県総務局、二〇〇一年三月を参照。

(9)　可謬主義は、科学哲学者カール・ポパーが提唱した考え方であり、確実な知識などというものはなく、すべての知識は誤り得るものだと唱えている。

(10)　「みえ行政経営体系」は、県行政の運営における考え方や仕組みを体系化したもので、「経営品質向上活動、危機管理、環境マネジメントシステム（ＩＳＯ一四〇〇一）」をマネジメントのベースとして、「広聴広報・情報マネジメント」により県民ニーズ等を把握、反映する中で、「戦略策定（PLAN）」「戦略展開（DO）」「評価（SEE）」のサイクルが相互に連携して的確にマネジメントされるという五つの枠組みで構成されている。

(11)　三重県実施の「一万人アンケート」による。県内居住の二〇歳以上の男女一万人を無作為抽出し、二〇〇五年度は有効回収数三二一五人、二〇〇六年度は有効回収数三〇七九人。

(12)「二〇〇七年県予算　質の行革〜第二ステージへというが……」産経新聞、二〇〇七年二月一〇日。
(13)「検証　野呂県政（中・下）」伊勢新聞、二〇〇六年一二月二二〜二三日。
(14)「〇七知事選」読売新聞、二〇〇六年一二月二一日。
(15)「みえ行政経営体系」職員基礎調査による。回答者数（率）は、二〇〇四年度二一六〇人（三九%）、二〇〇五年度三七四九人六八%、二〇〇六年度：三九二六人（七二・一%）。
(16) 宮脇淳『公共経営論』ＰＨＰ研究所、二〇〇三年。
(17) 北川正恭『生活者起点の「行政革命」』ぎょうせい、二〇〇四年。
(18) この点について、北川知事は強く意識をしていた。「私の八年間の改革はほとんど失敗だったと言える。けれども、それは新しい価値を創造したからです。私は職員に、『間違うことを恐れず、間違いをしないようにすることを恐れろ』と言った。どんどんチャレンジしろ、最終的な責任は私が取ると。だから、私は小さなことから始める勇気、それを大河にする根気が必要だという『勇気・根気論』を何度も職員に繰り返したのです」（北川正恭『生活者起点の「行政革命」』ぎょうせい、二〇〇四年、一八九頁）。

第3章 行政改革から自治体改革へ

勝浦信幸

いま、社会が大きく変化している。少子高齢化、グローバル化、ユビキタス社会……。社会の変化に適応するため、あらゆるものが変わりつつある。

変わってほしくないと思うものがある一方、変わって欲しいもの、変わらなければならないものがある。

変わらなければならないと多くの人が思うもの、それは「お役所」だろう。

第3章では、まず、地域に焦点を合わせて、変わらないもの、変わりつつあるものについての事例を紹介したい。

そして、社会環境の変化などから自治体が改革を続けていかなければならないこと、さらにそれは行政機関にとどまらず、住民セクターも含めた地域の改革＝自治体改革でもあることについて、述べてみたい。

1　変わらない役所職員と変わり始めた住民

(1)　変わらない役所職員

地域みんなで交流の場をつくりたい　——土地区画整理事業完了後の現場事務所の再活用

二〇〇五年秋の日曜日、暖かな日差しを浴びたある公民館の会議室で、地域で暮らす約二〇人の老若男女が、地域の課題について活発に話し合っていた。

「地域のつながりが薄れている」「土地区画整理事業によって新たに転入した若い世帯と昔からの高齢者の世帯が互いに交流する場がない」「子どもたちを犯罪から守りたい」「家に閉じこもっている高齢者が増えている」「子どもたちが急に増え学童保育室が定員超過だ」などなど様々な課題が挙げられた。

「では、どうしたらいいのか」

「まずは、地域の人々が互いに知り合うことだ。知り合えば挨拶が交わされ、会話が進む。地域の防犯・防災にも有効だ。自治会加入に繋がるかもしれないし、高齢者も外に出かけるようになる。そのためには、交流の場が必要だ。かつてはどの家にもあった『縁側』のように、だれでも気軽に立ち寄って世間話を交わす場が欲しい。自治会館では難しい。会員以外は使えないし、自治会の行事でないと使えない」

「そうだ！　土地区画整理事務所が空家になっているじゃないか。あそこなら、学童保育室としても十分に使えるし、地域の交流の場に相応しい。運営も役所に頼らず自分たちで何とかやっていこう」

この会議は、住民参加による地域福祉計画策定の一環として、小学校区ごとに設けられた地域の課題とその解決策を考える「地域懇談会」の一つである。

地域福祉推進の行政担当者が、地域課題解決に向けた取り組みへの市民の自発的な意欲、地域の力を、肌で感じた瞬間だ。

地区内の小学校に隣接して一三六三㎡の公園用地があり、そこに半年前まで利用されていた二三〇㎡の事務所がある。もともと土地区画整理組合所有の事務所であったが、土地区画整理事業の終了により残余財産とともに、組合から市に寄附されたものだ。

築一〇年しか経っておらずまだまだ使える。この財政難だ。新たな施設の建設など到底望めない。有効に活用しない手はない。誰もがそう考えるはずと思ったが、行政の内部調整は、そう簡単ではなかった。

「誰のものだと思ってるんだ！」

第1章の行政機関の意思決定システムでも述べられているが、始めようとする事業が組織内の他部門に関連している場合、最終意思決定までの道のりは遠い。

地域の住民たちが、土地区画整理事業で生み出された公園用地とその上に建つ空家となった事務所を、世代間の交流や子育て相談、学童保育室の分室に活用しようという場合、役所内では多数の部署が関連することとなる。

世代間交流は高齢者福祉課、子育て相談や学童保育室は子ども支援課や学校教育課、事務所の利用は財産管理担当課、土地区画整理地域だったので区画整理担当課、公園用地なので都市公園担当課、自治会の協力も必要なので自治会担当課、事務所の用途変更については建築指導担当課、ボランティアの協力は社会福祉協議会、新たな施策なので政策推進課、という具合だ。

それぞれの課長クラスに下話をして了解を取り付けてから、各部長クラスの了解をもらって、改めて部長会議で説明する。それから漸く起案（案を作成）して、関係部署それぞれに合議のハンコをもらい、市長の決裁を受ける。というのが普通のやり方である。

とにかく、すぐに課長クラスにお願いに回ることとした。協力的な課もあったが、多くは様々な抵抗を示した。新しいことはとりあえず否定するというのが公務員の鉄則なのかもしれない。

「もう遅いよ、事務所は今年度中に撤去することに決まっているんだ。今からは変えられない。一年前だったらねぇ〜何とかなったかもしれないけど。諦めてもらうしかないね」

……まだ、撤去の契約手続もしていないのに、何故変えられないのだろう。一度決まったことかもしれないが、事情が変わったのだから再度検討し直すことは可能なはずだ。こんな根拠のないことで諦めるわけにはいかない。

「誰のものだと思ってるんだ！　この用地はうちの課のものだ。他の課の勝手にはさせない。区画整理で公園用地となっているのだから公園にする。公園用地にある建物は撤去する。当たり前の話だ。どうせ、一部の市民が無責任で勝手なことを言っているだけだろう。そういう市民を抑えるのがあんたの役目だろう」

……この用地は、土地区画整理事業の減歩という手法で、地元の人たちの土地を少しずつ削って提供された土地だ。地域の人たちが望む方向でその活用方法を考える方が正しいはずだ。

それぞれの発言に対して、……のように反論したかったのだが、それでは全てぶち壊しになってしまう。調整というのは、ひたすら頭を下げてこちらから丁重にお願いするしかないのだ。

こうなったら「トップダウン」だ！

ただ、もう時間がない。当初の方針どおり？　事務所が撤去されてしまったら、これまでの地域の人たちの想いが消えてしまう。こうなったら最後の手段……トップダウンだ。

まず、市長に説明する。この一一月に市長になったばかりだから年度当初の事務所撤去の方針を転換することにもあまり抵抗はないはずだ。さらに「既存の施設の有効活用」という市長の公約にも当てはまる。

話をすれば、市長も「事務所をぜひ有効活用しよう」と言ってくれた。早速、部長たちを集めた場で市長から今回の計画について直接説明してもらい、各部長に指示を出してもらった。

部長たちは、（少なくとも表面上は）素直に市長の指示に従ってくれた。関係課長にも指示を出して協力体制も整った。「やった！」担当者と喜びあった。

しかし、これは組織の中ではルール違反だ。関係部長や課長の面子を潰したし、傷つけもした。

事務所再活用の方針が決まった後も、関係部課長とトイレで二人きりになったときには「あれは土地区画整理法違反だからな」とか「策略にはめられた」などと、耳元でやさしく囁かれたりした。

土地区画整理事務所を再活用した「つどいの広場」では、地域の先輩ママたちが、子育て・親育ちを支える

関係部課長の功績？

その後、地域住民代表、子育てＮＰＯ、学童保育の会などによる運営委員会が自主的に設置され、関係課とも協議しながら、準備が進められた。

二〇〇六年一一月、約一年を経過して、子育て支援の「つどいの広場」、地域の世代間交流室、学童保育室の複合施設が、こうしてオープンした。

子育て中の親子が集まり、地域の高齢者たちが立ち寄る。放課後は学童保育の子どもたちで大騒ぎだ。利用者だけでなくＮＰＯやボランティアのスタッフも満面の笑顔だ。

役所の中では、関係部課みんなの手柄となった。確かにそうかもしれない。関係部課の協力がなければ実現できなかっただろう。でも、住民ニーズ実現のために協力するのは、役所として当然の仕事のはずだ。

今回の事業は、地域の人たちの功績だ。地域の力が行政を動かしたと言える。

行政改革しても「お役所」は変わらない？

この事例について読者の皆さんは、どうお感じになっただろうか。

土地区画整理事務所の再利用について異議を唱えた関係部課長が、特別な公務員というわけではない。忠実に自己の職務に真剣に取り組む公務員ほど「前例がない」「すでに決まった方針だ」ということが、まず頭に浮かんでしまう。「住民はわがままだ」「住民の要望にはきりがない」といった住民への先入観からも逃れられないでいる。住民の視線で物事を思考することができなくなってしまっているのだ。公務員側が住民との間に壁を造ってしまっている。

「自治体の行政改革というのは、そういう『お役所仕事』を改めることではないのか」という声が聞こえてきそうである。

これまでの行政改革は何だったのか

ここで、行政改革について少し振り返ってみたい。

国民世論を背景にした民間有識者らによる行政改革の取り組みは、一九六一年の臨時行政調査会（第一臨調）の設置で始まる。あの「所得倍増計画」を打ち出した池田内閣は、同時に行政改革に取り組むため第一臨調を発足させた。

今から半世紀前の昔から行政改革が叫ばれ続けているのである。

その後、一九七三年のオイルショックをきっかけに我が国の経済成長率は鈍化し、高度経済成長の時代から安定成長の時代へと社会経済情勢が大きく転換し始めた。それに伴って財政状況は悪化した。

一九八一年三月、鈴木内閣の下で「増税なき財政再建」をスローガンとする第二臨調が設置された。この第二臨調は、一九八三年に解散するまでのわずか二年間で五次にわたり政府に答申を提出した(1)。

第二臨調では、経団連元会長で石川島播磨重工や東芝の再建に尽力した土光敏夫が会長を務めた。このことから「土光臨調」とも呼ばれる。土光敏夫に第二臨調の会長就任を説得したのは、当時の行政管理庁長官（大臣）の中曽根康弘である(2)。一九八二年に鈴木首相から政権を禅譲された中曽根首相は、土光臨調と二人三脚で行政改革に邁進することとなる。

「土光・中曽根改革」には、従来の行政の効率化といった行政改革の理念に加え、「自助自立」「官から民へ」「国から地方へ」といった哲学が盛り込まれた。「自助自立」は土光会長自身の哲学であり、自分でできることは自分でやるべきとの観点から行政サービスの肥大化の見直しも主張された。土光会長の「めざし」を食べる姿がテレビ放映され、「めざしの土光さん」という呼称[3]で親しまれるなど、清貧な生活ぶりが国民の支持を得たと言われる。

第二臨調答申の具体化は、国鉄再建監理委員会や行政改革審議会（行革審）に引き継がれた。第二臨調が、以降の行政改革のベースになったのだ。

一九八四年七月の第一次行革審意見では、地方行政改革の推進について述べられ、翌一九八五年一月には「地方行革大綱」（「地方公共団体における行政改革推進の方針について」）が閣議報告された。以後、地方行政改革は、国の行革推進に倣うかたちで国からの地方行革指針に従い[4]、財政再建を念頭において進められることとなる。

行革審では、地方行革の推進とあわせて地方分権の推進についても答申がなされている[5]。地方分権改革と地方行政改革とは、表裏一体のものだからである。

このように、これまでの地方行政改革は、第二臨調の「増税なき財政再建」というスローガンがベースとなっていたことがわかる。

第１章でも述べられているように、これまでの地方行政改革は、職員の定数および人件費の削減、組織改編、外部委託化、事業の縮減・廃止など、もっぱら財政状況の改善に主眼が置かれた改革であった。いわゆる「仕事減らし・人減らし・カネ減らし」[6]の改革といわれる所以だ。

住民にとっては目に見えない、分かりにくい改革だっただけでなく、そもそも行政がスリム化・縮小化に向かう改革であったため、行政サービスの向上や拡大をもとめる住民のニーズとは、むしろ乖離するものだったのである。

先の事例で抵抗を示した関係部課長も新しい取り組みに対して慎重なだけで、決して悪代官ではないともいえる。

(2) 変わり始めた住民

前述の土地区画整理事務所再活用のケースでは、「地域の力」があった。

地域に無関心とされてきた住民側に変化はあるのだろうか。A市の地域福祉計画策定過程から、それを探ってみたい。

地域福祉計画

社会福祉法一〇七条では、地域福祉の推進に関する事項を一体的に定める「地域福祉計画」の策定手続きなどが規定されている。二〇〇六年度末で、全市町村の三分の一程度しか策定されていないが、やがて全市町村によって策定されることとなるだろう。

地域福祉計画の策定に際しては、地域で暮らす住民自身が、策定の主体であり、かつ、計画実践の中心的存在になる。

高齢者保健福祉計画、介護保険事業計画、障害者計画など他の福祉関連計画とは異なり、地域福祉計画は、行政側のサービス提供を主体としたものではなく地域で暮らす人々による支え合い・助け合いがベースになるからである。

ともすると行政計画の策定は、コンサルタント会社に委託して、後はお任せという例が多い。見栄えは立派ではあるが中身は没個性的な計画書が出来上がると、それを議員等関係者に配布し、それですべて終了となってしまう。計画の策定後は、計画書のページすら開くこともないという話もよく聞く。ＰＤＣＡサイクル(7)のＰにもなっていないということである。

計画を作成するプロセスも重要ではあるが、それは有効な実践に繋げるためであって、作成することだけが重要なのではない。

計画策定のための市民懇話会

二〇〇三年一二月、Ａ市では地域福祉計画策定にあたって、住民の代表、福祉関係者、学識経験者などによる「地域福祉計画策定委員会」が発足した。そこまでは、従来どおりの手法であるが、実際に調査を行ったり、計画立案などの作業をする「地域福祉計画策定市民懇話会」（以下「市民懇話会」という。）を策定委員会の下部組織として設置した。これがＡ市の特徴だ。

そのメンバーである市民二〇人は、すべて公募により論文審査を経て選ばれた。無報酬である。

市民懇話会のメンバーは、勉強会を重ねるとともに、住民へのアンケート調査やグループインタビューによって、地域で暮らす人たちが抱える課題の把握に努めた。

しかし、これだけでは不十分と感じた市民懇話会メンバーや行政担当者は、二〇〇五年七月から、市内を八つの地域に区切り、各地域の公民館などで継続して「地域懇談会」を開催していくこととなる。

自治会に仕事を押し付けるな！

小学校区ごとの地域懇談会には、できるだけ多くの地域住民に参加してほしい。

A市の担当者は、市民懇話会メンバーとともに地域の各自治会に協力をお願いするための説明に回った。

自治会役員会の際などに、地域懇談会への参加呼びかけの機会をもらったのだが、当初は手厳しい拒絶反応に出会った。

「『地域福祉』というのは、そもそも社会福祉協議会の仕事ではないのか。そのために自治会は、社会福祉協議会の会費、赤い羽根共同募金・歳末たすけあい募金を、その都度一軒一軒回って集め、それを社会福祉協議会に納めている。自治会費でさえ集金に苦労しており、社会福祉協議会の会費や募金等の負担を嫌って自治会を退会していく住民もたくさんいる状況を知っているのか。自治会は加入率の低下を何とかしなくてはならないのに、地域福祉どころではない。そういうことは社会福祉協議会に言ってくれ。これ以上、自治会に仕事を押し付けないでほしい」といった反応がほとんどだった。

自治会自体が課題を抱えているのだ。コミュニティの崩壊はまさに地域の大きな課題であり、本来

「地域福祉」はそのような地域の課題解決に向けた取り組みなのである。

「自治会加入率の低下の解消や地域コミュニティの再生などについて、自治会内だけでなく地域全体でいっしょに考えましょう」……このような説明を繰り返していく中で、少しずつ理解してもらい、自治会でも地域懇談会参加呼びかけのチラシを回覧してもらえるようになった。さらには、自治会長をはじめ役員の方も地域懇談会に参加するようになっていった。

住民vs行政で始まった地域懇談会

地域で暮らす人たちが互いに地域の課題を出し合い、その解決策についてともに話し合うことを想定して開催した地域懇談会ではあったが、はじめから想定どおりに始まったわけではない。

「少子高齢化だとか地域の課題だとか今更何をいうのか。以前からわかりきっていたことなのだから、行政としてはそのための対策を講じておくのが当然だったろう」

「地域でできることは地域でやってくれというのは、行政の職務放棄ではないのか。何のために税金を納めていると思っているのだ」

「まず、行政として計画のたたき台を示すべきだ。われわれはそのたたき台に対して意見を述べる」

「空き缶やゴミで公園がきたない。行政がもっと頻繁に清掃すべきなのに……」

このように、どの小学校区の地域懇談会でも、はじめの一～二回は行政への要望や苦情が中心となった。住民vs行政という対立構図に終止符を打ったのは、次のような住民からの発言だった。

「自分たちが暮らしている地域の課題は、まず、住民たちが集まって自分たちで知恵を出し合って解決しようとするのが当然のことだと思う。そういうエネルギーがコミュニティを創っていくのではないか。はじめから行政ばかりに頼って甘えているのは、自立していない子どもの発想と似ている気がする」

このような発言をきっかけに、「地域の身近な生活課題を解決するのは自分たち地域で暮らす住民自身だ」との認識が参加者に共有されるようになっていった。

その後、それぞれの地域懇談会では、各地域で暮らす人たちが自分たちの地域の課題を出し合い、自らその解決策を見つけ出すためのワークショップが重ねられた。ファシリテータ役も、もちろん市民だ。

ワークショップでは「子どものこと」「環境のこと」「防犯や防災のこと」「高齢者や障害者のこと」「自治会や子ども会の活性化のこと」など、テーマごとのグループに分かれるなどして、現状（課題）→原因→その解決策について、熱心な議論が交わされ、やがてそれぞれ整理されていった。

「子育て中の母親は孤独、身近に相談相手がいれば」「ゴミ出しのルールが守られていない」「近所付き合いがない中で災害のとき助け合えるのか」「地域の子供たちには安全な環境の中で安心して育ってほしい」「団地の五階に住む一人暮らしの高齢者にとってゴミ出しは大変だ」「閉じこもっている単身高齢者が多い」「自治会、老人会、子ども会などがやがて消滅してしまう」など、様々な課題が掲出されたが、その原因と解決策には、共通するものがあった。地域コミュニティの崩壊に対して、それを再生するハード・ソフトの「場」づくりだ。

先に述べた土地区画整理事務所再活用の案も、ある地区の地域懇談会からこのようにして出されたものであった。

地域懇談会は、八カ月余りの間に計三八回開催され、延べ六七五人の市民の参加を得て、二〇〇六年三月に終了した。

有志による地域懇談会の新たなスタート

地域福祉計画策定のための地域懇談会は終了した。

しかし、その後も、これに参加してきた住民たちは自主的に会合を重ねていった。

地域の課題やその解決策を出し合っただけで「終わり」と言うわけにはいかない。「自分たちでできることは自分たちで実際にやろう」という意欲が溢れている今こそ、課題解決に向けた取り組みを実践するための組織づくりや様々な主体が連携するための情報交換・情報提供のシステムづくりなどを始めようというわけだ。

有志による地域懇談会の新たなスタートだ。

小学校区八地区のうちの七地区で始まり、二地区が一緒になったことで現在六地区で地元自治会や市民活動団体などと連携しながら、防犯・防災、世代間交流、縁側サロン、つどいの広場など、市民の自主的かつ具体的な実践が展開されている。

有志による地域懇談会　活動状況（2007.3.14 現在：名称等は仮名）

小学校区	会合の拠点	会の名称	活動概要
中央小学校 桜山小学校	桜山公民館	しぐさの会	◆あいさつ運動、声かけ運動など地域の子供たちの健やかな成長に資する活動　◆様々な団体と交流し、地域の課題やその解決に向けた情報交換の開催・地域の小学校を訪問し、子どもたちと交流・地域活動のミニコミ誌発行
向山小学校	向山公民館	どらえもんの会	◆地域コミュニティづくりの拠点として土地区画整理事務所を有効活用　◆「向山つどいの広場」オープニング実行委員会を組織し、平成 18 年 11 月 4 日オープニングセレモニーを主催　◆つどいの広場「ぽけっと」や世代間交流室を開設し、地域住民の交流を支援　◆何でもありの「どらえもん祭り」を企画運営　◆「ぽけっと」便りで地域に情報発信
杉山小学校	杉山公民館	井戸端の会	◆タウン誌編集発行の学習会「情報発信のノウハウを学びませんか」の開催（杉山公民館との共催）◆自治会・老人会・子供会等と連携していろいろな「楽しみ」をつくる会を企画　◆地域に役立つ地域情報誌発行（検討）◆気軽に立ち寄れるサロンづくり（検討）◆一人暮らし高齢者を集めた昼食会（検討）

小学校区	会合の拠点	会の名称	活動概要
大久保小学校	大久保公民館	輪をつなぐ会	◆大久保公民館を拠点に「人と人をつなげるコミュニティづくり」が会の目的　◆子どもが作成した安全マップによる地域の安全点検（公民館と共催事業）　◆自治会や子供会、老人会等と連携した防犯パトロール活動　◆高齢者と子供達の交流する場づくり（竹馬・竹とんぼ・囲碁・将棋等）　◆障害者と地域住民の交流（災害時の助け合い・防災ネットワークの基礎づくり）　◆地域内 11 自治会に「防災・防犯等アンケート」実施および自治会長との情報・意見交換会実施
若葉小学校	若葉公民館	わかば風の会	◆地域の安心・安全に関する活動　◆幅広い世代の集まれるたまり場・縁側サロン活動　◆若葉地区活性化に役立つ情報交換会開催　◆広報「わかばの風」毎月発行　◆地域福祉活動　◆講演会「身近に潜む危険～子どもを犯罪から守るために～」開催　◆介護予防「お昼を作って食べる会」開催　◆子どもも大人も一緒に遊ぶ「子どもの広場」開催
緑小学校	緑公民館	ぬくもりの会	◆地域の課題と解決策を引き続き検討　◆緑公民館を拠点に誰もが集える交流の広場の開催を企画（月１回、笑い・軽運動・歌・話し合い）　◆一人一人が「ぬくもりの会」の主役という意識の醸成　◆「ぬくもりの会」の活動情報を自治会で回覧・老人会・青少年健全育成会議・学校などの協働で、夏休みに高齢者と子供たちとのグランドゴルフ教室を開催　◆高齢者福祉を考える会「ビデオ鑑賞・フリートーク」実施

地元は認めていない？

有志による地域懇談会は、あくまでも住民主体の自主的な活動ではあったが、会合やイベントなどの際には、役所の担当者も顔を出すようにした。会からの出席依頼があったからだけでなく、地域福祉を自ら推進していこうとする団体を行政としても応援すべきであるし、役所の関係課と市民活動をつなぐパイプ役にもなれると考えたからだ。

ところが、「縁側の会（仮名）は、地元から認められていないそうだ。そういう会に行政として参加するのは控えた方がいい」。有志による地域懇談会への担当者の参加に、上司からストップがかかった。

「地元」って何だろう。「地元から認められる」とは、どういうことなのだろうか。

「縁側の会」は、ある小学校区内の複数の自治会長、地元選出議員、民生委員のほか、地域で活動している様々な団体の関係者や一般住民で構成されている。活動状況などのチラシはそれぞれの自治会で回覧するなどの協力体制もできている。

しかし、「とにかく参加はやめておけ」との返事しか戻ってはこなかった。

一般に、地域でも、会社でも、学校でも、役所でも、何かを新たに始めようとする集団に対しては、周囲が警戒心を抱く。想像するに、既存の自治会でも、趣味のサークルでもない集団が地域内に誕生することを怪訝に思う「地元の有力者」もいるだろう。

そういう人たちからの役所幹部への「問い合わせ」が、行政の行動を止めたり変更させたりすることは、しばしば起こりうる。

しかしながら、その指示にもかかわらず、担当者は参加を続けた。それが自分の仕事であることに疑いの余地はなかったからだ。これもルール違反だったが。

「縁側の会」は、自分たちの活動をはじめ地域の様々な情報を満載した広報紙を毎月発行し、各戸に配布している。小学校区内の全世帯約四五〇〇戸の内、自治会加入世帯約二五〇〇戸は各自治会が協力するが、残り約二〇〇〇戸へはメンバーが手分けしてポスティングしている。

「縁側の会」の活動は活発に続けられている。活動やその情報発信が約一年間続けられているためか、会の活動そのものや職員の参加については何も言われなくなった。

少しばかりの波に揺れながらも、市民は変わりつつある。いや、むしろ何か覆いのようなものが取れて、もともと持っていた地域への想いがエネルギーとなって噴き出してきたというべきなのかもしれない。

2　地方行政改革は分権型社会の創造

自治体を巡る社会環境の変化として、中央集権から地方分権への大きな流れがある。地方行政改革は、分権型社会に対応するための改革であるべきだ。

地方分権推進については、「補完性（subsidiarity）の原理」[8]がその根拠としてよく使われる。しかし、ここでは社会の大きな変化によって中央集権体制では対応できなくなってきていることを社会保障制度を例に少し述べ、地方行政改革の必要性とその方向性について考えたい。

(1)　現金給付から現物給付への転換

一八世紀・一九世紀の市民革命は、主に中産階級が封建的、絶対主義的王政からの自由を求めた。国家の役割は、警察・防衛・消防のみで、個人には介入すべきではないとする（夜警国家）。個人としての自由平等は、商人、資本家として経済活動の自由も意味した。資本主義の成立である。

しかし、経済活動の自由は、やがて「富の偏在」を生んだ。形式的な自由平等は、実質的な自由平等を意味しない。搾取する者と搾取される者との間では、支配服従関係が生じ、実質的には基本的人権は保障されない。

そこで、実質的な不自由・不平等を解消するため、国家による積極的な介入が必要となる。二〇世紀の福祉国家は、このような要請に基づいて生まれた。

福祉国家の役割は、「富の偏在」の解消、つまり「所得の再分配」だ。社会保障制度は、所得再分配政策の典型的なものである。

日本国憲法二五条は、「健康で文化的な最低限度の生活を営む権利」を保障している。これを受けた生活保護制度では、低所得者に対し、全国一定の基準で現金を給付することとしている。同様に低所得の母子家庭を対象とする児童扶養手当や特別障害者手当も現金給付となっている。

生活保護費の支給、児童扶養手当や特別障害者手当の支給に関する事務については、「生存にかかわるナショナル・ミニマムを確保するため、全国一律に公平・平等に行う給付金の支給等に関する事務」(9)であることから、法定受託事務(10)とされている。

社会保障制度のあり方として、ナショナル・ミニマム確保のために全国一律、平等に画一的な内容の給付を行う場合は、中央政府がこれを担うべきである。その場合は現金給付によることしかできない。

これに対して、各個人の多様で複雑な生活課題の解決に相応しい給付を行う場合には、現金給付ではなく、現物給付（サービス提供）によるべきである。その場合は中央政府では対応できないので、身近な地方政府がこれを担うこととなる。

時代の流れは、現金給付から現物給付へ大きく転換することを求めている。

二つの大きな要因がある。

一つ目は、経済のグローバリズムの進行である。

経済に国境がなくなり、資本（お金）が自由に世界を飛び回る（資本のフライト）と、政府による所得の再分配は困難になってくる。

二つ目は、現金給付では課題解決につながらないという現実である。つまりニーズとの乖離だ。

障害者や高齢者への現金支給は、家族や親戚など身近に支援する人が存在することを前提としていた[11]。それは、要介護の障害者や高齢者がいると介護のためにその家族は就労することができないので、その世帯の所得を補うという趣旨があった。

しかし、そのような世帯の抱えている課題が一定の現金の支給のみで解決できるようなことは、ほとんどないといえる。

また、核家族化が進み、家族形態の変化とともに家族の相互扶助機能が低下している現状では、単に現金給付をするだけでは、却って課題を深刻化してしまうことすら生じる[12]。

現金給付よりも現物給付、つまり「お金」よりも「直接的なサービス提供」が求められている。介護手当よりも介護サービスが、障害者へのガソリン代支給よりも移送サービスが、生活保護費の支給だけでなく就労・自立のための様々なサポートが、一人暮らし高齢者等には買い物・調理・ゴミ出し・金銭管理・契約代行など日常生活への直接的な支援が、求められているのである。

(2)　多様な主体の誕生と連携

このような「現金給付から現物給付への流れ」は、社会保障の分野にとどまらない。

例えば、里地里山保全、不登校やニートへの対応、商店街の再生など、環境・教育・地域振興などに広く当てはまる。

それは、主体が国から地方へ移っていくということを示すだけでなく、分権型社会に向けた地方行政改革の方向性をも示している。

現金給付の場合は、給付をする主体は行政だけであった。行政から対象者への一方向の関係ですんでいた。これに対して、現物給付を行うためには、どうしても多様で多数のサービス提供主体が多様な個々のニーズに対応する必要がある。行政のみがサービス提供の主体というわけにはいかない。ＮＰＯ、市民活動団体、ボランティア、民間企業、公益法人、医療機関、教育機関、行政機関などの連携も不可欠だ。現に活動している個人や団体だけでなく、新たな活動主体の誕生を促すなど、その育成を支援していくことも、様々な活動主体の連携をコーディネート・サポートすることも、重要となっている。

行政だけでなく住民も、役所だけでなく民間企業も変わらなければならないということだ。民間企業の変化として、これまで営利目的の典型的な存在とされてきた「会社」という形態によって、社会的・公共的な事業を展開する非営利型株式会社の例を紹介したい。

地域住民の出資による非営利型株式会社　――プラットフォームサービス株式会社

東京メトロ東西線の竹橋駅を降りるとホームの案内板に「ちよだプラットフォームスクウェア」への出口が表示されている(13)。３ｂの出口から三分ほど歩くと一階にウッドデッキが張り出したおしゃれなカフェのあるビルに着く。プラットフォームサービス株式会社が運営するＳＯＨＯ事業者の拠点だ。

ここは、もともと千代田区中小企業センターという公共施設だった。年間約一億円の赤字を抱え、利用率は激減の一途のいわゆるお荷物施設だったという。

これらの課題の解消だけでなく、本来の中小企業支援に加えて、空室、空ビル、テナント流出、治安の悪化等の問題を解消し、地域を再生するという大きなミッションをもって、このビルを借り受けたのが、プラットフォームサービス株式会社だ。

「家守（やもり）構想」というまちづくりプロジェクトも面白いが、ここではこの会社の資金調達の手法に着目したい。

プラットフォームサービス株式会社は、もともと存在していた会社ではなく、先に述べたミッションを果たすために新たに設立されたものだ。

資本金の七〇〇〇万円は、地域の関係者などに資金協力を求めた。

①地域の活性化という事業目的から地域の人自身の成功への想いが重要なこと、②地域の関係者のもっているネットワークが事業遂行に有益なこと、③短期の事業収益よりも事業の社会的意義に対して安定的に出資してもらう必要があることなどが、その理由という。

七〇〇〇万円の半分の三五〇〇万円は五％配当を予定する優先株で、残りの三五〇〇万円は基本的に配当を想定していない普通株(14)であったが、一～二カ月の短期間で調達できたという。

つまり、実績のない（設立していない）会社にもかかわらず、地域の活性化という社会的・公共的な利益・配当を期待して、地域の人たちが出資をしたということである(15)。

プラットフォームサービス株式会社を設立したメンバーは、このプロジェクトだけに止まってはいない。

二〇〇六年六月、田辺恵一郎会長や藤倉潤一郎社長らが中心となって、社会経営研究会が立ち上げられた。研究者、実務家、公務員、経営者、NPO関係者など幅広いメンバーで構成されている。筆者もそのメンバーの一人であるが、学際・実務横断的な社会経営・地域経営（市民協働・PPPなど）について勉強会を重ねている。

社会経営研究会の成果の社会還元の一つとして、二〇〇七年五月、六月に社会経営講座を開設した。

3　住民セクターも含めた地域改革・自治体改革に向けて

今求められている地方行政改革は、「二一世紀の分権型社会の創造」を見据えた改革だ。すでに述べたように、地域の住民、NPO、企業など、公私にわたる多様な存在を包含した自治体全体の改革が求められている。

分権型社会を創造するためには、「地域の自立」が不可欠だ。「地域」とは法人格をもった地方公共団体やその住民だけでなく、その区域内に影響を及ぼす様々な政策アクターを構成員としてとらえた概念とされる[16]。そして「自立」とは権限と財源、活用し得るすべての資源を効率的に運用し、継続的に事業を展開していくことである。つまり、「地域の自立」とは「地域経営」だといえる。

地域経営を進めるためには、行政だけでなく住民セクターや民間企業など多様な主体の自主的・積極的な参加・協働が求められる。住民や企業など様々なアクターを地域経営の能動的な主体としてとらえる、いわゆる「ガバナンス」の考え方である[17]。

この章を閉じるにあたって、このような地域改革・自治体改革を進めていく際に障害となるものは何か、それを乗り越えるためには何がポイントになるのかを探っていきたい。

(1)　改革を妨げるもの

地域の住民と役人がいっしょになって、地域を変えよう、行政を変えようとする動きは、たくさんある。ただ、現実には、それが波やうねりにつながっていかない。

どうしてなのだろう。

ローカル・ガバナンス・フォーラム　――LGF「市民と自治体職員がともに学び、考える会」

二〇〇一年八月、筆者は数人の仲間たちとともに、ローカル・ガバナンス・フォーラム（LGF）という勉強会を始めた。同年六月の地方分権推進委員会最終報告や経済財政諮問会議による初の基本方針「骨太方針二〇〇一」を受けて、「自治」や「分権」について真剣に学ぼうというのがそのきっかけだった。

発足当初の参加呼びかけチラシには、次のようにその趣旨が示されている。

六月一四日に地方分権推進委員会最終報告が、六月二六日に経済財政諮問会議の基本方針が、それぞれ示されました。

地方自治体を取り巻く大変革のうねりの中、大きな不安と少しの期待が交錯し、カオス状態に陥ってしまっているのは、私だけでしょうか。

「税財源の委譲」「課税自主権」「道路特定財源の見直し」「地方交付税制度の見直し」「公務員制度の見直し」など、メディアを賑わす言葉の一つ一つがそれぞれ、私たちの立場を揺るがしかねないものばかりです。

これからの自治のあり方は、「共治：Governance」です。「行動する市民」と協働することにより、本当のまちづくりが進められます。

地方自治を巡る様々な話題・課題について、自由に意見交換することにより、これからのまちづくりに夢を描きたいと考え、ここに議論の場として「Local Governance Forum（LGF）」を立ち上げます（二〇〇一・八・一）。

始めはB市の職員が中心的メンバーだったが、自治や分権について住民が不在のままで議論を続けることに限界があることに気づいた。広い視野で議論を進めるため、周囲に声を掛けたところ、地域の中小企業経営者、主婦、地方議会議員、NPO関係者、ジャーナリストたちが、積極的に加わってくれた。

自治体の財政状況や少子高齢化の状況などから一〇年後・二〇年後の地域の姿を想定したり、「官と民の役割」「官民連携」「市民協働」「BID」(18)「PPP」(19)などについて講師を招いての学習会を開催した。

二〇〇二年一一月、当時WHY　NOTの代表だった村尾信尚氏を講師に招いて講演会を開催した。テーマは「役所は変わる。もしあなたが望むなら」だ。近隣市町からも多くの参加があった。講演の内容が参加者から高く評価されたこともあって、LGFの活動にも多くの方から賛同の声が聞こえた。アンケート結果(20)からもそれは明らかだった。

この講演会をきっかけとしてLGFのメンバーに加わってくれる人も多く、メンバーは四〇人を超え近隣六市町に拡がった。

講演会の大成功にメンバーたちが酔いしれ、のんきにLGFの未来に大きな希望を抱いていた頃、陰では「LGFは、現B市政の転覆を謀る反対分子の集団だ」という話を広め、LGF潰しを謀る動きが進んでいた。

「『役所を変える』ということは『市長を変える』ということだ」という曲解と、一年以上も前の選挙で現市長に敗れた「対立候補だった人物が講演会の会場に来ていた」ということがその根拠とされていた。

前にも述べたように、何かを始めようとする特定のグループに対しては、周りが警戒心を抱く。特にそれが組織の内部で集団化しそうな場合、生物体の免疫システムのように、攻撃や排除という作用が働く。拒絶反応が生じるわけである。

地域で活躍する市民活動団体やＮＰＯも多かれ少なかれ、周りの拒絶反応を受けている。「目的は選挙に立候補するためだ」とか、「あの団体は〇〇派だ」とか、「宗教を布教するためだ」とか、「うちの団体にアイサツがない」といった程度のものが殆どだ。

このような拒絶反応は、真摯に活動を続けていくことで沈静化していく。ただ、拒絶反応が閉じられた組織の中にあり、しかもそれが組織のトップ＝市長に近いところにあると沈静化はなかなか難しい。

ＬＧＦへの拒絶反応は、トップに近い職員とトップに近い住民が、存在しない危機感を、相互作用によって高め合ったことで大きくなっていった。

ＬＧＦにとっては、その活動を「政治的活動」と決め付けられてしまったことが大きな障害となってしまった。メンバーの半数以上が公務員だったからである。

ＬＧＦの活動は単なる勉強会であり、注目を集めるような活動はしていないにもかかわらず、拒絶反応が異常に大きかったのは、当時の体制が末期状態だったことを物語っているのかもしれない。

筆者も当時のB市長に呼び出され、説明を求められた。それまで、LGFの活動については理解を示し、支援してくれているはずであった。講演会の計画も事前に話をしてあった。にもかかわらず、側近による噂の耳打ちの影響は大きかったのだ。いや、むしろ選挙で選出される職にある者にとって「噂」というものは、特に神経を尖らせ、脅える対象なのかもしれない。そう、明らかに脅えていたのだ。脅えることを承知の上で側近である職員や住民は耳打ちをするところもある。

「あいつらはあなたの敵だ。わたしたちだけがあなたの味方だ」といって関係強化を図る。市長への弁明は、当然のことながら徒労に終わり、「実体がどうであれ、政治的な活動をしていると一部から思われていることが大きな問題だ」と指摘された。

「問題があるのかないのか」「大きな問題なのか小さな問題なのか」は、明らかに違法である場合を除いては、実は曖昧で、主観的なものだったりする。だからこれには反論のしようがない。ただ、住民と役所の職員がともにまちづくりについて学び合うこと否定することの方が、むしろ問題だということに気づいて欲しかったが。

このようなことがあっても、別に気にすることもなく普通に活動を続けていけばいいと考えていた。しかし、講演会の会場となった施設を管理している職員や市民のイベント情報として広報紙に掲載した担当職員までが市長から注意を受けたり、議会議員からも、「LGFについていろいろな噂が流れているので、しばらく静かにしていた方がいい」という助言?もあったため、中心メンバーとも相談した結果、二〇〇三年七月以降当分の間は目立った活動を控えることとした。

ただし、メールによる情報交換は続けること、メンバー各自で自己研鑽を続けることを約束しあった。

その後もメンバーには、昇格の際などに踏絵を踏まされるようなことがあったようだ。ＬＧＦの灯火はかなり小さくはなったが、消えずにずっと燃えつづけてきた。Ｂ市の体制も変わった。二〇〇六年九月からＬＧＦのブログ(21)を立ち上げ、それまでメールで発信していた情報をブログに掲載している。

二〇〇一年から六年が経過した今、発足当時とは違って、住民や企業と自治体職員がともに学び、議論する環境は整ってきた。公務員の意識も、住民の意識も、企業の意識も変わってきたといえる。「ガバナンス」「市民協働」といった言葉も一般に使われるようになってきた。ＬＧＦ再スタートの機は熟したとも言える。

(2)　自治体改革を進めるためのカギ

住民グループが地域の課題解決に向けて動き出すと他の住民が、役所の職員グループが地域や役所のあり方についての勉強会を始めると他の職員が、それぞれ反対の動きをする。

変化より安定を選択するというだけでなく、自分以外のものが集団化することへの本能的な警戒心が働くのかもしれない。

はじめに例を挙げた土地区画整理事務所の再活用に対する関係部課長たちの拒絶反応、地域の有志が立ち上げた「縁側の会」に対する「地元有力者」の拒絶反応、そしてＬＧＦに対する市長側近者や市長自身による拒絶反応は、警戒心の現れとも言える。

地域では、住民有志たちが地域懇談会を継続しているように、すでに住民は変わりつつある。役所の内部でも住民と一緒に地域について学び合おうという職員グループが生まれてきている。

周囲が抱く警戒心を少しでも抑えることができれば、潰れてしまうことなく、様々な活動が拡がり、点が線となり面となって、やがて大きな波になる可能性がある。

では、地域や役所内で起こる「警戒心＝拒絶反応」を抑えるためには何がポイントになるのだろうか。

トップ＝首長の姿勢

役所という組織の中での警戒心を解き放すカギとなるのは、トップである首長（知事あるいは市町村長）だ。

役所の体質を変えたいと思っているのは、実は他ならぬ首長自身だ。組織の中からそういう動きが生まれたら、首長自ら支援する姿勢を見せることが重要だ。

ＬＧＦについても、首長が側近の耳打ちに惑わされることなく、応援する姿勢を見せたら役所職員の意識も住民と役所との関係も変化したかもしれない。

逆に首長やその側近によって潰されたという前例があると、職員の改革意欲は負の方向に働き、例え首長が変わっても、再生には時間がかかってしまう。

また、地域での警戒心を和らげるもの、それもトップ＝首長の姿勢だ。

一般的には、行政は公正・公平・中立だという評価がある。そういう行政が支援あるいは関係しているということが、地域活動を行う住民グループへの警戒心を弱める。

行政職員が関わっていくためには、上司の指示あるいは理解が必要だ。ただ、既に述べたように「前例がなければ手を出さない」という長年培われてしまった呪縛から逃れられない部課長もいる。

そのような呪縛を打ち破るのは、やはり首長だ。首長が揺らぐことなく地域活動を応援し続ける姿勢を示すことが重要だ。

土地区画整理事務所の再活用の際も首長の決断とそれを発信し続けたことが、様々な雑音を消し去り、関係課を動かした。

地域住民が立ち上げた「縁側の会」が地域に受け入れられたことも、行政職員や時には首長自らが会合やイベントに度々参加して、その会を支援する姿勢を見せつづけた成果でもあると思う。

活動を続ける勇気

周囲の警戒心や拒絶反応に脅えすぎないで、活動を続けることも重要なポイントだ。

活動の継続によって警戒心がおさまってくるということもある。

ＮＰＯ法人として現に福祉分野で活躍しているある団体も法人格取得当時は、様々な噂を流された。

嫌がらせもあったようだ。設立から五年を経過して漸く市民全体から認知されるようになったと言う。

土地区画整理事務所の再活用の例でも、地元の反応にも負けないで、住民有志たちが強い想いを持ち続けた。「縁側の会」も地元有力者たちの反応をうまくかわしながら、活動を継続し、むしろ彼らを取り込んでいった。

これに対して、ＬＧＦはメンバーの半数が役所の職員だったことから、首長の拒絶反応に対処するためには活動を控えざるを得ないと判断した。実はこの判断が正しかったのかどうか、今でも苦悩することがある。

「首長にやめろと言われたくらいで、活動を控えてしまう程度の志しかなかったのか」

「代表が及び腰じゃ、どっちにしてもついていけない」

このような言葉を残して去って行ったメンバーもいた。

活動を継続すればさらに拒絶反応が強くなっていった可能性もあるが、代表を交代したり、活動の内容や会場を工夫することで、活動は可能であったかもしれない。

「勇気」が足りなかったとも言える。

村尾信尚氏は、ＬＧＦ主催の「あの講演会」の最後を次のように結んでいたのだった。

「その時、私たちの前に立ちはだかる敵は三つあります。一人では何もできない、どうせだめだという『無力感』、みんなから仲間はずれにされる、抵抗勢力から嫌がらせを受けるという『恐怖感』、こんなことをしなければ楽なのに、誰かがやってくれるという『甘え』、こうした三つの敵を克服するのが市民革命を成し遂げる重要な要素だと思っています。『WHY NOT』は、『どうして？ なぜできないの？ やってみようよ！』という意味です。不可能と思われることでも、まず誰かが立ち上がらなければ絶対にできないので、やってみようという気持ちで取り組んでいます。一人でも多くの方がスクラムに加わっていただければありがたいと思います」。

【注】

(1) 一九八一年七月第一次答申「財政支出削減と行政合理化」。
一九八二年二月第二次答申「許認可等の整理合理化方策」。

一九八二年七月第三次答申「基本答申―行政改革の理念、重要行政施策、行政組織と総合調整機能、国と地方、公社等の改革」。

一九八三年二月第四次答申「行政改革推進体制」。

一九八三年三月第五次答申「最終答申―内部部局再編、現業・特殊法人等、予算・会計・財投、行政事務改革」。

このように短期間に次々と答申を提出したことからも、いかに第二臨調が精力的に行政改革に取り組んだかが、伺える。

(2) 土光氏は会長就任の承諾に際して、次の項目の実現を条件にしたという。
① 臨調答申を必ず実行すること

②　増税なき財政再建
③　中央、地方を含めた行革推進
④　民間活力の最大限の活用

（3）　その他「行革の鬼」「ミスター合理化」「荒法師」「怒号敏夫」などの呼称もある。

（4）　地方行政改革に関する最近の国から地方への指導の例として、次のようなものがある。
一九九七年十一月「地方自治・新時代に対応した地方公共団体の行政改革推進のための指針」。

二〇〇五年三月「地方公共団体における行政改革の推進のための新たな指針」（新地方行革指針）。

二〇〇六年八月「地方公共団体における行政改革の更なる推進のための指針」。

（5）　例えば
一九八四年十二月第一次行革審答申「地方公共団体に対する国の関与・必置規制の整理合理化に関する答申」。

一九八九年十二月第二次行革審答申「国と地方の関係等に関する答申」。

（6）　首藤堯「臨調第一次答申の問題点とこれからの課題」磯村英一監修　坂田期雄編集「自治体における行政改革」ぎょうせい、一九八二年、二六頁。

（7）　Plan（計画）、Do（実行）、Check（評価）、Action（改善）の頭文字をとったもので、計画→実行→評価→改善→計画……というサイクルによって継続的に業務を改善していこうというシステム。もともとは製造業で始まったとされるが、行政管理の手法としても取り入れられている。

（8）　「補完性の原理」とは「事務事業を政府間で分担するに際しては、まず基礎自治体を最優先し、ついで広域自治体を優先し、国は広域自治体でも担うにふさわしくない事務事業のみを担うものとする」ことをいう（二〇〇一年六月「地方分権推進委員会最終報告」第四章Ⅳ）。

（9）地方分権推進計画で示された法定受託事務のメルクマール　一九九八年五月。
（10）地方自治法第二条第九項第一号。
（11）知的障害者への手当支給や高齢者の介護手当などは、本人以外への支給が前提となっているし、障害者世帯のガソリン代など様々な補助金は、同居家族を想定している場合が多い。
（12）例えば、アルコール依存症やギャンブル依存症の単身の低所得者に対して、単純に現金（生活保護費）を支給することなど。
（13）駅のホームの出口案内板に表示されること自体がこの施設の公共性を示しているとも言える。
（14）新会社法一〇五条によって分配権が与えられない株式（非営利型株式）は法的に認められていないが、プラットフォームサービス株式会社では、剰余金を内部留保し、ミッション遂行のために再投資することを明確にした（再投資型ＮＰＣ：Non-Profit Company）。非営利型株式会社について詳しくは、渡辺清「非営利型株式会社の資本市場構想——社会投資家を登場させる」日本評論社、経済セミナー、二〇〇七年一月、六二三号四十三頁参照。
（15）ちよだプラットフォームスクウェアの経過については、枝見太朗『非営利型株式会社が地域を変える——ちよだプラットフォームスクウェアの挑戦』ぎょうせい、二〇〇六年が詳しい。資金調達については、日本政策投資銀行地域企画チーム編著『市民資金が地域を築く——市民の志とファイナンスの融合』ぎょうせい、二〇〇七年、二〇二頁参照。
（16）岩渕公二『外部評価の機能とその展開——行政監視と政策推進』第一法規、二〇〇七年、はしがき。
（17）松下圭一は「自治体における市民参加はまさに市民自治による自治体の市民管理である」という（『都市型社会の自治』日本評論社、一九八七年、一七三頁）。

（18）Business Improvement District の略。
（19）Public Private Partnership の略。
（20）http://www5e.biglobe.ne.jp/~whynot/lgf-p.htm の最後のアンケート結果参照。
（21）http://lgf.blog48.fc2.com/

第4章

地域に入り込む公務員
――机の前から住民の前へ

西村　聡

はじめに

自治体運営では、政策立案を担う職員（公務員）が実際に地域の現場に入り込み、自分の目と耳とで現場を見聞きして情報をかき集め、それをもとに政策を立案して決定していくことが重要であり、多くの県民はそうしているものだと考えているはずである。

しかし、自治体の中でも県庁の公務員の実情はそうではない。県庁は市役所のように生活する上で必要となる戸籍や住民票の管理・交付など、住民生活に直結するような仕事も限られている。県庁は市役所や町役場とは違って住民にとっては縁遠く、足を運ぶことも少ないので、住民から自然に情報がもたらされることは期待できない。このような事情もあり、県庁職員の場合には、職員自らが意識して現場に出かけていかない限り、現場の情報は集まってこないのが現実である。

しかし、実態は庁内調整に時間が取られて現場に出て行くことができず、それにともないコミュニケーション能力、政策立案能力が鍛えられなくなっている。

この章では、はじめに役所の政策現場の紹介、そして課題の抽出を行うことにした。そして産業振興、商店街振興という分野でのエピソードを紹介しながら、積極的に地域に入り込み、可能な限りの住民との対話を進めようとした県庁の一公務員の視点から、公務員の行政スタイルの変貌とあるべき姿を考察してみることとした。

1　役所の政策現場

(1)　予算

県庁では予算編成に関わる作業時間が長いこと、予算書の事業によって職員の担当業務が決まるなど県庁の仕事は予算がすべてと考える職員が多い。

予算編成作業は、通常年度の一〇月上旬に作業が開始され、各担当課から財政担当課への予算要求の締め切りが一一月下旬である。その後、県庁の予算案を審議する二月下旬の県議会開会までの約二カ月をかけて、各課担当から財務査定官への説明・査定、各課長から財務担当部長への復活説明・査定、各部長から知事への復活説明・裁定の作業が行われ、その間、県庁職員は予算編成一色となる。

(2) 議会

一方で、その他の時期においても、住民代表である議会が六月、九月、一二月に開かれる。本会議のほか毎月一回の常任委員会、政策課題毎に設置される特別委員会も開催される。県庁職員はそのたびに、議員への政策の説明、質問の聞き取り、答弁や想定問答の作成など準備・対応に相当な時間と労力を振り向けなければならない。

(3) 住民との距離

住民白らが県庁での政策の決定過程の情報を知りたいと思うときには、行政手続法に基づく情報公開請求などに限られているのが実情である。

その他、住民との関わりが必要となる自治体の大きな仕事の一つに、社会基盤の整備をはじめ、産業政策などについて地域独自のビジョンを描く作業がある。特に県庁の方が市役所よりもはるかにこの役割が大きい。自治体は作成されたビジョンに沿って様々な施策を立案し、実行に移すという作業を繰り返すのである。

多くのビジョンは、まずは役所が住民・企業の代表者で構成される検討委員会を設けて、そこへ自治体内部で作成した資料を説明し、意見を集約する。そのあと自治体職員が中心となってシンクタンクなども活用しながら、中間報告のとりまとめを行う。最近ではここでパブリックコメントと称して住民から広く意見を募集し、出てきたものを反映させるというプロセスが取られるようになっている。しかし、実際のところは、住民から出される意見も限られており、若干の修正を加えて最終報告とするケースが多い。

このような方法をとらざるを得ないことにもそれなりの理由がある。それはどういうことかといえば、住民は政策の言葉や考え方に慣れておらず、ビジョンに反映させることができるような形で意見を述べようとしてもなかなか難しいということである。その点、自治体職員は住民よりも政策づくりに慣れており、限られた時間内でいかにも政策らしく編集するには自治体職員が主導してまとめざるを得ないこととなる。

しかし、地域での主体はあくまでもそこに住む住民であり、経済活動を行う企業である。自治体が活性化するためには、住民がいきいきと暮らし、企業がどんどんとチャレンジしていくような環境作りが自治体には求められている。そのためには自治体職員が実際に地域の現場に入り込み、自らの能力をフルに発揮して現場から情報を集め、それをもとに政策を立案して決定する過程をもっと大切にすべきだと考える。

ところが、このような決定過程はなかなかポピュラーな政策形成手法とはなっていないように思える。ではどうしてこのような手法が定着しないのであろうか。次にその理由について考えてみたい。

2　行政改革の課題

(1)　庁内調整の時間が長く現場に出る時間が限られる

一点目は、県庁職員は内部での説明や調整に時間と労力を取られるため、政策の現場に出かけて自分の目と耳とで現場を見聞きして情報をかき集めるには、物理的に大きな制約があるという点である。例えば、一つの政策を立案するに当たっても、担当部内はもちろんのこと、関係部署との庁内調整、議会との調整に相当の時間を取られている。実際に住民とのコミュニケーションをとりたくても、物理的に取る時間は限られ、結果として希薄となっているのが実態である。

一週間の仕事の流れを紹介すると、月曜日朝に部長、次長、各課長が参加する部内会議があり、その週の各課の行事、特に部長、次長が関わる行事を中心に確認作業が行われるとともに、部長、次長から業務上必要な指示などが出される。その後、各課で課長、課長補佐、グループリーダーによる課内会議が行われ、部内会議での指示事項の伝達、行事の確認などがなされる。さらにグループリーダーが主宰するグループ会議が続く。午後からは、担当者からグループリーダー、課長補佐、課長に対して懸案事項の説明を行い、そのつど必要な資料の修正をしたうえ、次長、部長への説明の順番を待つこととなる。

火曜日以降もこうした説明→資料の修正→再説明といったプロセスが続き、徐々に県庁上層部へとレベルが上がっていく。また、部局をまたがる案件については、更にプロセスが複雑化し、政策担当課の担当から関係部局の担当への説明を行い、説明を受けた方の担当者は、自分の課や部のグループリーダー、課長補佐、課長、次長、部長への説明を重ねて了解を得る作業を行うのである。

このような状況下において、担当職員が地域の現場に出かけ、生の声を集めて政策を立案したとしても、県庁という大きな組織の中で政策決定に大きな力を持つ課長まで了解を得るには、課内においていくつもの層のチェックを受けなければならない。また、資料を作り込んだ担当者は実際に現場の声を知っているが、説明を受ける課長補佐、課長、さらに次長、部長は現場の実態を知らないケースが多い。こうした説明過程を経るにしたがって、現場の実態を無視した政策が立案され、実行されていくことが往々にして発生することになるのである。現場から県会議員などを通して部長、次長に対して何らかの事案について検討結果はどうなったかといった問い合わせが入った際に、まだこうした内部説明の途中段階である場合には、確定的な回答をすることができないため、現場が望む解決スピードと、役所の中での合意スピードに差異が発生することもしばしば見られることである。

例えば、県庁に入って間もない頃には現場に出かけて声を集め政策を考える人がいたとしても、内部調整のために次第に出られなくなってしまうのが実情ではないだろうか。

(2)　コミュニケーション能力

二点目は、県庁職員自体にコーディネーターとして必要なコミュニケーション能力が不足している点である。

現場に出て相手の考えを上手く引き出すには多くの人と接触して経験を積むことが大切である。しかし、内部調整のため出かけられなくなると次第にコミュニケーションの回数が減り、結果として能力も落ちてきているのである。

(3)　政策立案能力の不足

三点目は、聞いた意見を政策に落とし込まなければならないが、現場に出る時間が限られるといろいろな人と議論をしながら政策を創造することができなくなっていくということである。そうなると現場に見合う政策を作る訓練ができず、どうしても国の政策に引きずられてしまい独自の政策が思い浮かばなくなってしまっている。

次に筆者が経験したエピソードをもとに、この課題ついてそれぞれどう対応したか述べてみることにする。

3　エピソード

(1)　産業振興の経験から

庁内調整をできる限り短くして現場の声を集める

まず筆者が関わった石川県が二〇〇五年三月にまとめた産業ビジョン「産業革新戦略」(1)は、策定プロセスに重点を置き作り上げたものである。どういうことかと言えば、多種多様で急速に進展する企業活動を捉えるには、現場の生の声が最も現実的であると捉え、このことを非常に重視して策定したということである。各種統計を用いた定量分析の数値に表れない姿をできる限り把握するため、徹底して現場の生の声を聞き策定したのである。

しかし、産業ビジョンは問題が多岐にわたるため庁内調整をできる限り短くしなければ現場に出ることができないものである。しかし、この問題は作業をはじめようとした時期に経済産業省から出向してきた課長の登場によって解決されることになった。

最初に県庁内で考えていたことは、先行していたビジョン「石川県産業高度化一〇カ年戦略」の経験を活かして作ろうということであった。それは、前回は県内有識者五〇名ほどが参加した検討委員会を設けて議論し策定されたものであったが、会議日程の調整や委員への聞き取りなどに苦労したと聞いていた。それと先行ビジョンの達成度を評価したところ、特に企業誘致の成果などもあり、鉱工業生産指数などは全国的にも高い水準にあることなど、一定の成果が出ていた。そこで今回のビジョンは手間暇をかけずに前回の手直し程度（マイナーチェンジ）にしておこう、そうなると少人数の有識者で議論すれば大丈夫などと考えていたのである。

この新任課長は着任してしばらくして県内の産業動向、課内および課員の仕事の様子、新任の挨拶回りでの企業経営者の声などをもとに、ある疑問を抱くこととなったのである。それは、まず、課員が日中ほとんど机に引っ付いたまま、パソコンに向かい、たまに電話で話をしていること、それと課への来訪者が極端に少ないことであった。経済産業省から地方という、政策を実行する上で、国より現場に近いところへ来たはずなのに、思い描いていた政策の現場と違い、いったいこればどうなっているのかと強い疑問を抱いたようである。

ある日、課長の指示により戦略を担当するメンバーが会議室に集められ、この疑問について話を聞く機会があった。そこで課長は、「赴任前は、県庁は現場重視で仕事をしているものだと思っていたが、現実は大きく違う」と強い調子でわれわれを叱咤したのである。それを聞いて、自分たちが知らず知らずのうちに県庁のなかの仕事に追われ、外に出かけていくこともしなくなり、県庁と政策の現場との距離が遠ざかっていることに気づかされたのである。そうした経緯を経て、今度のビジョンは徹底して多くの人から意見を聞いていくこととなった。

いざ本格作業開始となり、多くの人から意見を聞くために、県内各界各層から議論に参加する方をピックアップする作業に取りかかることにした。そして検討を進めたところ「この人から意見を聞くのであればこの人からも」などとの意見が出てきて、結局、四六名の方に委員として参加してもらうことになった。一回目の会合のあと、課長を連れてある委員を訪問した際に、分析結果よりも会議の運営に対して厳しい意見が出されたことがあった。意見は「委員四六名を一度に集めて議論しろと言われてもとてもできない。経営者は忙しく、意見を聞いたという形式だけ必要なために会議を開くのだったら、時間の無駄であり、もう参加しない」ということであった。事実、二時間の会議のうち、戦略チームがせっかく分析したデータを発表するとなると一時間はかかる。そのあと、仮に四七名一人一人から意見を聞くにしても、一人一分しか時間がとれず、これは不可能なことである。このことにより委員ひとりひとりを回って意見を聞いていく必要性をあらためて感じることとなった。

そこで、現場へ出る時間を確保するために庁内調整をできる限り短くすることにした。それは産業政策に関して県庁内では多くの政策決定を任されている産業政策課長を現場に連れ出し、実際に資料を作り込む担当者と一緒に意見を聞くことであった。そうすることにより情報の共有を図り資料の修正などをできる限り少なくして庁内調整の時間を短くすることにしたのである。

課長を連れて四七名すべての委員を訪問するために、課長を支え、スケジュール調整、メモ取りなど課長と一体となって作業を行うスタッフを、課内の若手職員から選び戦略チームとして作業を行うことにした。

これらの作業をもとに二回目の会議では委員の生の声と、独自の分析をもとにした定性データを提示することができた。また、会議ではできるだけ参加者に意見を言ってもらうために、わかりやすい資料づくりと説明時間の短縮に努めた。同時に知事にも必ず参加いただき問題意識をできるだけ共有し、庁内調整の時間を短縮したのである。

コミュニケーション能力を磨く

現場に出かける時間が確保できると、次はいかにして現場の意見をうまく引き出すかである。今回の聞き取りでは特に定量データでは現れない定性分析に役立てるため、「石川らしさ」「強みや弱み」をできるだけ把握することに力点をおくことにした。聞きたいことを整理する意味からもあらかじめアンケート形式の調査票を用意することにした。これを事前に送付しておき、これに沿って聞き取りを行うようにしたため、委員の意見もスムーズに出てきたように感じた。

また、政策を作る上で重要な課題となりそうなテーマを戦略チームで議論して、人材育成などの業種横断的な課題から、金沢・加賀・能登など地域特性に関わる課題などを設けて、関心のありそうな委員に少人数で議論してもらう機会を、延べ一六回設けた。

県庁内に対しても、産業ビジョンに関係する部署に対して意見を出してもらう機会を設けた。また、情報化時代にあわせ、戦略専用のホームページを開設して、常に最新の情報を提供するとともに、パブリックコメントの募集も行った。寄せられたコメントは一四三件に上り、中にはフランス在住の石川県出身者からも意見が寄せられびっくりしたこともあった。

これら意見を出してもらいやすい工夫をするとともに、できる限り多くの人と議論を重ねることでコミュニケーション能力が磨かれることになったと感じている。

自分たちの政策を持って役所の外へ出て政策立案能力を磨く

二回目の会議終了後は、出てきた課題を解決する政策立案作業に入るわけであるが、まずは戦略チーム内で担当を決めて、課題毎に政策をまとめる作業を行うことにした。会議では、「石川県に特有の強みは何かを明確にすべき」「住みやすさや文化なども含めて評価すべき」との意見が出された。そこで、定量分析においても産業だけに偏らない地域経済の可能性を把握するため、社会基盤や生活基盤も含めた二三二の指標に基づく「地域力分析」を行うこととした。また、地域間競争を踏まえ、産業連関表、県民経済計算を基礎に、県内各種産業の県外に対する移出入率の推移をみて、対外競争力がどれくらいであるかや、県内の産業間の連携度も考察するなど、独自の分析を試みることとした。

三回目の会議終了後には、自分たち（戦略チーム）の考えた政策、すなわち中間報告を役所の外の世界に持って出て、住民と堂々と公開議論することによって、自らの政策形成能力を鍛えるタウンミーティングを実施した。県内各地域で一五回行い、約一〇〇〇人に参加していただいた。その際に、「カタカナ語が多い」「お役所言葉が多い」などの意見が出され、わかりやすく書いてきたつもりであったが、知らず知らずのうちに県民にわかりにくい表現が使用していたことに気づかされる時もあった。

今度はいよいよ最終報告書として戦略を書き込む作業に入るわけである。ここで注意したこととして、国の政策の借り物ではなく、現場の生の声を反映した政策であることを強烈に印象づけるために、議論に参加いただだいた委員の発言を、一言でも二言でも本文の中に入れ込むようにした。また、戦略チーム内でも徹底的に議論した。そして、この作成プロセスを何度も繰り返すことにより、職員自らが策定に深く関わることとなったため、「実現は人任せ」の評論家になるのではなく、まずは政策を実行する自分自身があることを認識することにもつながったと考えている。

当初、産業界の中には、現場と乖離した県庁の所信表明を作るのだなという声もあった。しかし、現場状況のきめ細やかな聞き取りや政策案への書き込みを重ねていく策定作業を目の当たりにして、産業界にもわれわれの努力が理解され、最終の会議では「県庁と一緒に取り組んでいこうじゃないか」と共感する言葉が飛び出したほどである。

また、地域にも配慮したことからこれまで産業政策には関心の低かった市町の関心を持ってもらえるようになり、市レベルでも、同様の手法で産業ビジョンを作る動きも出てきたのである。

(2) 商店街振興を経験して

現場に出る時間を確保しご用聞き

今度は、大型商業施設の相次ぐ出店などにより、厳しい経営環境に置かれている商店街の振興に関わった時のエピソードである。この経験は、現場の生の声を一生懸命に聞こうとしたが、現場に出る時間を確保しようとして庁内調整を省こうとしすぎたがために、逆に県庁で重要な課題とすることができなかったという例である。

以前、筆者が商店街担当だったとき、活性化に取り組もうとする意欲のある商店街に専門家と一緒に自治体職員が出向き、ともに活性化について議論して方向を決定していく「がんばる商店街事業」を立ち上げたことがある。始めのうちは、派遣要請のあった商店街に足を運んで会員の集まった場で議論しようとしたが、いきなりでは、意見を出すのは少数の役員に限られた。また、出される意見も、「店舗改装する際には補助金は出るのか」「アーケードが古くなったので改修したいがいくら補助金が出るのか」「賑わいイベントをしたいがどうすれば補助金がでるのか」などばかりで、自治体は補助金を出す財布と思っているのか、支援策に関する細かな制度的な質問に終始した。

ところが、こちらから会員のもとへ出向いて、抱えている問題や言いたいことなどについてご用聞きのようなことをやってみることにしたとたん、「商店街のイベントへの協力しない店があるが、どうすればよいのか」「商店街内のフランチャイズ店やチェーン店の商店街への協力度合いが低い」「空き店舗を商店街で買い取って地域の人が休憩できるスペースを作りたい」「商店街に不足している業種をみんなで協力して誘致したい」「街路灯が古くなっているので商店街で修理したい」など、現場の本音ともいうべき意見を聞き出すことができるようになったのである。

そうした意見をもとに課題を整理してみると、商店街の問題点は組織の運営方法、空き店舗対策、街路整備などにあることが浮かび上がってきた。そうした課題を自分なりにまとめて商店街の集まりで提示すると、「自分もその点が問題だと考えていた」「構成員が費用負担してでも商店街として取り組まなければならない」「商店街として要望書を作って市役所に説明に行こう」など、課題に沿って解決に向けた建設的な態度が見られるようになり、仕事はこうやって進めるものなのかと気づいたことがあった。自治体職員に期待される役割は、各住民や行政対象の人々が思っていることをうまく引き出してくることではないかと、そして、住民同士、あるいは住民と自治体職員が、活発に意見交換が行えるように会議をリードするコーディネーター的役割ではないかと気づいたわけである。

それからというもの、「がんばる商店街事業」に要望のあった商店街に出かける際には、必ず会合の前に商店街構成員のもとに出かけ、詳細な聞き取りをもとに課題を整理してから会合に臨むようにした。すると、「意見がいいやすかった」「議論の方向がはっきりしていて無駄のない会議であった」など、商店街の人々から好意的な意見が出始め、自分としても、県庁に戻って商店街振興の政策を立案するうえで、生の声に基づいた説得力のある資料づくりや実効性のある政策アイディアづくりが、効率的にできるようになったのである。

現場に出かけたために県庁の重要課題としてできなかった

ただ、現場に出る一方で、その時間を確保するため、庁内調整プロセスでの労力を省いた結果、県庁内において上層部や影響力のある部局への説明が不足し、県をあげての大きな政策課題とすることができなかった。また、産業革新戦略のケースのように、政策責任者の課長を現場に引っ張り出したわけでもなかったので、現場情報の共有ができず、現場で拾った生の声とそれに基づく政策アイディアを説明しても、なかなか共感が得られなかった。現場で働くことは、確かに必要だし役にも立つ。現場でさまざまな人々と触れ合うのは楽しい。しかし、現場に埋没して庁内調整をおろそかにすれば、結局は、政策そのものが実現の日の目を見ず、住民に還元できるチャンスを失ってしまうことにも気づくべきであったという反省が残る。

4　解決策の提案

(1)　現場に出る時間を作るために

これまでの経験から、自分自身が現場へ出かける時間を作るためには、庁内調整の時間を省くため、政策責任者である上司も一緒に現場へ連れ出す段取りを組むことが重要だと言える。政策責任者の方針が明確でないのに、担当者が資料を作り込んで、ボトムアップ的に上へ説明していくと、現場情報を共有しない上司からの修正指摘も多くなり、時間も取られてしまうのは当然である。政策責任者と現場へ一緒に出かけ、住民からの声を共有し、大きな政策方針を示してもらったのちに、担当者が資料を作っていくようにすれば、時間短縮が図られるのだ。また、それは政策責任者レベルが行う庁内調整も効率化することになる。政策責任者が最も効率的・効果的に動けるよう、部下がスケジュールを調整することも、政策立案の段取りを決める際に重要なポイントである。

(2) コミュニケーション能力を磨く

産業振興や商店街振興は、産業界の人とのコミュニケーションだけに気をつければよかった。しかし、実際の自治体行政では、それ以外のさまざまな世界の人たちとも、コミュニケーションが取れなければいけない。

その例を挙げよう。筆者は、産学連携業務に携わった経験がある。石川県は、地方には珍しく、数多くの大学が集積（人口一〇万人当たりの大学数、全国二位）するとともに、その製品やサービスが一定領域で高いシェアを持つ「ニッチトップ企業」も多く集積するという特徴がある。また、伝統工芸も数多く集積するなどものづくりが盛んな地域である。そこで、これらの特徴を活かして、産学が連携した認知症の早期診断機器と診断方法の開発プロジェクト(2)や、工芸素材が持つ高級な質感を忠実にデジタルで表現し、ユーザー側のニーズや感性にマッチした商品に仕上がるよう、様々なシミュレーションが行える技術開発プロジェクト(3)が進められている。

一般的に言って、同じ大学であっても、学部が違えば複数の研究者を参画させることさえ難しいのに、これらのプロジェクトは、大学をまたがって複数の研究者で企画する必要があった。また、研究のための研究に終始しては意味がなく、社会還元して初めて意義がある――つまり研究成果を事業化する企業のニーズに沿ったものである必要もあった。

私はこのプロジェクトの企画段階から関わることができた。当初は県庁職員、特に産業政策関連の部署に在籍している職員は、県内企業のニーズを把握することが可能であり、企業と大学をつなぐことには適役だと考えていた。しかし、実際には、大学と企業をつなぐ以前に、大学の研究者同士の間を取り持つことさえも容易なことではなく、そもそも研究者を集めて、企画を議論するための場を設けることさえもままならなかった。

例えば、参加して欲しい研究者が所属する大学の学長のところに事前に「○○先生に、県が主導する研究開発プロジェクトに参加いただきたいので、よろしくお願いします」と了解を取りにいったことがある。それにもかかわらず、研究者に「打合せをしたいので日程調整したい」と連絡をとっても後回しにされることが多々あった。組織の長にあたる学長に了解をもらったのだから、当該組織に属しているその研究者はもっと協力的であってもおかしくないのに、どうして思うようにならないのかと感じ始めるようになっていた。そこで、どうも大学の研究者の行動原理は、自分とは違うのではないかと疑問が湧いた。県庁組織では、知事が発言したことは担当者まで行き渡り、その方針に従う。また、企業でも、社長の約束したことを守らない社員はいない。大学の研究者は、いったいどういう行動原理なのだろうか、という疑問である。

そうこうしているうちに、筆者は、二〇〇六年四月の人事異動で、奇しくも大学組織に移ることとなった。東京大学先端科学技術研究センター(4)の産学連携コーディネーター職である。これまでとは逆に、今度は大学の内部に入って、大学の研究者の行動をより身近に体感する立場の仕事に就いたわけだ。

大学の中に入ってまず驚いたことは、研究者が行動しようとする際にもっとも大きなモチベーションとなるのは、自らの「興味、関心」があるかどうかだということだった。興味がないことをいくら企業に持ちかけられても動かないということである。いくら学長がこうしろといっても、本人に「興味、関心」がなければ動かないのである。具体的な例を挙げよう。ある研究者に「先生の持つ技術を必要としている企業があるので、一度、話しを聞いてみて欲しい。その上で、関心があれば研究所を見学し、何ができるか議論する機会を設けたい」と持ちかけたことがある。当然、企業側はそれなりの研究費を支出する準備をしていた。ところが、企業側の関心事項について、ちょっと話を聞いただけで意見交換は止まってしまった。そのあと、別の企業が自社が新しく整備したある研究施設を紹介しにきたので、同じ研究者に引き合わせた。すると、その研究者は、「是非、研究所を見学してみたい」「研究計画を提案したい」などと、今度は次々と、自ら当該企業に対して積極的に提案するではないか。

こうしたことは、まったく違った組織に入り込んだから体験することができたものであり、外から見ていてはまったく想像もつかなかったことだ。県庁の大学に対するアプローチの仕方が根本的に間違っていたわけである。コミュニケーション能力を磨くためには、まずは相手の行動原理をよく理解したうえで接触することが重要であり、そのために自治体職員は役所組織内部に留まらず、異なる組織への出向などのチャンスがあれば、積極的にそのチャンスをつかむことが必要なのではないだろうか。

(3) 政策として編集能力を高めるために

大学で勤務した経験を自治体の政策策定、遂行業務にあてはめてみると、まず、神経を研ぎ澄ませて地域の現場に入り込み、自分の目と耳とで現場を見聞きして情報をかき集め、現場の声を引き出してくるコミュニケーション能力が必要だということである。現場の実態に基づき政策課題を設定し、解決を望む声を政策の言葉に直していく「編集力」とも言えよう。こうした編集力は、役所内部の言葉と現場で使われる言葉の間の「通訳力」でもある。通訳者がその能力を高めるため、様々な人々の間のコミュニケーションを媒介する場数を踏むように、役人も面倒がらずに進んで他者（現場も役所内部も）と議論を重ねる努力が重要である。こうしたトレーニングを積みながら、政策形成していく経験を蓄積することこそ、現状改革を志向する自治体職員に求められていることだろう。

このサイクルが回り始めれば、役所の中での政策形成過程においても、より説得力のある資料と論拠をもとに、上司や関係部局に対して自信を持って自らの意見をぶつけられるようになる。その結果として、庁内調整にかかる時間も、飛躍的に短縮することが可能になるのだ。自治体が、お題目だけ改革を唱えるのではなく、自治体職員が真に行動改革をなしえるかどうかは、こうしたコミュニケーション能力と政策立案・実行能力を身につけられるかどうかにかかっている。

【注】

（1）石川県産業革新戦略　http://www.pref.ishikawa.jp/syoko/senryaku/

（2）石川ハイテクセンシングクラスタープロジェクト　http://www.isico.or.jp/cluster/

（3）温新知故産業創出プロジェクト　http://www.irii.go.jp/toshieria/index.htm

（4）東京大学先端科学技術研究センター　http://www.rcast.u-tokyo.ac.jp/ja/

第5章 行政改革の本質は施策の品質管理

中村健一

1 施策の品質管理向上のための「ルールづくり」

二〇〇七年の地方統一選挙において、大多数の候補者が各自のマニフェストを掲げ選挙戦を戦った。ちまたでは、「マニフェスト元年」といった言葉が聞かれるような状況であった。

これらマニフェストには、予算の削減に向けた方策の一環として「公務員数の削減」もしくはそれに関する項目が多々挙げられた。これら項目の趣旨は、「人件費等を削減することにより、直接的に自治体運営の固定費を削減する」というものである。また、業務の一部を民間企業にアウトソーシングすることにより、同業務実施のためのコスト削減を図るといったものも見受けられた。

しかし、自治体の健全な運営において、これは本質的な解決策なのであろうか。公務員の数を減らしたことによって行政サービスの質があまりにも低下するのであれば、組織の最適化という観点から失敗していると言わざるを得ない。また、策もなく単に公の事業を民間に委託するのであれば、自治体が自らの組織風土改善を放棄したに過ぎない。

これは、何も地方自治体に限定した話ではない。中央官庁なども同じような問題を有しており、また、これら問題と対峙することから逃げ回っているのが現状である。

私は、行政組織のリストラクチャリングを行うことも必要であると思うが、もっと問題の本質である「施策の品質管理」、つまり施策実施のための予算、人員等の投入（インプット）に対して、本来期待されている成果（アウトカム）が出ているかを把握し、問題があればこれに対して真正面から対峙し、さらに施策の品質管理を向上するのための「ルールづくり」が重要なのではないかと考える。

私自身の中央官庁における経験などを絡め、現時点で行われている行政の品質管理をどのようにして更に高めるべきか検討する。

2　中央官庁における政策品質管理の問題点

中央官庁に在籍した当時、「予算をいくら獲得した」、若しくは「うちの部署の職員は何人も増えた」などといった自慢をしばしば耳にした。一方で、「私は政策の費用対効果をこれだけ改善した」といった自慢話は、私は聞いたことがない。

民間企業では、「予算（資本）をこれだけ取った」と自慢したところで、「そんなこと自慢している暇があったら、その予算（資本）をどれだけ成長させられるか考えろ」と言われるだけだ。職員数についても同様である。同じ成果を上げるなら少ない人数で挙げる方が高効率に決まっているし、例え人員を増やすとしても、その前に組織や仕事のやり方の最適化を図るのが先である。人員を増やすのはあくまでも最終手段である。行政組織では、自らの有能さを誇示するために部署の職員を増やすことに力を入れている幹部がいる一方で、明らかに人手が足りない部署が存在したり、忙しい忙しいといいながら無駄な業務プロセスの削減に取り組む気のない部署が多々見受けられる。

また、予算についても、行政組織の管理職および予算担当者はその費用対効果はどの程度のものか、また累積でどの程度コストが発生しうるのか理解していない。

こうしたことが発生するのは、政策品質管理のための評価指標の整備不足によるものと思われる。

(1)　中央官庁における政策・施策評価指標の問題点

インプット偏重型の文化

中央官庁は、いまだに「どれだけインプットを増やすか」に力を費やしている。またこれが出来る職員が高評価を受ける。ここでいう「インプット」とは、新規政策・施策立案、予算投入、および法案作成、および組織の増員要求など、政策・施策を行うための初期投資に該当するものを示す。一九九〇年代後半以降は財政赤字のため無理な予算投入は減ってきているが、それでもインプット量を拡大できる人間が優秀であるという風潮がある。一方で、「うちではこんなに予算を使わなくとも目標を達成したいと思います」とか「うちではこんなに人員がいなくとも十分成果を出すようにします」といったことは人事評価に含まれない。評価指標を「如何に人員・予算を減らしつつ、現状以上の成果を出すか」といった方向に切り替えれば出来るのだろうが、いまだにインプット拡大を良しとする文化があるためになかなかそうもいかない。

一般論として、インプット側重視の組織は組織肥大しがちである。インプット重視の組織、インプット能力の高い人材を高評価する組織においては、常に予算の大きさや人員の多さを競うこととなり、必然的に組織が大きくなる方向にベクトルが働く。

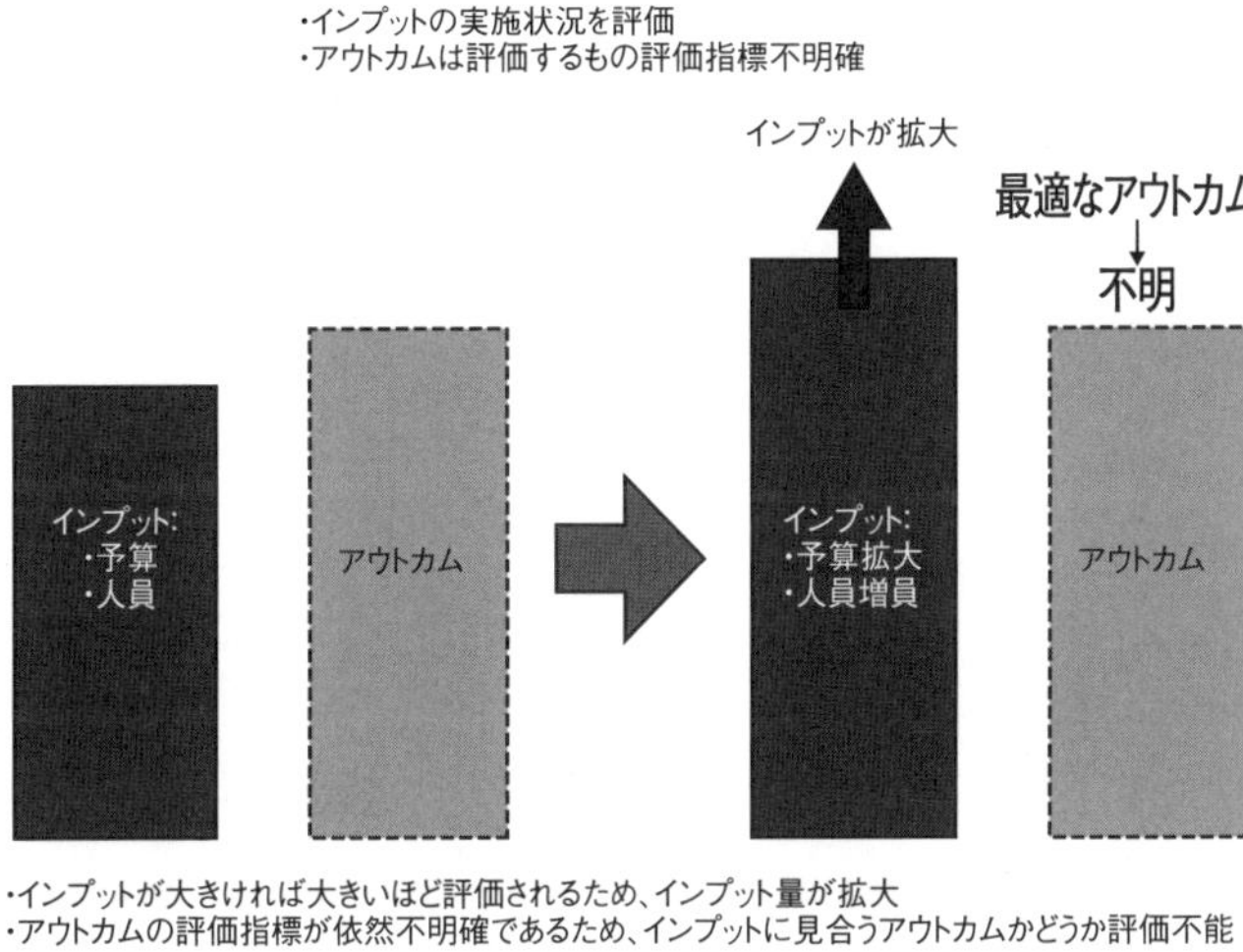
・インプットの実施状況を評価
・アウトカムは評価するもの評価指標不明確
インプットが拡大
最適なアウトカム?
不明
インプット:
・予算
・人員
アウトカム
インプット:
・予算拡大
・人員増員
アウトカム
・インプットが大きければ大きいほど評価されるため、インプット量が拡大
・アウトカムの評価指標が依然不明確であるため、インプットに見合うアウトカムかどうか評価不能

図5−1　従来の行政組織におけるインプットとアウトカムの評価

アウトカムの評価体制の不備

新規政策のアウトカムであるべき「最終的な社会的な効果」については、予算要求書の中に一応記載するが、予算作成時に査定を行う省内会計課、および財務省においても、その効果の妥当性については評価指標を持ち合わせていないのが現状である。

そもそも、今までは社会に金をばらまくことそのものが政策（公共投資政策）とされてきたという側面がある。また、そもそも役所の政策は、事前に明確な期待すべきアウトカムを整理していないまま政策を行っている（ある意味、予算執行の遂行が唯一の目標である）ため、首長、議会、予算責任者、および施策実行者に至るまで、どのようなアウトカムを期待するべきか、また出すべきか、検討不能である（図５—１参照）。このような状況では、アウトカム達成に向けて具体的にど

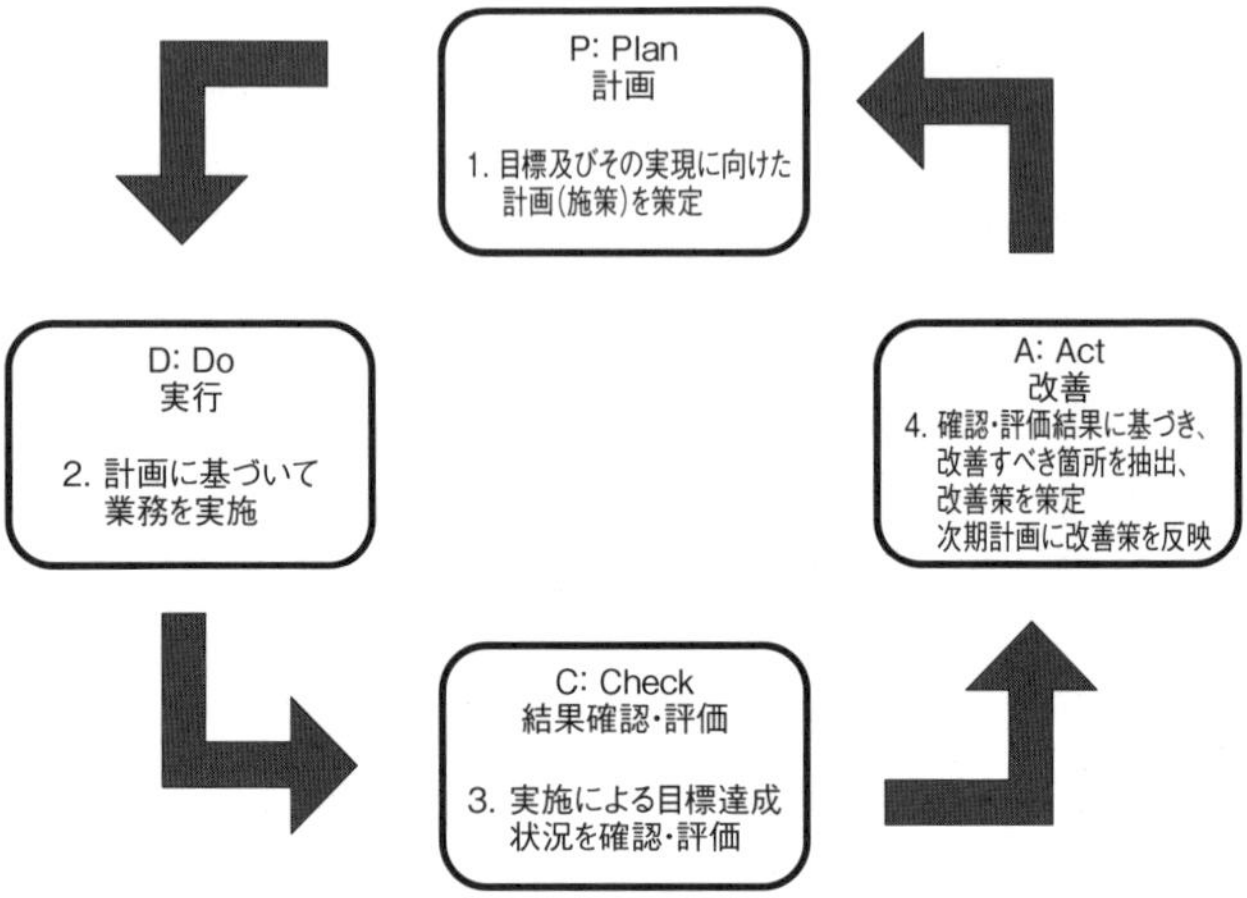
P: Plan
計画
1. 目標及びその実現に向けた
計画（施策）を策定
D: Do
実行
2. 計画に基づいて
業務を実施
A: Act
改善
4. 確認・評価結果に基づき、
改善すべき箇所を抽出、
改善策を策定
次期計画に改善策を反映
C: Check
結果確認・評価
3. 実施による目標達成
状況を確認・評価

図 5-2　PDCA のイメージ

のような取り組みをおこなうべきか曖昧となる。アウトカムを評価しないため、ＰＤＣＡサイクルを円滑に回転させることもできない。

ＰＤＣＡサイクルとは、Plan（計画）、Do（実行）、Check（確認）、Action（改善）の四つの活動により構成されており、計画に基づいて実行し、その実行結果を確認し、良い点悪い点を整理し、次の改善につなげるという一連の活動を継続的に行う品質管理の基本となるサイクルである（図5―2参照）。行政組織は、インプットのPlanおよびDoを入念に検討・実施するが、アウトカムのCheckおよびこれに基づくActを確認していない。そのため、過去の教訓を生かしにくい構造となっている図5―3参照）。

経済産業省における政策評価の問題点

具体的に、現在中央官庁にてどのような政策の品

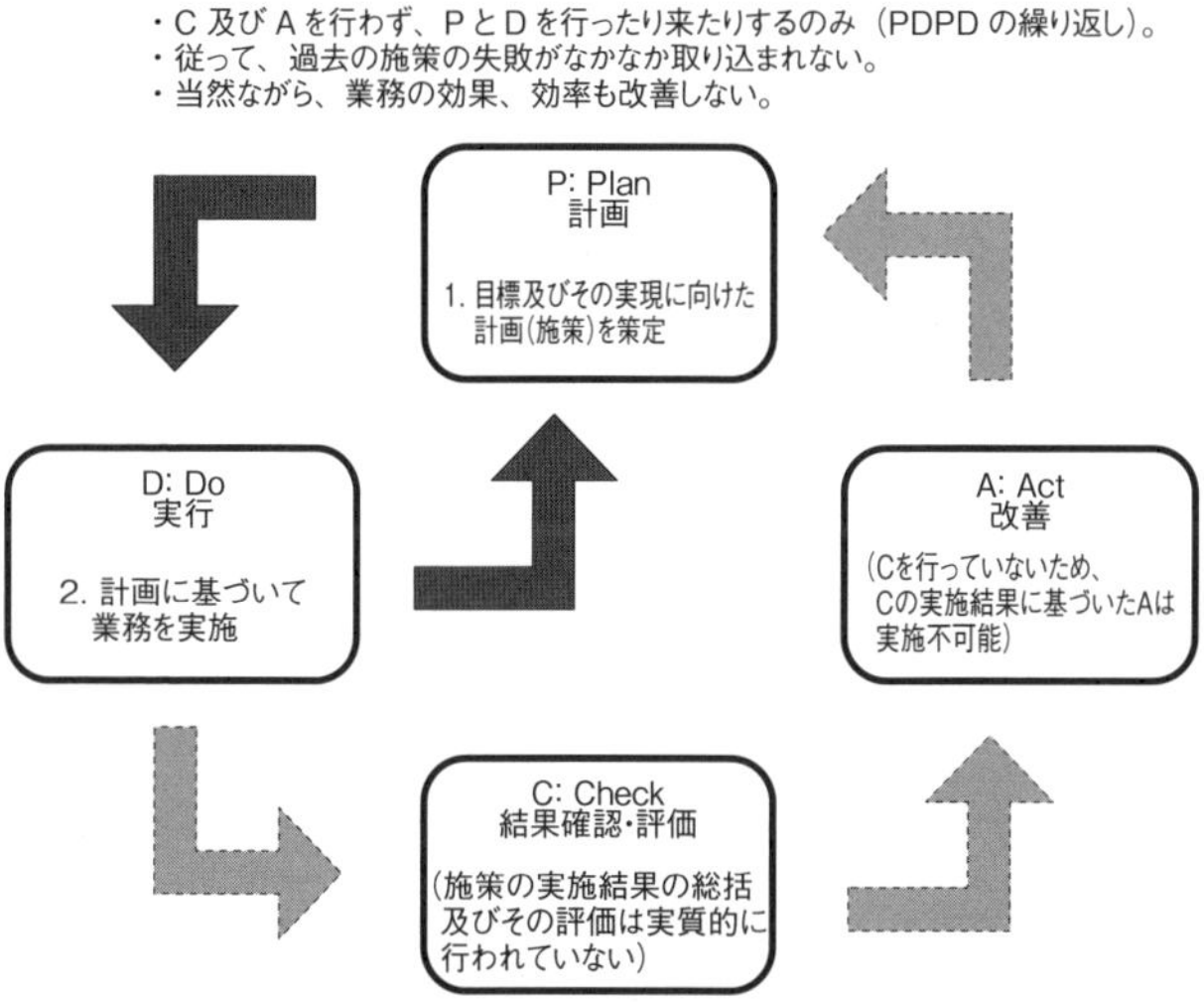
・C 及び A を行わず、P と D を行ったり来たりするのみ（PDPD の繰り返し）。
・従って、過去の施策の失敗がなかなか取り込まれない。
・当然ながら、業務の効果、効率も改善しない。
P: Plan
計画
1. 目標及びその実現に向けた計画（施策）を策定
D: Do
実行
2. 計画に基づいて業務を実施
A: Act
改善
（Cを行っていないため、Cの実施結果に基づいたAは実施不可能）
C: Check
結果確認・評価
（施策の実施結果の総括及びその評価は実質的に行われていない）

図5−3　従来の中央官庁および地方自治体におけるPDCAサイクルのイメージ

質管理が行われているか紹介したい。中央官庁の中でも政策評価について先駆的な存在である（と思われる）経済産業省では、「行政機関が行う政策の評価に関する法律」の第六条第一項に基づき、また「政策評価に関する基本方針」（平成一三年一二月二八日閣議決定、平成一七年一二月一六日改正）を踏まえて、「経済産業省政策評価基本計画」を定めている(1)。

この中で、経済産業省は、PDCAに基づく政策マネジメントの重要性を訴え、また、施策の成果に着目して目標を設定し、その実現に向けた具体的な取り組みや実施期間、最終的な実績・成果等を総合的に勘案して目標の達成度合いを評価する「実績評価」を行うことを基本としている。

本計画において、施策を立ち上げる際には事前評価（PDCAのP（Plan）に該当）を実施し、この中で「施策の目的、必要性、概要、達成すべきアウトカム目標（予想される効果）、および目標達成度を計測する指標、施策あるいは含まれる事業のコスト、事後評価の時期、有識者、ユーザー等の各種意見、評価にあたって前提とした要素、有効性および効率性等を明らかにし、評価書にまとめる」こととしている。

一方で、事後評価（PDCAのC（Check）に該当）については、「施策が、想定した範囲のコストで、十分に所期の効果を生んでいるか否かを判定するとともに、その後の運用や制度設計へ反映すべき知見を得るため、原則として、三年から五年毎の間に一度事後評価を行う」とだけ記している。

このように、事前評価が非常に綿密であるのに比べ、事後評価がどのような観点から評価されるのか漠然としており、綿密ではないことは否めない。

また、政策評価の結果の政策への反映（PDCAのA（Action）に該当）については、「新たな政策の企画・立案のみならず、予算編成や人事評価などに適切に反映する」とのみされており、何をもって適切とするのかが全く不透明である。

同基本計画について、実際に政策評価を行っている経済産業省職員（課長補佐クラス）数名に対して電話にてインタビューを実施したところ、「事後評価は形式的に行っているものの、あくまでも形式的なものであり、事後評価結果によって施策が終了したことはない」とか、「依然として明確な事後評価指標は確立していない」とのことであった。また、「天下り先との兼ね合いもあり、事後評価の結果が悪かったからといってただちに施策を打ち切ることは不可能である」といった意見もあった。

私がインタビューを行った職員からの意見、および私の実務上の経験をまとめると、中央官庁は、「事後評価およびその結果の反映」から逃げているというのが率直な印象である。

(2)　真の財務状況が見え難い評価指標

続いて、財政の評価指標について検討する。中央官庁、および一般的な自治体(2)は、単年度ベースでの歳入および歳出、および累積債務などといった情報しか提供していない。特に累積債務については、自治体は行政組織本体の累積債務のみしか公表していないため、外郭団体等のものを含めた連結ベースでの累積債務総額を把握することが困難である。自治体も、このような評価方法があいまいであることを逆手に取って、例えば夕張市の財政破たんのケースのように、債務を外郭団体に付け回すなどして、負債を隠ぺいするケースも見受けられる。これは、まさに粉飾である。

また、自治体の資産の時価総額も非常に不透明であり、自治体毎に財務諸表を完備する必要があるのではないか。一部の自治体では試験的に貸借対照表（B／S）や損益計算書（P／L）を導入しているケースも見受けられるが、ほとんどの自治体では、単年度の歳入、歳出が公表されているだけにすぎない。累積赤字も公表されているものの、今回の夕張市の例でもわかるように、三セクや各種公社の累積赤字と自治体の累積赤字を連結ベースで管理していないため、再建団体になる直前まで総累積赤字が表面化しないのが現状である。

3　アウトカムをオープンにし、適切に総括・評価することによる行政組織の効率化

行政組織がインプット偏重型であるのは、日本の公的機関に限ったことではない。経営学で有名なピーター・ドラッカー氏も、複数の著書にて世界の公的組織がインプット重視で組織・予算が肥大しがちであることを指摘している。

さらに、行政組織は、社会的責任を回避するため、政策・施策の実施結果の総括を忌避したり、公表し難い財務状況等を隠蔽したりする傾向が強い。つまりアウトカムの評価およびその改善から逃避しがちである。しかし、昨今の隠ぺい体質を非難する傾向が強まった現状においては、このような体質は改善せざるを得ない。つまり、適切にアウトカムを総括し、かつこれを評価する必要がある。夕張市に象徴されるような地方自治体の破産は、インプット重視アウトカム軽視によるものである。アウトカム重視型の自治体運営を行うことにより、自治体の破産を未然に防ぐことが可能となる。

さらに、アウトカムを適切に評価する手法を導入し、これに基づいて評価し、かつこれを市民に公表することにより、市民と行政が一丸となって、自治体運営の効率を改善するのような取り組みが始まるのではないか。

(1) CheckとActから逃げない組織の構築

既に、三重県をはじめとする自治体や中央官庁において、PDCAのうち、CheckとActが重要であることは議論され、また三重県をはじめとする自治体では、これらに向けて行動を取っているところである。しかし、前述のとおり、少なくとも中央官庁はPDCAのうち、CheckおよびActに力を入れているとは言えない（図5—3参照）。その理由として、以下のようなものがあげられるのではないか。

・過去の施策の失敗、およびその責任の所在をうやむやにしがち
・定量的な目標がない又はあいまい
・一つの施策で複数の目標を達成しようとするため、達成すべきアウトカムが不明確

行政組織においては特に失敗をうやむやにする傾向が強い。責任問題をうやむやにするのは公に限った話では無いと思うが、前任が先輩であることが多いため、前任が施策の企画立案若しくはその実施に失敗していてもなかなか気が引けて指摘しにくいといった側面もあるように思う。一〇数年前に立ち上げられ社会的な意義を終えた施策であっても、有力幹部が立ち上げた施策だからという理由だけで施策が継続されたことを私自身も入省間もないころ経験している。しかし、やはり国民の税金を如何に効率よく運用し、施策を実施するかが公務員の業務ではないか。組織内部ばかりを見る職員

が多くなれば、組織が腐敗してしまう。

また、予算要求が通りやすくするために、一つの施策に対して複数の目的を設けがちである。このため、本来どの目的およびその目標を達成するべきかうやむやになってしまう。本来達成するべき目的およびその目標を絞り込み、これの実現に全力を注ぎ込めるようなものとするべきではないだろうか。

確実に施策の成功・不成功を評価するためにも、定量的な具体的目標を定める必要がある。定量的な目標設定方法としては、まず現状の施策の実施状況、インプットに対するアウトカムを主要な達成すべき項目毎に整理し、現状に比べてどの程度改善したかを評価するといった方法づくり、ルール作りを行う必要がある。

(2)　真の財務状況が見える評価指標の導入

財務環境の「見える化」に向けた取り組み

簡単にではあるが、米国における財務管理について紹介したい。実は、これも本質的には「いかに現状が明確に見える様にするか」に主眼がおかれている。財務環境の「見える化」を進める上で参考として、米国政府会計基準委員会（GASB: Governmental Accounting Standards Board）における取り組みを紹介する。ＧＡＳＢによって作成された指針に乗っ取り、各州政府・自治体は、財務報告書は、住民やその代表者である議会ならびに一般投資家、債権者および財政アナリスト等が、経済的、社会的および政治的な決定をするために利用されることを前提とした財務報告書を作成する。当然ながら、これら財務報告書は、正確で明瞭な情報を提供するための財務報告基準を公表することを求められている。

財務報告書は、以下のようなものにより構成されている。

・全会計を包括した結合貸借対照表
・全政府会計の結合収支残高報告書
・政府会計の予算決算の結合収支残高報告書
・年金・信託会計の残高報告書
・公営企業の収支残高報告書
・公営企業の現金収支報告書
・財務諸表に対する注記

これにより、自治体および公営企業の連結ベースでの貸借対照表、および現金収支などが明確になる。このような制度のもとでは、夕張市などで発生した赤字を公社等に付け回し、赤字を隠ぺいするといったことは不可能である。

また、同財務報告書は一般認容会計原則（GAAP: Generally accepted accounting principles）の採用と呼ばれる発生主義の会計原則に基づいて作成しなければならない。GAAPは、単式簿記と異な

表５−１　我が国自治体の財務報告書と米国自治体の財務報告書における評価可能項目の比較

財務報告で評価可能な項目	我が国の財務報告書	米国ＧＡＳＢの財務報告書
単年度の収支残高	○	○
資産時価総額（含不動産等）	×	○
公的機関全体の累積負債	△ （連結ベースになっていないため、関係公社等に赤字のつけ回し可能）	○
将来発生する負債の評価	×	○

り、収入は入手可能、測定可能となった時点で、また、支出は発生した時点で認識することになる。これにより、現時点での資産や負債だけでなく、長期の資産（道路や橋などの社会資本）の価値なども評価することができる。つまり、将来支払うべき負債の総額が、現時点で全て把握できる制度となっている(3)（表５――１参照）。

政策目標毎の財務と政策実施結果の「見える化」

米国における財務報告書のもうひとつの特徴として、政策目的毎に財務諸表を作成していることがあげられる。例えば、地域経済施策についていえば、同カテゴリに含まれる施策で財務諸表が健全であることが求められる。事前に各施策群の長期的な施策目標および予算が構成され、各施策群はこの制約の中で最大の効果を発揮するように努力する。他の施策群と予算を混同しないようにし、それぞれの財務状況がどのように変化しているかを定量的に評価することにより、施策がコストと目標達成のバランスを取って行われているかどうかを確認しやすくなる。これにより、各施策群の管理者や個別施策の管理者が施策の費用対効果を認識しやすくなり、改善目標などが立てやすくなる。

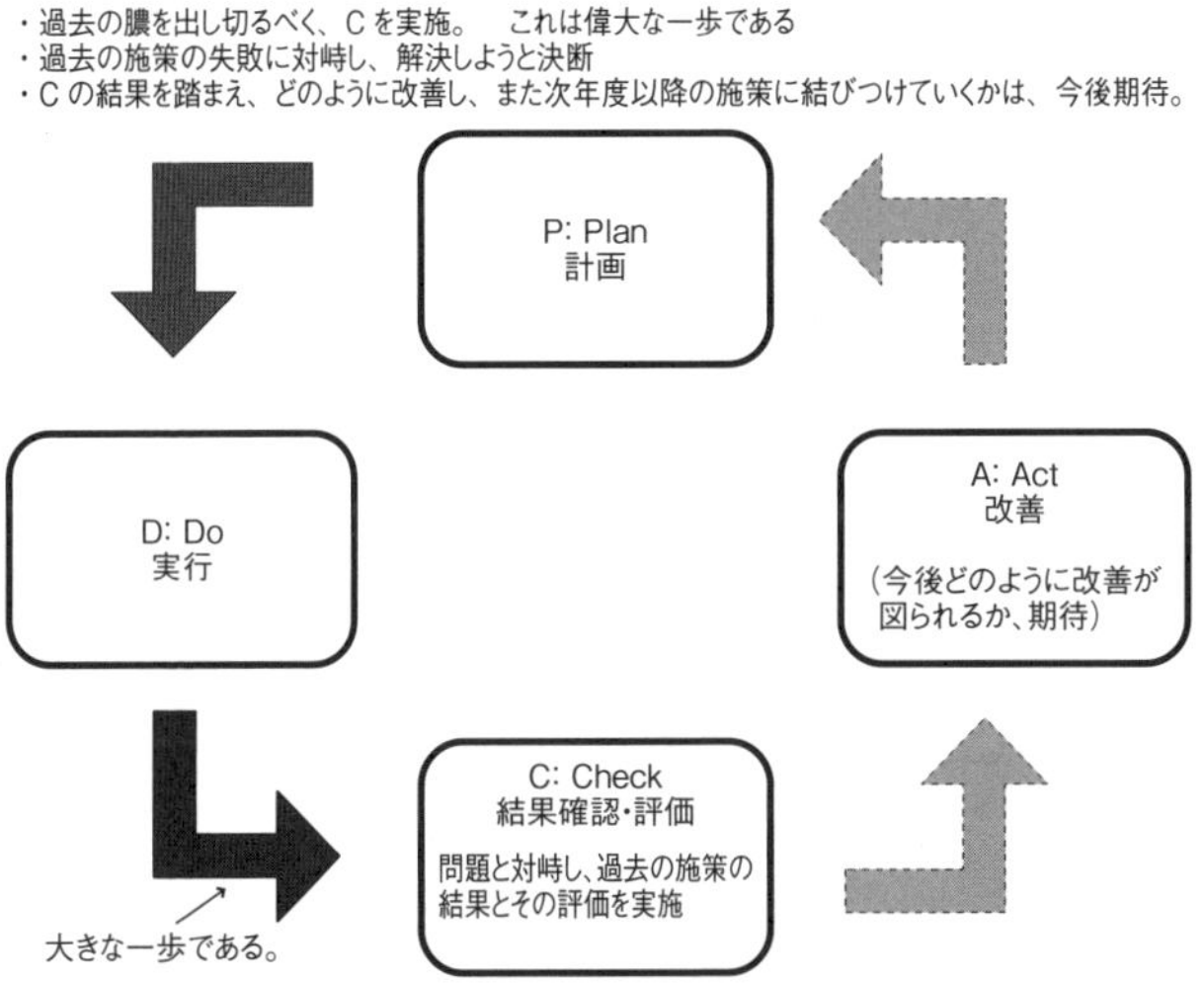
・過去の膿を出し切るべく、Cを実施。　これは偉大な一歩である
・過去の施策の失敗に対峙し、解決しようと決断
・Cの結果を踏まえ、どのように改善し、また次年度以降の施策に結びつけていくかは、今後期待。
P: Plan
計画
D: Do
実行
A: Act
改善
（今後どのように改善が図られるか、期待）
C: Check
結果確認・評価
問題と対峙し、過去の施策の結果とその評価を実施
大きな一歩である。

図5-4　熱海市におけるPDCAのイメージ

(3)　熱海市における取り組み
――問題の「見える化」によるCheckおよびActの強化

序章で市長にインタビューを行った熱海市における具体的な取り組みを紹介したい。

熱海市では、財政問題、業務内容、および人事評価の「見える化」の取り組みを通じて、熱海市が抱える問題を浮き彫りにし、これを行政組織のみならず市民全体で共有し、問題の改善を図ろうとしているところである。

従来の自治体に比べ、問題に真正面から対峙しこれらの評価（Check）に取り組もうとする決心は特筆すべきである（一九一頁の図5―3、および図5―4参照）。

以下、熱海市における取り組みを簡単に紹介する。

① 財政問題の「見える化」による問題の共有（財政危機宣言）

熱海市が今後五年以内に再建団体となることを回避するため、「財政危機宣言」を行い、問題の存在およびその大きさを市議会、市役所職員のみならず、市民全員に早急に周知し、市民全てが危機感を共有することから改善を開始した。

当初は、地元観光団体等から「熱海のイメージが悪くなる」などと反発があったものの、問題に対峙する姿が市民の共感を呼び、自治体・市民が一丸となって財政改善に取り組む機運が盛り上がってきている。

今までも、市民の間に市の財政が悪化しているのではないかといった危機感はあったものの、具体的な評価指標や数値が無かったため、どの程度悪化しているかよくわからないまま赤字が膨らんでいるという状況であった。しかし、今回の財政危機宣言で具体的に問題が抽出されたことにより、市民個々人が、市の財政改善に具体的に問題意識を持つことができるようになった。

② 業務内容の「見える化」（市役所のサービス範囲見直し）

市役所が抱えている業務の内容および量を全て精査し、自治体が必ずやるべき業務、必ずしもやる必要のない業務に整理することとした。整理する際には、前もって、財政上適正な組織規模を見積もっておき、その組織でどこまで対応できるかを検討する。また、個々の職員が創造する付加価値および個々の業務におけるコストを評価することとした。

このような取り組みを通じて業務の「見える化」を図り、不要な業務を淘汰し、「業務の選択と集中」

が可能となることを期待している。

③　人事評価の「見える化」による受け待ち集団から自発行動集団への脱皮

前市長はトップダウン式の組織運営を取ったため、職員は自ら新しいことを考え発案することを放棄し、幹部が言うことを粛々とこなす「受け待ち体質」が濃くなった。そのため、現場の意見があがってこず、問題を発見しても特に改善を施さない体質となった。

今後は、新たなチャレンジを行う職員の評価方法を整備し、少々失敗しても前向きな取り組み内容が次につながるようなものであればポジティブに評価をすることとした。

4　まとめ（雑感）

今回、何か行政組織を効果的に機能させるための定量的な評価方法、および〝勝利の方程式〟的なものがないか、本章を記すため、また現在の実業の改善のために色々な書籍にあたった。しかし、どのビジネス書、国内外の中央・地方行政にかかる書、さらには学術書など多様な書籍をあたっても、最終的には〝リーダーの意識次第〟という答えに行き着いてしまった（そのため、どのようにまとめたら良いか非常に悩むこととなった）。つまり、誰がやってもうまく行くという絶対的な〝勝利の方程式〟は存在しないのである。本書の他章においても記述があるとおり、三重県、佐賀県、および熱海市それぞれの首長の方々が「自分が退いても機能する組織作り」を目指している旨発言されているが、三重県でみられるように、どんなにボスが組織風土を構築しようとも、新しいボスが来ればそれまでに築いた組織風土は吹き飛んでしまうのが実情だろう。

とはいっても、首長が変わったとしても継続的に自律的改善が行われ、行政組織を機能させる方法を考えなければならない。私は、「間違っていたら間違っていたといえるルール作り」「内部問題に勇気を持って対峙する人材を高評価するルール作り」「現状を把握できる定量的な評価作り（見える化）」つまり、ＰＤＣＡのCheckとActを行うためのルール作りをしっかりおこなえば、ある程度の継続的な自律的改善は実現するのではないかと考える。

例えば、佐賀県知事は、組織目的を達成するために問題に対峙し改善を試みる職員をほめることによって組織風土の改善を促そうとされている。その様な取り組みによって職員が自信を持ち、自律的に改善する風土が醸し出されてきている。また、熱海市長は、将来の財務状況の見込みを開示するなど様々な行政組織の取り組みを「見える化」することによって内在する問題を明確にし、今まで漠然とだけ考えられてきた各種問題を、市民全てに対して明確に突きつけ、これにより市民全体で改善せざるを得ない環境を生み出している(4)。

しかし、これら首長の取り組みは法的な根拠などが無いため、首長交代とともに後戻りする可能性がある。定量的な評価指標を用いて、例えば、佐賀県においては改善を試みる職員に対して、その内容および件数で定量的に人事評価する方法をルール化できないだろうか。また、熱海市長が取り組んでいるような「見える化」に向けた取り組みを毎年実施し問題を包み隠さないようにするためのルールを作れないだろうか。

一方、中央官庁においては、問題の所在を知らせたくないためか、株式会社におけるＩＲ情報の様なものが整っていない。財務諸表については、単年度分の損益計算書しかなく、政策評価についても経済産業省の例を示したように〝体裁〟は整えているものの、本質的に重要な箇所（Check と Act）は回避した形となっている。本来地方自治体に先んじて「見える化」を推進し、改善を行わないといけない組織なのに、先駆的な自治体の後塵を拝している様に見える。これも、結局開示ルール、および Check や Act を重要視するルールが整備されていないためである。せっかく優秀な人員が沢山いるのだから、まっとうなルールさえ構築すれば一気に動き出すであろう。ただ、様々な問題が明らかになると、政治家や役人ＯＢなどで困る人々がいるため、八方ふさがりになる可能性もあるが……。

いずれにせよ、今日において問題を隠し通すことは難しく、また隠しているとその分社会からの制裁も大きい（今日の社会保険庁の年金問題が良い例だ）。問題がある場合には自ら申告し、積極的に改善していくルールを設けた方が良いのではないか。これによって、処罰されるＯＢなどがでてくるであろうが、公務員はＯＢのために働いているわけではなく、国民のために働いているということを考えれば、やるべきことは明確であろう。

政策評価については、その政策評価結果をどのように次の政策に反映させるかを明確にしておらず、また政策の事後評価結果に基づいて翌年以降の予算を見直すこともない。厳密に言えば、事後評価結果が予算の査定に効いてくることもあるが、本当にどうでもよい予算（この手の予算はだいたいがOBが天下っている団体の運営費として消える予算）についてはうやむやのまま事後評価結果も反映せずに継続することとなる。そのため、本来、社会のために効果的かつ効率的な政策をつくりたいと考えている本省課長補佐クラスのモチベーションが低下するといったことも発生する。まずは、政策評価結果を翌年以降の予算に反映させるとずいぶん真剣度も変わってくるのではないか。また、自ら評価出来ないのであれば、他部署などとクロスチェックを行うような方法でも良いのではないか。

現在、私は製造業に従事しており、主に製品と組織の品質改善および生産効率改善を行っている。今特に力を入れているのは、「間違いがあればちゃんと発言する人が得しますよ。隠すと損しますよ」「問題が見えるようにしましょう」、さらには、「問題から逃げずに積極的に戦いましょう」など、今回提案させていただいたようなことばかりである。これは、古株の幹部役員が社員の発言を約二〇年間にわたって抑圧していたため問題が表面化しづらいという重大な課題を抱えていたことから、まずは風通しをよくしようと考えたからである。これが非常におもしろいことに、問題を包み隠さず言うことをよしとすることをルールにし明文化したところ、まだ数カ月しか経過していないにも関わらず効果が出つつある。あちこちの部署の人が問題を口にし、さらにその改善方法を自律的に検討するようになったのである。あまりにも劇的に変化したので、指示したこちらが驚いているぐらいだ。

一中小企業と巨大な行政組織とを簡単に比較することは出来ないが、地方の中小企業ですらその気になればすぐ出来たのである。行政組織は大きくてなかなか小回りがきかないかも知れないが、優秀な人材が沢山いる組織で出来ないわけがない。

政治家および公務員の方々が、国民のことを第一に考え、勇気を持って改善のためのルール作りを行われることを期待している。

【注】

（1）「経済産業省政策評価基本計画」。
http://www.meti.go.jp/policy/policy_management/kihon-keikaku/kihon-keikaku2006_2010.pdf

（2）三重県では会計に発生主義を導入するなど、徐々にではあるが真の財務状況を示す試みが実施されている。

（3）財団法人自治体国際化協会ホームページ参照。
http://www.clair.or.jp/j/forum/forum/jimusyo/123NY/INDEX.HTM

（4）本書「序章　首長の嘆き――どうして行政は変わらないのだ!?」参照。

第二部

市民からの行政変革

第6章　ＮＰＯと行政の協働

十枝真弓

1　今、なぜ「協働」か

ＮＰＯが事業の担い手として広く認識されるようになり、ＮＰＯと行政が「協働」で事業を行なうことがいまや普通のことになってきた。だが、現在の「協働」は本来の意図とはずれを生じたまま広がりをみせている。事業の内容や結果を検証することなしに「協働」すること自体が目的化し、ＮＰＯの自立が進まないどころか、行政サービスの向上も阻んでしまっている。

そこで、ＮＰＯと行政の「協働」に欠けている競合や事業の検証、そしてフィードバックという視点を取り入れることを提案する。

ＮＰＯと行政がともに切磋琢磨し、事業遂行能力を高めることが今求められている。

(1)　一市民である私の視点

市民と行政の「協働」によるまちづくりの推進が求められるようになって以来、地方自治体では〝我こそは先進〟とばかりに協働やその類似概念を盛り込んだ条例や指針の制定を相次いで行ってきた。平成一七年に総務省から出された指針に、行政改革を推進するにあたって「地域協働の推進」が主要事項のひとつとしてあげられていることもこの条例制定合戦を後押ししている(1)。

これらの条例制定は、地方分権や行政改革の流れを受けて、市民や企業と行政が協力してまちづくりに取り組むことを将来に亘って担保しようとするものである。例えば「まちづくり条例」「市民協働条例」「市民参加推進条例」など、タイトルだけ捉えると全く別物のようにみえるが、地方自治体によって目的に対する重点の置き方が異なるだけであって、どれも「協働」のためのシステム構築を目指している点では変わらない。

協働との出会い

本論に入る前に、私が「協働」について考えることになった、そのきっかけに触れておこう。平成一五年、当時住んでいた千葉県浦安市において「市民参加条例」が制定されるのに先立ち、「市民参加推進検討懇話会」が市長の諮問機関として設置された。私はその市民公募委員となり、条例の制定過程を見守った。全くといって良いほど市民参加に対する知識を持たない私が、市民参加・市民活動の領域に一歩踏み出した出発点である。その後、ＮＰＯを支援する中間支援組織「浦安市 市民活動センター運営協議会」や補助金を交付する団体を選定・審査する「浦安市 市民活動補助金審査会」審査委員を務めながら、市民参加や協働に関する知識を深めてきた。

平成一七年に浦安市から転出、特に市民活動に参加することもなく一年だけ福岡市に住んでいたが、福岡市における市民参加や協働といったシステムについての情報は全然耳に入ってこなかった。一般の市民に対する呼びかけの難しさを浦安市で痛感していた私であったが、この福岡市での体験は一般市民が行政の情報を得る難しさというものも実感させられた。さらに場所は変わって、現在は名古屋市に住んでいるが、行政からの広報誌が充実していることもあって行政の情報を受信することに関しては、これまでより幾分風通しの良さを感じている。

私の視点

先に市民が行政の情報を得る難しさについて述べたが、市民自ら能動的に情報を得ようとすることは、利害が絡むことでもない限りそうあるものではない。特に行政との関係において大多数の市民は受動的である。これに対し、市民活動では主体性を持って参画することが大前提である。私はＮＰＯ

や行政に関心を持っていたため、自ら市民活動の世界に飛び込み、今に至る。しかし身の周りを見回すと、それらに関心を持っている人はほんのひとにぎりである。そこで、私がいつも心がけているのは、一〇人いれば一〇通りの見方があるということを頭におき、多角的な視点を持つことである。われわれは単に「行政．市民」などとひとくくりにしているが、実際、人々が置かれている環境は様々であり、見ていること、聞いていること、感じていることも十人十色である。私が市民活動を行う上で肝に銘じていたのは、私の視点は市民活動を行う市民の目線であるということである。

本章では行政改革の要ともいえ、地方自治体ではポピュラーとなった「協働」について、市民活動にかかわる一市民の立場から述べてみたい。

なお、以後、市民活動団体を法人格にかかわらずＮＰＯと呼ぶこととする。

(2)　新しい「公共」の領域　――公共の多様化

公共サービスの提供者

公共サービスの領域について、民間事業者に属さないものは行政が担うものという暗黙の構図ができあがっている。一般の市民感覚として、公共サービスは行政が担うものという感覚が定着し、われわれは公共サービスの受益者として当たり前のように行政に依存してきた。依存関係の典型として、千葉県松戸市に設置されている「すぐやる課」の存在をあげることができる。「すぐやらなければならないもので、すぐにやり得るものは、すぐやります」をモットーに、すぐやる課が設置された。まもなく松戸市民の依存姿勢に危機感を感じた市民の代表によって「すぐやる課応援団」が設置されたが、このような事例は行政に何でも押し付けてしまう構図を助長し、結果として押し付ける姿勢を社会に容認させてしまったような気がしてならない。

しかし、社会が抱えている問題・課題は多様化し、行政の画一的なサービスでは市民のニーズに対応しきれなくなっているのが現実である。社会環境の変化とともに公共サービスの領域は拡大している。その一方で財政危機が定常化している状況下、行財政改革を推し進める必要もあり、すでに行政による公共サービスは限界に達しているといわれている。

そのような状況の下で、核家族化とともに忘れられていた地域の互助システムが見直され、NPOが地域社会においてきめ細かなサービスを提供していることにスポットライトが当てられた。

NPOは本来、行政や企業には適さないサービスを提供するものだと言われている(図6―1参照)。そのニッチな分野が新しい「公共」の領域として認識されるようになり、NPOに対して「公共」サービス提供者としての期待が高まっているのである。

今まさに市民と行政そして企業との、特性に応じた役割分担による協働システムが模索されている。

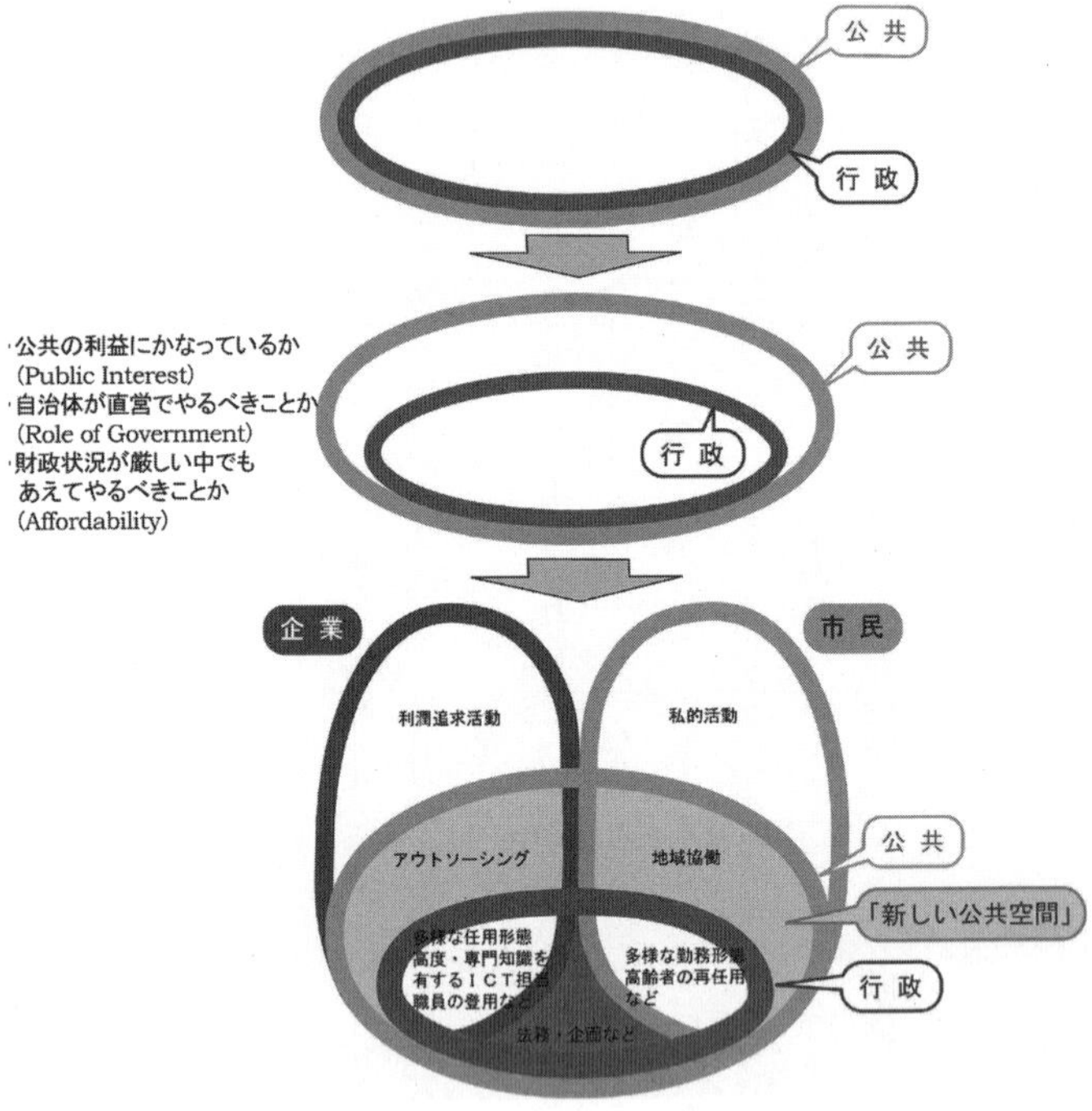

図６−１　行政の担うべき役割の重点化と「新しい公共空間」の担い手の多元化

2004年　総務省　分権型社会に対応した地方行政組織運営の刷新に関する研究会
—分権型社会における自治体経営の刷新戦略—新しい公共空間の形成をめざして—

(3)　どのように「協働」していくのか

協働事業の運用とその効果

ここ数年、地方自治体がこぞって「協働」にかかわる条例や指針を制定していることは先にも述べたが、「協働」の捉え方はおおむね次のとおりである。

「協働」とは市民（ＮＰＯ）と行政が目的を共有し対等の立場で協力することである。「協働」が目指すところは、共通の目的を実現させるために互いの特性や強みを受け入れ、認識、尊重しあいながら協力することによって、相乗効果をもたらすことである。

ＮＰＯや行政が独自に事業を行うには、その持ちあわせている能力、資源、時間などにさまざまな限界がある。市民と行政の限界および特性を簡単に対比してみたい。ＮＰＯは、自らの目的に焦点を絞って活動をすることから視野が狭くなりがちだが、その分きめ細かなサービスを行うことができる。これに対し、行政は、広く住民に向けた施策を実施するため大きな視点を持っているが、納税者に向けたサービスを行っており画一的なサービス提供にならざるを得ない。この限界および特性を互いに受け入れ、協力してより良い社会をつくっていくために、新たな方策すなわち「協働」のあるべき姿が模索されている。

ＮＰＯと行政どちらか一方が主体となって行なう事業よりも対等な立場で協力して行なう「協働」

事業の方が、より高い効果を期待できるのである。

これまで、NPOは行政の下請けとして捉えられたり、NPOと行政は対立関係におかれているという認識がされてきた。しかし、これからはNPOと行政とが共通の目的を実現させようとしており、そのためにはどのような関係を築いていけばよいのかを明確に示す必要がある。そこで、市民と行政が互いの目的を実現させるためにどのように協働していくのかという原則の確立が必要となる。

この点について、先進的な事例として横浜市の策定した基本指針「横浜コード」[2]を紹介しよう。

横浜コードでは「協働」の原則として次の項目を掲げている。

(1) 対等の原則（市民活動と行政は対等の立場にたつこと）
(2) 自主性尊重の原則（市民活動が自主的に行われることを尊重すること）
(3) 自立化の原則（市民活動が自立化する方向で協働をすすめること）
(4) 相互理解の原則（市民活動と行政がそれぞれの長所、短所や立場を理解しあうこと）
(5) 目的共有の原則（協働に関して市民活動と行政がその活動の全体又は一部について目的を共有すること）
(6) 公開の原則（市民活動と行政の関係が公開されていること）

横浜コードは、協働の原則や方法、条件などをまとめたものである。この原則が先進的とされるのは、原則の確立が協働推進に先駆けて行われたことであり、それによってこの原則が協働の基盤となりうることである。

しかし、このような原則を示されたところで協働とかかわりの薄い行政職員や一般市民は、どのようなときに原則を活用するものなのか、その本来的意図を理解できないのではないだろうか。なぜなら横浜コードは協働事業を行う枠組みとしての原則だからである。原則となる原則に基づいて、どのように事業を遂行し、どのような成果を収めたら評価されるのかという具体的な活用方法が示されていないのである。昨今のマスメディアの報道を見ても、協働の意図するところ、すなわちその必要性を前面に出すことなしに、「新たな試みとしてＮＰＯと行政との協働による事業が行なわれた」という事実に着目するに過ぎず、事業の成果について検証するものはほとんど見受けられない。その結果、残念なことに、せっかく示された原則が広く一般に浸透することはなく、活かされていない。

協働で実施された事業の成果を検証してはじめてその効果を実感できるのであり、それを次の事業に活かすため、広く社会にフィードバックすることは協働を推進する上で必要である。これから協働で実施される事業については、事業主体がどのように事業を進行し、成果をどのように評価するのかという明確な基準を予め計画に盛り込むことを求めたい。さらには、ＮＰＯや行政が独自に行うよりもよい効果があがっているのか、確認することを忘れてはならない。

2　「協働」推進の流れとその現実

(1)　NPOからみた「協働」

行政改革の波に乗ったNPOと行政の「協働」はどんどん広がりを見せているが、「協働」することの目的についてはよく知られているとは言いがたい。NPO活動に携わっている人たちですら、協働推進の条例や指針に隠されている意義や意図に気づいていない可能性が高い。

この点、NPO活動にかかわりを持つ人たちの現状を知る手段のひとつとして、地方自治体がNPO向けに行なったアンケート(3)が参考になる。アンケートは回収率や設問の設定により結果が左右されやすいが、ここでは意識レベルを知るための事例として取り上げる。

NPOの認識の一例　――協働とはどんなものか

このアンケートは長野県箕輪町で協働に関する指針の策定を前に、NPO活動の現状を把握する目的で行われている。協働の形態についての設問を抜粋してみてみよう（表6―1）。「協働という言葉をご存知でしたか」という設問に対し、「知っている」人は「だいたい」と「聞いたことはある」を

表6-1　長野県箕輪町「協動の形態」についての設問（抜粋）

問9　問8で「1行っている」と回答された方いお伺いします。協働の形態は、次のどのような形態ですか。

「団体が主催する取組みに町が「後援」を行う形態」が36.2%と最も高く、次いで「町と団体等住民で構成された実行委員会や協議会が事業主体となって取組みを行う形態」が34.0%、「町からの補助金や助成金を受け団体が事業を行う形態」が27.7%となっている。

(n=47)

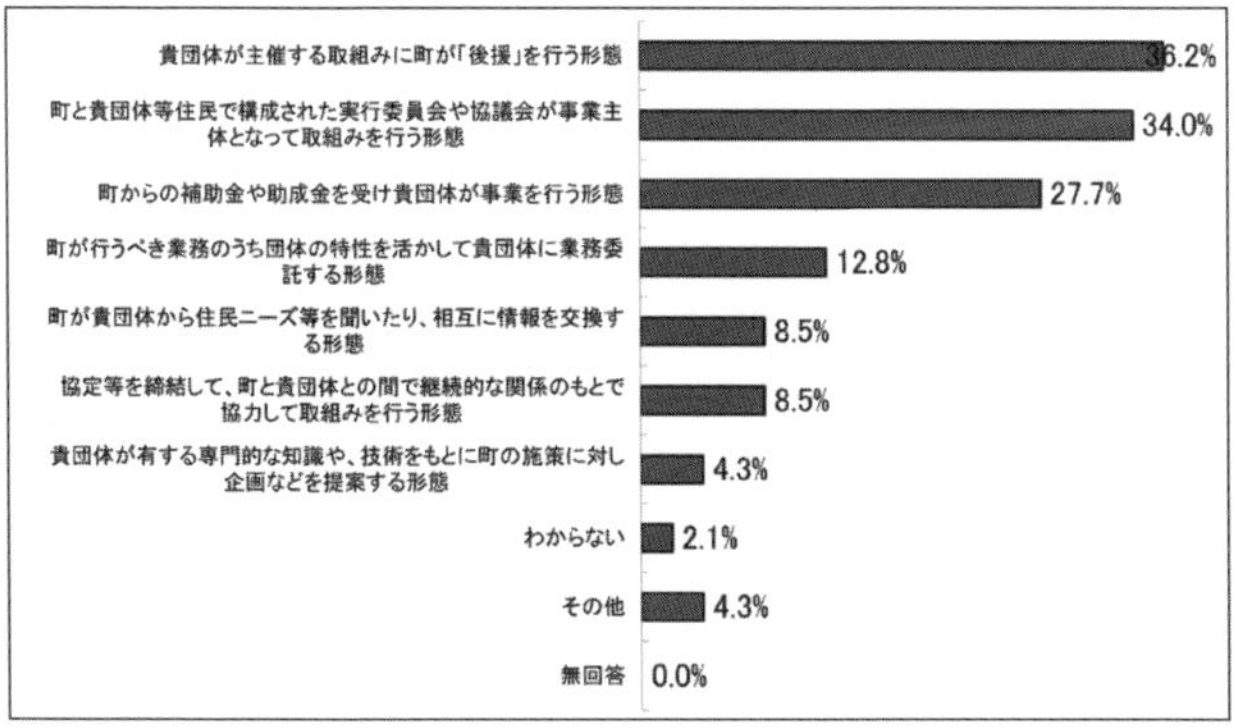

合わせて八五・五％に上る。また、実際に協働を行っていると答えた団体にその形態を尋ねると、「後援」で行う事業や「実行委員会」「協議会」形式の事業という回答が高い割合を占めて返ってきている。

ここで着目したいのは、協働の形態について問う設問の内容である。「協働」とは対等の立場で行われるものであり、「後援」のように援助する性質のものではない。つまりは、同じ目的を共有し、その目的を実現するために、行政から「後援」をもらうことは「協働」ではないのである。しかし、設問には「後援」「協議会」などが協働のキーワードとして使用されている。

もっとも、箕輪町においてこのアンケートが行われた時点では協働に関する指針などが策定される前の段階であり、「協働」という概念自体が未だ整理されていなかった。そのため、行政とＮＰＯの間に何らかの協力関係が存在すれば、たとえそれが「後援」であっても、「協働」に当たると捉えていることについてなんら不思議はない。

このアンケートからうかがい知れることは、「協働」で行う事業が身近にあるはずのＮＰＯにすら、「協働」の意義についての理解が進んでいないことである。これは「協働」がＮＰＯの活動の中から生まれた概念ではなく行政改革の流れを受けて広まったため、行政と何らかのかかわりを持った事業の実施を、協働として形式的に捉えていることが一因となっている。残念ながら、協働推進の意義や意図については浸透しているといえないのが現状である。

(2)　行政からみた「協働」

行政の認識例　――協働を推進するにあたって

以上は市民からみる「協働」の意識レベルであるが、行政にとっての「協働」はどうなのであろうか。これについては、静岡県が、協働を進めるための意識調査の目的で県職員を対象に行なったアンケート調査(4)を参考にみてみよう（表6―2）。

協働について、「具体的にどのようなことをすることと考えていましたか」という設問に対して、「ＮＰＯ、行政等異なる主体が役割分担を行い協力して事業を実施すること」という選択肢を選んだ割合が七四・八％と圧倒的に多く心強い。

表 6-2　静岡県「NPO との協動」に関するアンケート結果（抜粋）

問 4 あなたは「協働」について、具体的にどのようなことをすることと考えていましたか。（複数回答可）

		件数	割合
1	県民ニーズを把握しているNPO等に事業を委託すること	229	10.4
2	行政課題に取り組んでいるNPO等に補助金等により支援すること	166	7.5
3	事業実施に当たって、県民の声を聞くためにワークショップを行うこと	370	16.8
4	NPO、行政等異なる主体が役割分担を行い協力して事業を実施すること	1,649	74.8
5	行政の事業をアウトソーシングすることであり、行政改革の一環	141	6.4
6	よく分からない	290	13.2
7	その他（具体的に：　　　　　　）	45	2.0
		2,890	

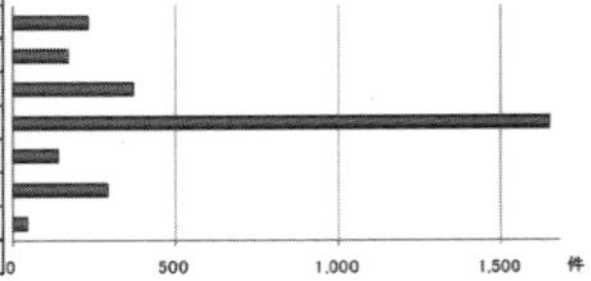

※複数回答のため100%にならない

問 6 NPOとの協働が必要だと思う理由は何ですか。（複数回答可）

※問 5 で 1, 2 を選択した人が対象（1, 665 人）

		件数	割合
1	きめ細かなサービスが可能となり、公共サービスの質が向上する	736	44.2
2	県政運営に県民の声を反映することができる	744	44.7
3	NPO活動が活性化し、自ら社会的課題を解決する能力がつく	756	45.4
4	自治体の財政負担の軽減につながる	394	23.7
5	効率的、効果的な施策が実施できる	607	36.5
6	その他（具体的に：　　　　　　）	31	1.9
		3,268	

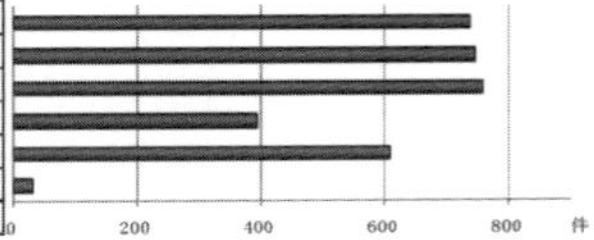

※複数回答のため100%にならない

問 7 NPOとの協働を推進していく必要を感じない理由は何ですか。（複数回答可）

※問 5 で 3, 4 を選択した人が対象（203 人）

		件数	割合
1	行政だけで対応した方が効率的	22	10.8
2	NPOの事業実施能力が分からず信頼性に欠ける	117	57.6
3	NPOが県民のニーズを把握しているとは思えない	85	41.9
4	NPOとは考え方が違うので相互理解を図るのが難しい	53	26.1
5	その他（具体的に：　　　　　　）	36	17.7
		313	

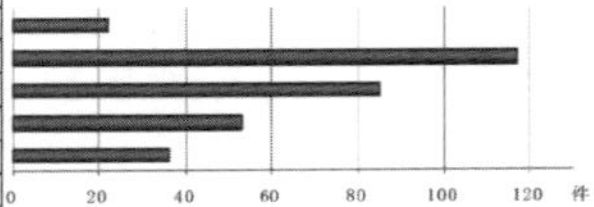

※複数回答のため100%にならない

ただし、その他の選択肢にある「委託」「ワークショップ」などが一〇％代で続く中で、「よく分からない」と一三・二％が答えていることを見逃すことはできない。この点、先ほど述べたとおり「協働」の推進が行政側から提唱されているにもかかわらず、選択肢が七つも用意されている設問において、推進する側の行政職員から「よく分からない」という答えが返ってくるのが現実である。

また、協働推進の必要性を感じていない職員に対して「ＮＰＯとの協働を推進していく必要を感じない理由」を問う質問の回答には、半数以上の五七・六％が「ＮＰＯの事業実施能力がわからず信頼性に欠ける」を選んでいる。ここで注目したいのは、約六割もＮＰＯの事業実施能力について「信頼性に欠ける」と判断している点である。行政は、何を持って信頼性の判断をするのかＮＰＯに対して示すことが必要ではないか。ＮＰＯにサービス提供者としての事業実施能力が求められている今、その事業実施能力についての評価基準を示すことによってＮＰＯは評価されるよう努めるべきであり、そのことが結果としてＮＰＯの能力を一層高めることにつながっていくのである。

ＮＰＯと行政は対等ではない

現時点で行われている協働は、行政主導型がほとんどであり、ＮＰＯを支援又は育成しようという視点が現れている。このときＮＰＯの提供するサービスの位置付けは、行政の担うべき公共サービスについて補完的にＮＰＯが担うという捉えられ方である。例えば、現在行われている政策のうち、指定管理者制度や市場化テストなど民活の概念も、従来は行政が行っていたものに民間のノウハウを取り入れて効率を図るという点では、主となる行政に民間が入り込んでいく形式にあてはめることができる。しかしながら、民間といえども企業ではなくＮＰＯが相手となると、行政側からの政策の中に、支援・育成の色合いが強くなってしまう。要するに、ＮＰＯは行政から見ると「弱者」の立場であり、対等な立場であるはずの「協働のパートナー」として受けとめられていないということを示している。

(3)　都合のいい「協働」

「協働」を進める上で――都合の良い解釈

対等な立場で「協働」するためには、ＮＰＯが自立していることが必要である。中でもＮＰＯにとって資金面で自立することが特に必要である。

収益の柱としての自主事業を確立できているＮＰＯが、いったいどれくらいあるだろうか。多くのＮＰＯは意識の高い構成員で成り立ち、彼らの持ち出しで運営されているのが現状である。ＮＰＯが活動するにあたって、先立つものがなければ何もできないことは当然であり、また構成員個人の持ち出しにも限界がある。非営利の組織であるからといって収益をあげてはいけないわけではないということが周知の事実となりつつある今でも、ＮＰＯの活動に対する適正な対価の算出は容易ではなく収益性は驚くほど低いのが厳しい現実である。多くのＮＰＯは運営費を捻出することに、日々頭を悩ませている。

もしＮＰＯが何らかの収益源を求めるとしたら、行政、企業とのかかわりの中で事業を受託するか、又は補助金、助成金を獲得する方法が手っ取り早い。とにかく運営資金を得たいＮＰＯは、本来の目的や内容に合わないものでも委託事業を受けてしまう傾向がある。のどから手が出るほど欲しい資金源に目が眩むのだ。このような事例が「協働」として行われていることが見受けられるが、これは本来の「協働」ではない。

このときＮＰＯ側には資金難などからくる「弱さ」がにじみでており、行政との依存関係が生まれることも少なくない。完全に下請として事業を受託するＮＰＯが典型である。事業を受託すること自体が問題なのではなく、ＮＰＯが本来の目的を疎かにしてまで受託することが問題なのである。すなわち、ＮＰＯがその目的に向かって活動していくためには、資金面での自立が必要なのである。

ＮＰＯの自立は「協働」の推進に欠かすことのできない課題のひとつであり、ＮＰＯと行政の依存関係があるとしたら、それを解消しないかぎり真の「協働」は成し得ない。

これに対し、行政主導で進められている「協働」であるがゆえに、行政に都合のいい「協働」となる事例も多々見受けられる。

例えば「協働」推進に当たって、条例制定を目指す地方自治体が制定過程を「協働」して進めているといわんばかりの審議会やパブリックコメントが、行政の「アリバイ工作」と言われていることがそれである。つまり、たった数人の公募市民が会議に出席して提言書を作成する審議会や形式的な意見募集を行っただけのパブリックコメントでまるで行政と市民が一緒に条例を作ったかのような発表が行われることに疑問が残る。

そもそも、「協働」や「参画」の概念からして、条例のたたき台が用意された段階から審議会によって市民の意見を聞くことは論外と言える。たたき台に対する追認を余儀なくされることから、審議会の公募市民にとっては、「行政に都合のいい使われ方をした」という印象を抱くことは否めない。互いの関係を肯定的に表現する好都合な概念となっているのが「協働」であり、それが現実なのである。

3 「協働」と「競合」――「競争」のススメ

(1) 「協働」は万能ではない

「協働」とNPO

これまで、NPOと行政の協働の現状について述べてきた。

しかし、NPOの今後のあり方について考えたときには、行政との「協働」だけではなく、NPOが企業と、さらにはもっと身近なNPOと組んで事業を行う機会がどんどん増えることが望ましい。

だが、現実問題としては、良い「協働」事例に出会うことがなかなかない。

私がかかわってきたＮＰＯの組織は小規模から中規模のものが多く、その内容は組織の規模に合った身の丈の活動であった。その活動内容を分類すると、同じような分野の活動が存在し、環境系、子育て系の団体が特に多くあった。同様の分野で同様な目的を持ったＮＰＯであれば、連携して規模の大きな事業を行うことも可能なはずであり、他の団体との交流と連携を提案する機会もないわけではなかった。しかし、なかなかこの手のＮＰＯとＮＰＯの「協働」事例に出会うことはなかった。

既得権益を擁護するような姿勢が見えるＮＰＯがあったり、自分たちの行う活動に固執して歩調をあわせなかったり、外部の声を聞き入れないＮＰＯも少なくなかった。つまり、横の連携の可能性を全く想定していなかったのだ。まるで行政の縦割り組織を見ているようだった。一旦、行政との関係を築くとそのＮＰＯ団体は既得権益を守るために行政の顔色を伺って活動するようになり、本来の目的を見失うという現象も見られた。そもそも、ＮＰＯは公共サービスの担い手といわれるくらいであって、行政に近い存在なのは確かであるが、行政の組織に沿った活動をしていてはならない。

行政とＮＰＯの守備範囲となる福祉、まちづくり、国際協力などは、もともと行政の行う業務であり競争原理の働かない分野であったが、行政改革の流れから、民間を参入させてみたり、ＮＰＯの台頭によって、その置かれる環境は大きく変わっている。

今、ＮＰＯの団体数は増加の一途をたどっているが、小さなＮＰＯが増えるだけでは、社会にもたらす効果も小さすぎる。なぜ、ＮＰＯを設立するのかといえば、社会に発信していきたい目的があるからである。その目的を達成するためには、他のＮＰＯや行政、企業と「協働」することもひとつの手段であり、活動の範囲を広げていく努力を惜しんではならない。

結局、ＮＰＯは自身の活動領域に枠を設けていて、成長しようという意欲とは裏腹にそのチャンスを失っていることになるが、どうやらそのことに気づいてはいない。

「協働」推進の流れは、ＮＰＯの自立を促し、成長をもたらす大きなきっかけとなる。しかし、ＮＰＯは何らかの社会的使命や公益的目的を達成するための「手段」として「協働」事業を実施しているはずにもかかわらず事業遂行に気を取られるあまり本来の使命や目的自体を見失ってしまい、「協働」による事業実施が目的化してしまっている場合がままある。ＮＰＯは、「協働」すること自体が目的でないのはもちろんのこと、単に「協働」で事業を行えば課題が解決するというものでもなく、「協働」は万能ではないことを認識する必要がある。

このような現状を見過ごしてはならず、これを打破する必要がある。では、どうしたらこの現状を打破できるのであろうか。

(2)　「協働」を推進する上で欠けている視点

事業の事後評価

「協働」で事業を行うにあたって、事業の評価をどう行うのかは重要な課題であるが、実際のところ評価手法については確立されていない。特に事業実施後の事後評価は、定着していない。残念なことに、現在「協働」推進にあたって欠けている視点である。

事業を評価することの目的は、改善点を把握し以後の課題として認識することにある。そして、その改善点は次回の重点目標となるべきものである。

先にも述べたように、実施された事業について成果を検証し、それをフィードバックすることが重要だ。たとえば、評価の目的に見合った評価基準を設定し、事業終了後三カ月以内にアンケート形式で満足度調査を行う。このときのアンケート対象者は、利害関係者に偏らないように選出する必要がある。さらには、行政とＮＰＯとの「協働」事業によって相乗効果が得られているかどうかを問うことも忘れてはならない。サービス提供者としての適性を量る上で重要である。

事業計画と協働

私が以前、市民活動に対する補助金の審査を行ったとき、選定事業について当該年度だけではなく事後経過を追ってフォローすることが課題であった事例がある。このときは、審査委員としての任期や任務についての限界があり、当該年度を越えて関与することはなかった。しかし振り返ってみると、継続する事業について、審査・選定側が一定の期間は責任をもってチェック機能を果たす必要性が高かった。

協働でも同様のケースが起こりうる。行政が単年度の予算編成を行って事業を行うため、その影響を受けてＮＰＯも単年度単位で「協働」事業を行うことになるが、実際には複数年度に亘って協働事業を継続することになる場合がほとんどである。よって、評価にあたっても事業が複数年度にわたって継続するということを念頭に置く必要がある。評価の目的は、課題を明確にし、フィードバックすることによって次年度の事業改善に役立てることであり、単年度を想定して立てられた事業計画をその年度のみの事業として結果評価を行って終わりということでは、評価することの意味がなくなってしまう。ＮＰＯ側も事業計画を立てる時点において、中長期的な事業の継続を念頭に置いたリソースの確保や体制を検討しておくべきである。

NPOと行政の自立 ――競争原理の恩恵

「協働」はＮＰＯと行政が互いに協力して事業を行うことを意味するが、見方を変えれば行政が自らの力で行いきれないためにＮＰＯの力を借りることとも捉えることができる。さらには行政の努力次第ではＮＰＯの力を借りずにできる事業が、「協働」事業として行われていることもある。今でこそ、行政側がＮＰＯを選ぶことのできる構図で「協働」事業が行われているが、近い将来には事業遂行能力を高めたＮＰＯ側がどの地方自治体と組んで事業を行うことが最適かを考え、地方自治体をふるいにかける日が来るかもしれない。

これまで、ＮＰＯの自立の必要性が声高く叫ばれてきたが、行政のさらなる自立も重要である。ＮＰＯの成長をいいことに、行政がＮＰＯに依存する逆転の現象が起こらないとも限らない。ＮＰＯも行政もサービス提供者としての自立および高い事業遂行能力が求められている。

ＮＰＯ間の競争は、ＮＰＯ間の「協働」の可能性を促進するであろう。ＮＰＯと行政、民間企業との競合はサービスの選択肢を広げ、受益者にとってもメリットがある。

結果として、自立した事業主体が多く存在するほど、競争原理が機能しサービスの向上が期待できる。

(3)　今後の「協働」の姿

現在の「協働」は、単に協働すること自体が目的化した状態で普及しているため、本来の目指すところである相乗効果が得られないものとなっている。この現状を打破するための手法として、事業事後評価の確立、綿密な事業計画、競争原理の活用を提案する。

ＮＰＯが行政との「協働」において競争原理をはたらかせる起爆剤として、自立した事業主体となることが最優先事項のひとつである。また、「協働」で事業を行ったら終わりではなく、その事業で得た教訓を活かすための事後評価を行うこと、そして、評価を踏まえて次年度に活かすことを、事業計画に予め想定することが、「協働」におけるステップアップの足掛かりとなる。

ＮＰＯは行政との「協働」においても、ＮＰＯ同士の横の連携においても、よりよい成果を出そうという意欲によって相手を刺激し、ひいては競争し、そこから生まれる相乗効果によって社会が変革していく、その連鎖を作り出すきっかけになりうる。

競争は「協働」と相反するものではなく、相乗効果を生み出すきっかけとなりうるものである。ＮＰＯと行政がともに切磋琢磨し、事業遂行能力を高めることが今求められている。

【注】

（1）総務省「地方公共団体における行政改革の推進のための新たな指針」二〇〇五年三月二九日通知。

（2）横浜市「横浜市における市民活動との協働に関する基本指針」（横浜コード）一九九九年三月　横浜市市民活動推進検討委員会報告。

（3）長野県箕輪町「協働についてのアンケート（住民活動団体分）実施結果」二〇〇五年一一月。

（4）静岡県生活・文化部ＮＰＯ推進室「『ＮＰＯとの協働』に関するアンケート結果」二〇〇六年一二月。

第7章

公を担う市民の可能性と課題
――指定管理者制度をめぐって

渋谷典子
林やすこ
澤昭裕

二〇〇三年、地方自治法の改正により自治体の公的施設の運営業務を民間にアウトソーシングする指定管理者制度が導入された。これによって、地方自治体が設置した「公の施設」の管理を、「法人その他の団体であって当該普通地方公共団体が指定するもの」（指定管理者と呼ぶ）に行わせることができることとなり、公の施設管理という従来役所が行ってきた業務を、民間組織が担うことが可能となった。

この章では、この新たな制度を通じて市民として何ができるのか、またそれにはどのような課題があるのかを考えていきたい。

1　株式会社とNPO法人

両組織の性格の違い

指定管理者となりえる民間組織として、代表的なものは株式会社とNPO法人である。市民にとって身近な存在はNPO法人であるが、NPO法人には身近であるというだけではない公共的意義がある。

第一に、NPO法人は経済的利益主導ではないことがあげられる。NPOは、"Non Profit Organization"の略で、直訳すると「非営利組織」だが、収益を上げる事業を行っていないというわけではなく、収益が出ても構成員に分配せずに、団体の活動目的を達成するための費用に充てる組織のことを意味している。特定非営利活動促進法（いわゆる「NPO法」）においても、NPO法人は特定非営利事業以外の事業を実施できることとしているが、その収益は本来の特定非営利活動に係る事業に充当する旨規定されている。したがって、NPO法人の場合、その組織目的や社会的使命の実現のために、構成員が業務に専念できる構造になっていると言えよう。一方、株式会社は、その構成員である株主への利益分配を前提としていることから、ともすれば、指定管理者業務の公共的側面を無視してでも、利益目的の行動をとる危険性が排除できない。

第二に、ＮＰＯ法人は、単に株主からだけの監視が行われるガバナンスの仕組みしか用意されていない株式会社と異なり、広く社会一般に対する情報公開が求められ、市民全体がその活動を監視できるようになっていることである。指定管理者が管理を行う公の施設は、市民誰でもが利用することができるものであり、また市民が払う税金や利用料で費用がまかなわれていることを考えれば、どちらのガバナンスの仕組みが適切か明白であろう。

第三に、株式会社に比べれば、ＮＰＯ法人のほうが市民ニーズにきめ細かく対応した事業実施ができるのではないだろうか。ＮＰＯ法人を構成するのは施設の利用者ともなる市民自身であり、利用者として直接感じるニーズを、指定管理者として提供するサービスにすばやく的確に活かしていけることが大きなメリットである。

男性組織対女性組織

右に見たような組織の性格の違いはよく指摘されることだが、視点を組織の構成に移すと、あまり注目されてこなかった違いが見える。それは構成員の性別の重みの差異である。

日本における企業社会は、男性だけが意思決定や役職において重要な位置を占める男性中心社会が長く続いてきた。一方、ＮＰＯ法人は、その活動参加者の職業構成をみると、「家事専業者」が一八％(1)であり、女性たちが男性中心の企業社会への参入を選択せずに、積極的にＮＰＯ法人に参画し始め、その役割を増してきている。

特に、育児支援、配食サービスや介護サービスといったケア・ワーク(2)に関する領域では、従来から女性たちがボランティアとして活発に活動してきた歴史があり、こうした事業を行っているNPO法人が、今やNPO法人全体の約半数にも上っている。ここ最近のNPO法人の急増は、女性たちの進出に支えられてきたとも言えるだろう。

女性たちの進出の背景には、NPO法人に参加することで、社会に参画し自らの公的貢献への志を実現できるという点に加え、男性中心の民間企業では与えられない重要な意思決定や実行責任を伴う緊張感のある仕事にめぐり合うことで、十分なやりがいを感じることができるということがある。こうした問題意識と意欲の強い女性たちが集まったNPO法人は、特にケア・ワークの領域においては事業の実施ノウハウが豊富である。また公の施設を管理する指定管理者の領域においても、女性が多くの利用者となるような施設の運営が対象となっているような場合は、男性中心の民間企業に比べて勝るとも劣らない力量を持っているのである。

しかし、現実には家事専業を強いられている女性は多い。家庭での家事や親の介護、子どものケアなどによって、時間的・空間的な意味で、社会への参画を阻まれているという問題が厳然と存在している。指定管理者制度の導入など、公的業務の民間開放が世の流れとなる中で、女性が重要な役割を果たすNPO法人が、公に参加する機会をみすみす逃さないようにするためには、特に女性の多様な働き方を可能にするような制度環境を構築していくことが必須の課題となっている。そうした課題の解決を目指す努力の一例として、次に筆者たちが運営に携わっている「NPO法人　参画プラネット」

の事例を見ていこう。

2　「ＮＰＯ法人　参画プラネット」の挑戦

「新しい働き方」の提案

参画プラネットは、二〇〇五年二月に愛知県に特定非営利活動法人の設立申請書を提出し、五月二四日にＮＰＯ法人として認証を受け、自治体からの講座企画などの事業を受託し「事業型ＮＰＯ」としての活動を開始した。二〇〇五年九月になって、名古屋市男女平等参画推進センター(3)（以下、「センター」）について指定管理者制度の導入が決定されたが、参画プラネットがそのミッションとしてかかげている「男女共同参画の形成を図る活動」と合致すると判断したため、この事業への公募することを決めた。審査の結果、指定管理者の候補となり、市議会の議決を経て二〇〇六年四月からセンターの指定管理者となり、その遂行体制を整備した（図７—１参照）。

指定管理者の業務に携わる者（以下、「メンバー」という）は大半が女性であり、その就業形態については、それぞれのメンバーが抱える家庭事情を勘案する必要があった。そこで、公募に際して、ジョブ・ディスクリプション（後述）手法を取り入れた「新しい働き方」を提案した。それは、家庭の事情ゆえにフルタイムで働くことが難しい女性同士が協力しあい、全体として責任を持ってセンターの

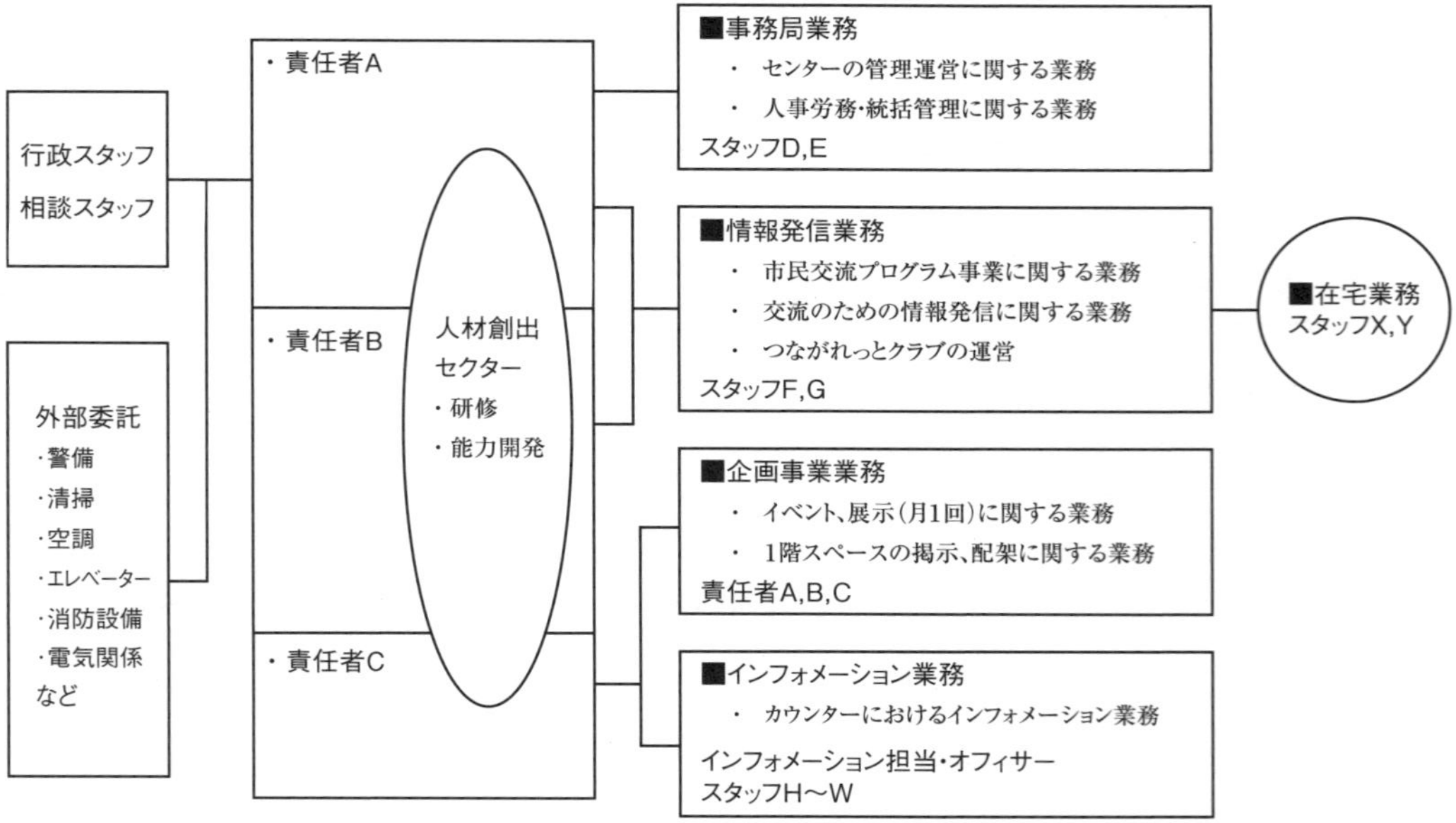

図 7−1　NPO 法人参画プラネット　指定管理者事業体制図（2006 年度）

業務を推進することができるようなマネジメントの手法を構築することを意味する。参画プラネットでは、以前から自主事業として、女性（特に主婦）が社会とつながり、さらには働くことへと結びつけることを目的に、そのプロセスをサポートするためのセミナー、カウンセリングを実施してきたが、この事業と連携しながら「トライアル・ワーク制度」（本人の事情に応じて、無理がないかを少しずつ試しながら段階的に働く密度を増やしていく方法）を実施することを目指したのである。

ジョブ・ディスクリプションと「カスタマイズされた働き方」

「トライアル・ワーク制度」をうまく機能させるためには、まず、指定管理者としての業務のすべてを分析し、必要な事務に分解したうえで、それぞれのメンバーがこなすべき仕事の中身を文書化するジョブ・ディスクリプションが必要となる。指定管理者の公募の際に名古屋市から提示された「応募要項」には、細部にわたって事業内容の記載があったため、業務分析はその「応募要項」に基づいて進めた。

次に必要なことは、メンバーそれぞれが抱える事情の把握である。各メンバーに対して、①この事業に関われる時間帯と時間数（一週間あるいは一カ月単位）、②一カ月にどのくらいの対価が必要か、③どのような活動がしたいのか、という三点について、詳しいヒアリングを実施した。そのヒアリングで明らかになった各メンバーが行うことが可能な業務の量や内容を踏まえ、ＮＰＯ法人全体として指定管理者の全業務を遂行できるよう、組み合わせを調整する作業を行った。その結果をもとに、当初のジョブ・ディスクリプションの修正に取り組み、最終的に各メンバーそれぞれの事情に見合った業務分担（「カスタマイズされた働き方」）を決定したのである。

企業においては、常勤の社員が同一時間に同一職場で仕事をすることが多いし、作業分担も個々の社員の事情とは関係なく、企業側の事情で決まることが通例だろう。それに対して、参画プラネットは、業務に関るメンバー自らが活動可能な時間と業務内容を主体的に決定できる「カスタマイズされた働き方」を基本としている。その前提となる個々のジョブ・ディスクリプションへの分解と、調整・統合というマネジメントの方法は、ＮＰＯ法人ならではのものではないかと自負している。事業活動の適否を評価する参画プラネット外部評価委員会からも、こうした取り組みに対して高い評価を得た。

この手法を機能させる鍵は、各メンバーのばらばらの要望を有機的な組織運営に転化するように調整する「コーディネーター」の存在にあることを指摘しておきたい。「コーディネーター」の役割は、明確になったジョブ・ディスクリプションをもとに、複数の短時間業務従事者間の調整と統合にあるが、そうしたプロセスを効率化するための仕事マニュアルの作成とシフト調整も行わなければならない。メンバー個々人が抱える事情は常に変化するため、何度でもそのやっかいなプロセスを繰り返すことをいとわない意欲と能力が要求されるのである。

実践から見えてきた課題

一方、参画プラネットによる指定管理者業務の遂行の過程で、女性中心のＮＰＯ法人が抱える課題がいくつか浮かび上がってきた。

第一に、活動の評価の問題である。民間企業であれば利益という明確な数値的評価指標が存在する。ところがＮＰＯ法人の場合には、先に述べたようにそうした経済的成功を測る尺度では評価できない。むしろ、公の分野に自治体でもない民間企業でもない新たな主体が参入したことによって、社会的な公正がどの程度改善したかという指標によって評価されるべきである。

参画プラネットの例で言えば、指定管理者として単に自治体業務をより安価に遂行したかどうかというだけの評価基準で測られるべきではなく、参画プラネットの構成員として女性たちの社会進出が以前に比べて改善したかどうか、といった観点からの評価もなされるべきであろう。

役所の担当課の狭い視点や行財政改革という一面的な見方による評価システムしか存在しないとすれば、「公」を担う新たな主体は育っていかない。ＮＰＯ法人に参画する活動者のモチベーションは、自らの活動を通じてそのＮＰＯ法人が持つ社会的使命をまっとうすることにあるわけであり、そうした活動を高い見地から正当に評価されることによって、活動者各自が組織のミッションを共有し、更なる自己開発を目指そうという意欲につながるからである。

第二の課題は、ケア・ワークと仕事のバランスである。女性たちが大きな役割を果たすＮＰＯ法人が増えてきたことによって、男性に偏った内容で「市民」像が描かれてきたことへの反省が求められ、新たな「市民」概念を構築する研究が盛んになっている。これまで、「市民」の中心に位置づけられていたのは長時間労働が可能なフルタイムで働く男性世帯主に代表される「市民」であり、女性は「市民」との境界線上に位置づけられていただけだったのである。

育児支援、配食サービスや介護サービスといったケア・ワークに関する領域では、これまでも女性はボランティアとして主力を形成していたが、その女性たちが法人格を付与されたＮＰＯ法人に続々と参画し、自らの専門ノウハウにさらに磨きをかけている。ＮＰＯ法人が社会の中で目に見える存在感を増していることにつれて、女性の公的役割、すなわち「市民」としての活動も注目を集め始めている。

しかしながら、男女共同参画の実現には、まだハードルがあることも事実である。依然として、男性が企業社会に取り込まれた生活を送っている一方で、女性は家事・育児・介護などのケア・ワークを担当している現実はそれほど変化していないのである。これまでは、女性の社会参画を促進することを重点的に考えてきたが、これから必要なことは、むしろ男性自身の働き方の見直しではないだろうか。

先に紹介した「カスタマイズされた働き方」は、女性に対する選択肢であるに留まらず、今後は、男性にとってもケア・ワークと仕事の間での選択を可能とする手法として、民間企業のマネジメントにおいても真剣に検討されるべきものである。

労働法・社会保障制度の課題

指定管理者が行う業務は、行政機関で行っていた事業そのものであるが、行政機関の中では公務員関連法令によって保護又は規律された公務員が行っているのに対して、指定管理者の業務に携わる者は公務員関連法令の大半が適用されず、民間の被雇用者に対する労働関連法令が適用されることになっている。ところが、NPO法人で活動する者は、いまだに「ボランティア」であるという社会的通念があるため、その活動者に給与が支給され、実態上民間企業の被雇用者と変わりない状況にあるにもかかわらず、労働関連法令による保護が十分でないケースも多い。NPO法人従事者は、公務員関連法制と労働法制の境界線上に存在するのである。NPO法人で活動する者が、安心してどの業務にも従事できるよう、新たな労働関連法制の整備が望まれる。

最後に、女性がNPO法人で働くことをためらわせる社会保障制度の問題がある。現在の社会保障制度は、個人ではなく世帯単位で構築されており、ケア・ワークに従事する女性たちの社会参画を阻害する構造になっている。例えば、いわゆる「第三号被保険者問題」は女性の社会進出に大きな障害[4]となっており、NPO法人での活動についても、年収を気にしながら働く時間を調整しなければならず、思う存分働きたいという主婦にとっては、ジレンマを感じさせる制度になっている。社会保障制度が個人単位に着目して再構築されれば、NPO法人で活動する女性たちへも大きなインセンティブとなろう。

また、ケア・ワークを担いつつ社会参画を目指す女性の場合、週四〇時間の就業（フルタイム）は負担が大きく、短時間での業務を希望する場合がほとんどである。しかし、社会保険（厚生年金と健康保険）には短時間での保険料設定はなく、本人負担も事業者負担もどちらも相対的に高額となる問題がある。加えて、社会保険への加入には正規雇用者の就業時間の四分の三以上の就業時間が必要であるといった制限があり、多様な就業形態を許容していない。また、労働保険（労災保険と雇用保険）についていえば、「ボランティア」であるという社会的通念がここでも顔を現し、NPO法人で活動する者に対してはボランティア保険が適用されることが多く、正規の労働保険が適用されないという問題がある。

3　指定管理者制度をめぐる行政の課題と市民側の問題点

この項では、筆者の一人（林）が自ら居住する自治体で指定管理者選定委員を務めた経験から感じた、指定管理者に応募するNPO法人が抱える問題点をみていこう。

A市では、七〇余の「公の施設」のうち、従来、市の出資法人や公共的団体などに管理委託してきた施設を含めた四〇程度の施設について、「公の施設に係る指定管理者制度の導入に関する基本方針について」（平成一七年五月策定）に基づき、平成一八年四月から三〇程度の施設、平成一九年度には数施設において指定管理者制度が導入された。

募集案件の決定後、指定管理者の選定は、次のようなプロセスで行われる。

①選定委員会において募集内容の審議を行う。選定委員会は学識経験者、税理士、元会社役員、

市民等で構成されている。必要に応じ臨時委員として各分野の専門家が加わる。施設の担当課の職員から募集内容について説明を受け、内容の確認や意見、提案をする。また、各施設の見学も実施され、現場の職員等からも説明を受ける。

②募集要項を公表し、応募説明会（現地説明会）が開かれる。この時期には質問書の受付・回答も実施する。申請受付まではおおむね一カ月ほどの期間がある。

③申請書の受付を始める。

④申請書に基づき、選定委員会による応募者ヒアリングを行い、その結果を踏まえ、候補者となる団体、各応募団体の得点、選定委員会からの審査講評をまとめて市長に報告する。

⑤市長は指定管理者の候補者を決定し、施設の名称、指定管理者となる団体名、指定の期間等の議案を議会し、議決を受ける。

⑥協定を結び、管理運営を委任する。

⑦事業実施状況について、モニタリングを行う。

まだまだ多い行政側の課題

まず、選定プロセスで明らかになった行政側の課題を挙げてみよう。

第一に、流行だからといって、個別事情を検討することなく、一律に指定管理者制度を導入する傾向があることである。公の施設をどのように管理していくかということについては地方自治体の判断にゆだねられており、直営か指定管理者制度導入かは、当該施設をめぐる諸条件によって個別に判断すべき事柄である。

例えば、施設には古いものも多く、老朽化や備品等器具も古く使えないものばかりが置かれていることも多い。施設の老朽化にともない、今後維持管理費の増加負担が著しいような場合、すぐに指定管理者制度を導入するのではなく、むしろ廃止を検討すべきである。また、同じような設置目的の施設が隣接して存在したり、時代の変遷などにより設置当初の目的と変化してきており、その施設のあり方自体が数年のうちに再検討されることが必定であったりする施設もある。こうした場合には当面直営とし、設置目的の整理や提供されるサービスの内容、施設の性質、利用者の状況などを十分検討したうえで、指定管理者制度を導入するかどうかを決めたほうがよいのではないだろうか。

指定管理者制度への移行の可能性をテコに、当該施設の必要性や時代にあったサービスの提供内容・方法などを、市民の知恵も入れながら、ともに考えていくチャンスとすれば、本来の意味での税金の負担の軽減につながる。また、そうした議論が行われれば、単に対象となっている施設についてだけではなく、行政サービス全体について、どのようなサービスが供給されるべきか、またどのような主体がその供給を担うことが適切なのか、という一般的な課題の解決に資するような論点や視点が出てくることも期待される。

第二に、審査過程での情報提供不足の問題が挙げられる。A市の選考審査基準を見ると、指定管理者には対市民平等性やサービス向上、効率性などが求められている。これは当然のことのようだが、実はその事業をこれまで担ってきた行政機関側がそうした基準を満たしていたかどうかは疑問である。そのことを裏付けるかのように、審査過程において、民間団体の創意工夫や積極的な提案のために必須となる情報が、行政側からきちんと説明されないことも多い。

確かに、審査に先立って選定委員会メンバーは施設の見学を行い、担当課の職員や施設の担当者から各施設の状況や課題などについて聴く機会を設けられた。また、公募に際しては説明会も催されることにはなっている。しかしながら、そうした過程で行政側の希望条件は説明されても、現実に当該事業に関する住民ニーズがどのようなものなのかについての情報が明確に示されることは少なかった。選定委員側にとっても、適切な候補を選ぶためには、住民ニーズの分析情報は大切なものであり、行政側の情報提供努力が望まれるところである。

行政側の第三の課題として、指定管理料や利用料水準算定の問題がある。経費の節減を目標としている以上、指定管理料を低く抑えることは当然ではあるが、実際には安かろう悪かろうという場合が多い。指定管理者の多様な工夫を促すよう、価格のみならず質の向上を加味した総合評価方式を組み入れる必要がある。

利用料徴収を行えば指定管理者の収入になるため、指定管理者の財務上は利用料制導入が望ましいが、行政機関による直営施設において、同種のサービス（例えばセミナーや講座）を無料で提供している施設が存在するような場合には、指定管理者が、行政機関に対して競争上不平等な地位を甘受せざるをえなくなる。受益者負担という概念を市民に正しく理解してもらうことが前提となるが、例えば行政機関直営の事業も有料化するなど、指定管理者と行政機関とが公正な競争関係に置かれるよう配慮すべきである。

また、指定管理者が管理する施設で収益事業を行う場合の問題もある。A市では、「指定管理者が収益事業や販売を行う場合は、施設の設置目的に寄与する場合に限り、市との協議の上で行うことができる」とされているが、実際には、身近な例である自販機設置さえ、地方自治法上の施設の目的外使用許可に当たり、指定管理者には設置が許されていない。指定管理者の業務上の自由度を制約すれば、そもそも指定管理者制度を導入した趣旨そのものが達成しえない危険性も高まるため、行政側は指定管理者制度の根幹を揺るがすような問題がない限り、指定管理者の創意に冷水をかけるべきではないと考える。

NPO法人側にも多くの問題点が

審査にかかわっていると、市民側にも多くの問題点があることが見えてくる。

第一に、NPO法人のような市民団体の応募によくあることだが、指定管理者制度自体の理解が不足していることが原因で、提出書類や記載内容に不注意や不備が散見される。また、プレゼンテーションにおいても、NPO法人の中には、自らの社会的使命を熱く語ることに力が入るあまり、継続的に公的サービスを提供するという実務的な能力について疑問を感じさせるケースがままある。そもそも、NPO法人はその設立趣旨からして、ボランティア精神での活動に傾きがちな性質があり、実務的経営についてはアマチュア（素人集団）であると選定委員から捉えられる側面があるので、この点には十分注意しなければならない。指定管理者としての業務とNPO法人全体としての活動は、ある意味で別次元に存在するものであり、その点を十分理解していないと、選定に当たって低い評価しか受けられないだろう。指定管理者制度関連の法令や自治体の運用方針などの文書にはすべて目を通すとともに、事業遂行に当たっての現実的な方法論を、体系立った形でプレゼンテーションすることが必要である。

第二に、上記と関連するが、NPO法人側が自分たちの関心あることにとらわれてしまい、指定管理者のミッションである「経費の削減」と「住民サービスの向上」を忘れてしまいがちになるという問題がある。事業計画書を作成する上で、住民のニーズや行政課題の把握が前提となるはずだが、そうした点の記載があいまい又は不十分では、サービスを受け手である住民不在の提案とみなされることは覚悟しなければならない。

第三の問題は、NPO法人の多くは、経営基盤が不安定であることだ。指定管理者選定審査項目には、財政状況を中心とした団体の概要も審査項目において大きなウエートを占めている。NPO法人の場合、主な収入源は安定的とは言えない会費や事業委託費であり、財政規模自体も小さい。また、本来ならばNPO法人の財務基盤の中心となるべき寄付金も集まりにくいのが現状である。もともと多くの資本を集めるために考案された株式会社制度による会社や、行政から安定的な仕事を受けているような公益法人と比べ、NPO法人はその趣旨・歴史や財政基盤が違う。さらに制度的にも、いくらか改善されたとはいえ、いまだに資金調達や税制の面でＮＰＯ法人には不利な点が多いことも事実である。

こうした点は一朝一夕に解決する問題ではなく、場合によっては選定委員会側でも斟酌するべき事情ともいえるが、だからといって、継続的事業を行おうというＮＰＯ法人が、必要な経費計算を行う能力まで欠けているようでは、指定管理者に選定することには躊躇せざるをえない。

指定管理料の積算については、募集要項に過去三年間の費用が行政側から示されており、情報はある程度開示されている。確かに、光熱費や消耗品、修繕費等は積算が難しいことも事実ではあるが、いい加減な計算では指定管理料の枠内で収まらず、赤字を出す危険性がつきまとう。また、より予想がつきやすい人件費でさえ、積算根拠が曖昧なケースや予想と実績が大幅にずれたケースもあり、財務管理能力の改善が、ＮＰＯ法人による指定管理者制度への参入の必要条件の一つであるといってよい。

また、財務的能力以外のマネジメント能力についても、例えば、施設管理に関する国家資格有資格者の不備であるなど、人員体制が不十分であったり、権限と責任の適切な分配が必要な組織設計ができていなかったりと、ＮＰＯ法人は組織運営についての総合力が問われているのが現状だ。

4　終わりに

指定管理者制度の導入は、行政が独占的に担っていた公的サービスの供給を、営利企業のみならず、ＮＰＯ法人を始めとする市民組織が担えるようになったという意味で、画期的な制度改革である。しかしながら、これまで見てきたように、行政側のみならず、ＮＰＯ法人側にも、女性を中心とする活動者の労働環境問題、組織運営力問題など、まだまだ解決すべき課題が山積していることを指摘した。また、指定管理者の事前の選定過程のみならず、事業の成果をどのような基準で評価するべきかという問題も、単に経済的効率性だけでは適切ではないのではないかという問題提起も行った。

それらの課題について、解決法を十分提示しえたわけではないが、本稿が契機となって、指定管理者となっているＮＰＯ法人が全国レベルで情報交換を行い、ベストプラクティスについてお互いに勉強するような動きが出てくれれば幸いである。

【注】

（1）「NPOの有給職員とボランティア—その働き方と意識」労働政策研究報告書NO・六〇、労働政策研究・研修機構、二〇〇六年。

（2）詳しくは、浅倉むつ子「労働法と家族生活——『仕事と生活の調和』政策に必要な観点」法律時報、七八巻一一号九七五号、二〇〇六年を参照。

（3）名古屋市が二〇〇三年に設置した男女共同参画推進のための拠点施設で、愛称を「つながれっとNAGOYA」という。

（4）第三号被保険者問題については、①専業主婦の優遇、②パート労働者の就労調整、③遺族年金、④離婚した場合の取扱いなどの問題が指摘されている。

第8章

選挙は行政を変えるか？(1)

——志を持つがゆえの候補者のジレンマ

堀尾博樹

行政のあり方に疑問を抱き、行政を変えたいと、われわれが考えるとき、最も本質的で、有効な方法の一つは、おそらく選挙を通して、行政のトップ、すなわち自治体の首長を変えることであろう。行政の優先順位、枠組み、制度といったものを、選挙を通して選んだトップによって行政を変えるのである。選挙において選ばれた首長は、住民に提示した公約を、当選後、実行に移す。

選挙を通して行政を変えるという場合に、われわれが採る方法は二つである。一つ目は、いま述べたような、住民が最も自分の考えに近いと思う政策を掲げる候補者を選ぶ場合と、二つ目は、自分自身が政策を掲げて立候補する場合である。

しかし、後者のケース、つまり、自ら、行政を変えるための政策を掲げて立候補し、住民にその政策の賛否を問う場合、その行く手には多くの課題が待ち構えている。

筆者は、かつて、三度、選挙に関わっている(2)。このうち、とくに、二〇〇三年の村尾信尚氏(3)の三重県知事選(4)への挑戦は、前述したような意味で、選挙によって行政を変える試みであったと言っていい。

本章では、「行政を変える」という志を持った者が選挙に立候補したときに直面する課題、志を持つがゆえに生じるジレンマ、制度上の問題点などを、筆者の経験した事例をもとに抽出し、考察を進めたい。

1　候補者が直面する課題

(1)　直面する課題①——組織をめぐる問題

選挙に出るには、俗に、「地盤」「看板」「カバン」のいわゆる三バンが必要だといわれる。「地盤」とは、後援会(5)や労働団体などの、選挙区を知り尽くした組織、「看板」とは、知名度であり、「カバン」とは、選挙資金のことである。政治家の二世や、労働団体や宗教団体などの全面的な支援を受けた候補者が選挙に強いのは、これらが揃っているからである。

これらのなかで、特に、組織は重要である。なぜなら、人のみならず、資金を提供したり、場合によっては知名度も上げてくれるからである。

それでは、支援してくれる組織がないとどうなるのか。

まず、選挙や政治活動に伴う様々な事務、ビラ配り、ポスター貼りなどの人員をどう確保するかという問題がある。

選挙がスタートして真っ先にその候補者の強さが試されるのが、掲示板へのポスター貼りである。例えば、二〇〇三年の三重県知事選での掲示板の数は、実に五九〇七カ所に及ぶ。これを選挙の告示の日に貼り終わらなければ、マスコミからは泡沫候補扱いであり、他の陣営からは、恐れるに足らずと見なされる。

したがって、確固たる後援会や団体などの組織がない村尾陣営は、三重県内に人的ネットワークを持つ友人・知人を頼りに各地で小集会を重ね、さらにその集会に参加した人たちから、さらにネットワークを広げるという方法を採ったのである。

そして、そのようにして築いた各地区の支持者の中から責任者を決め、ポスター貼りを任せ、結果として、告示日の内に大半の掲示板でポスターを貼ることができた。このことで、「意外にやるじゃないか、村尾陣営は」という印象をマスコミや他の陣営に与えたようである。

また、選挙や政治活動に伴う事務やビラ配り、電話かけなどの人員の確保も容易ではない。もし、これらの人員を確保するためにアルバイトなどを雇い、バイト料などを払えば、行う仕事によっては、買収となってしまう。電話かけやビラ配りなど、有権者に直接働きかける仕事は無償でなければならないからである。

幸いなことに、村尾陣営では、村尾氏の友人・知人や親戚、また村尾氏の政策や人柄などに共感する支持者がボランティアとして、内勤のスタッフとしての活動や、ビラ配り、電話かけなどの活動を行うため、常時三〇人ほどの人たちが事務所に出入りし、活動を支えてくれたのである。

一方、労働団体などのようにしっかりした組織ではないために生じた問題もある。

第一に、内勤スタッフとビラ配りなどの活動を行う人たちの間に軋轢が生じたことである。

津市の選挙事務所には、常時一〇人ほどの事務などをこなすいわば内勤のスタッフの他、電話かけや法定ビラなどを配布したりするためにボランティアの人たちが二〇人以上出入りしていた。この内勤スタッフとボランティアとの間で感情的な対立がしばしば生じた。

例えば、事務所内の作業スペースなどの配置をめぐって問題が発生した。

われわれは、いろいろな内部文書や内部情報などが外部に漏れてはまずいと考えたため、内勤スタッフが事務をするスペースと、マスコミ関係者や一般の有権者など常時多くの人が出入りするスペースを、カウンターや書棚などで分けていた。電話かけする人たちや法定ビラなどを配布する人たちは、この一般用のスペースで活動していたため、二つに分けられていたスペースのあいだに目に見えないバリアのようなものが生じていたのである。外に出てビラを配り、村尾支持を必死に訴えるボランティアと、事務所の中で何をしているのかわからない（ように見える）内勤のスタッフ。ボランティアと内勤スタッフを厳然と分けるかのように配置されたスペース。

ある時、ボランティアの不満が噴出した。

「私たちが村尾さんを当選させようと必死になっているのに、中のスタッフは何をやっているのかわからない。だいたい、どうしてカウンターで分けられているんだ」と言うのであった。我々内勤のスタッフが当然だと考えていたことが、ボランティアにはバリアとしか映っていなかったわけである。

われわれは、ボランティアへの配慮が欠けていたと反省し、事務所内部を配置換えした。カウンターなどを取り払い、内勤スタッフが作業するスペースと一般の人が出入りするスペースを一体化し、誰でも出入り自由としたのである。この結果、ボランティアの人たちもスタッフが作業するところまで気楽に来られるようになった。ただし、マスコミ関係者も内部の方まで出入り自由となったため、スタッフのすぐ横に記者がやって来て、置いてある文書や、やっている作業をのぞき込むということもしばしば起こることになったのである。

第二に、組織内の連絡がうまくおこなわれないことである。

選挙戦がスタートすると、それ以後配布できるのは、選挙運動用ハガキ（いわゆる公選ハガキ）だけとなる。他に確認団体(6)があれば、そこで作成した法定ビラが配布できるが、いずれにしてもこれだけである。それまでに作成し、配布していた後援会用のパンフレットなどは当然、告示以後は配布できない。われわれも、選挙が始まる数日前に各地区の責任者に集まってもらい、告示日（三月二七日）以後は、後援会入会用のパンフレットなどは配布できません、と念には念を入れて気をつけてもらったのである。

しかし、それでも後援会用のパンフレットが、法定ビラと一緒に、ボランティアのところに届けられてしまう。さいわい、このボランティアの人が配布できないことに気づき、事なきをえたのであるが。以上、見てきたように、ボランティア中心の選挙組織（到底、組織とは言えないものであるが）は、組織内に時として軋轢を生じたり、また、危うさを持っているのである。

(2)　直面する課題②――選挙資金をめぐる問題

志はあるが、他には何もない候補者にとって、第二の課題は、選挙にかかる資金(7)をどうするかという問題である。

選挙には、とにかくカネがかかる。まず、立候補するためには、供託金が必要である。知事選挙の場合には三〇〇万円である。一定の得票数(8)に達すれば戻ってくるが、満たなければ没収である。供託金の他に、ビラなどの印刷物や、事務所の賃貸料、街宣車などの改装費用その他、選挙には実に多額の費用がかかる。

支援してくれる組織があれば、資金は何とかなるであろう。しかし、それがなければ、自前で調達しなければならない。候補者本人が自己資金はある程度出すとしても、それでも足りない分は、寄付などの手段で他から調達しなければならない。

活動資金として、われわれは、二七〇〇万円ほどを見込んでいた。

この金額をどう調達するか。村尾氏本人が退職金を一四〇〇万円ほど出し、残りを他の人たちからの寄付で賄うという腹づもりであった。しかし、一三〇〇万円の寄付が本当に集まるだろうかというのが、筆者がその時懸念したことである。

この活動資金は、最終的には、四二〇〇万円に膨らんだ。特に、印刷物に要する費用は予想以上であった。三重県各地の支持者たちが次々と、パンフレットなどを送って欲しいといってきたからである。われわれとしては、資金がないから、パンフレットはもうありませんとは言えない。パンフレットの要求が増えると言うことは、運動が盛り上がっているからであり、この勢いに水を差すわけにいかないのである。

寄付は、結局、二八〇〇万円ほど集まり、村尾氏の退職金一四〇〇万円と合わせて四二〇〇万円となって、活動資金をすべて賄うことができた。

集会で寄付を募る際、われわれが採った方法は、次のようなものであった。まず、ビラなどとともに、寄付袋を配る。寄付袋には、寄付者の名前、住所、寄付金額、そして候補者へのメッセージを書く欄が印刷してあり、この中に寄付金を入れてもらうのである。

また、東京では、村尾氏の友人たちが資金集めを兼ねたパーティーを開いてくれた。また、多くの人たちが、銀行、インターネット、郵便局を通して、寄付をしてくれたのである。

(3)　直面する課題③——うっかりすると選挙違反

候補者の手足を縛る公選法

選挙がスタートすると、候補者自身が作成し配布できる文書は、わずかに、公選ハガキのみとなる。つまり、候補者がビラなどに自分の名を記載し、政策を訴えることはできないのである。まさに「言論の不自由」である。あの小さな公選ハガキで、候補者は何を訴えることができるだろうか。

現在は、公選法が改正され、A４サイズのビラを候補者名で配布できるようになった。しかし、このビラも、その枚数に制限があること、配布場所が限定されていること、ビラに、一枚一枚、証紙を貼らなければならないこと、A４というサイズの小ささなど多くの問題がある。

そこで、知事選での常套手段となっているのが、候補者を支援する確認団体を設立し、そこで法定ビラを作成し、候補者と連携しながら、ビラを配布するという方法である。

この法定ビラは、二種類まで作成でき、サイズの制限もなく、空から飛行機でばらまくなどしない限り、配布方法の制限もない。ただし、大きな制限がある。このビラには、候補者の名前を載せることができないのである。候補者の氏名を類推させるものもダメなのである。しかし、どこまでがここでいう「類推させるもの」かどうかは、全くのグレーゾーンであり、きわめて判断が難しい。

一方、この法定ビラが誰の政策を訴えているものか明らかにならなければ、選挙の手段としては意味がない。他県の知事選の候補者の中には、クロスワードパズルのようなものを作り、マスを順に埋めていき、つなげると、候補者の名前になるという方法を採った人もいた。われわれの採った方法は、本人の経歴や年齢を記載し、また、本人に似たイラストを載せることであった。

他に、候補者が政策を訴える手段として考えられるのが、ホームページ（HP）であるが、現行の公選法では、これも制限の対象となる文書図画となり、選挙がスタートするとＨＰの更新ができなくなる。ＨＰは、安価に制作でき、しかも広く有権者に訴えることができるのであるから、早急に公選法の改正をすべきである。

このように、公選法では、政策を訴える手段がきわめて限定されており、有権者に対して一から名前を売り込み、政策を訴えなければならない新人の候補者にとって、特に不利である。

また、ボランティア中心で選挙を戦うとすれば、その組織は、大抵、選挙に関しては素人集団と言うことになる。別の言い方をすれば、選挙を知り尽くしたプロがいないと言うことである。無いものづくしの候補者にとって、最も怖いのが選挙違反ということになる。選挙スタッフが知らず知らずの内に選挙違反を犯すようなことがあれば、最悪の場合、逮捕・拘留である。また、違反を犯した者が責任者などであれば、違反の内容によっては、連座

選挙で作成した法定ビラや公選ハガキ

制により、候補者にも累が及ぶこともある。

三重県知事選の場合、筆者が、責任者として最も気をつけたのが、買収に関する違反である。よくありそうなケースとしては次のようなものだ。

例えば、支援者から、様々な経費がかかるので前金で欲しいと言われることがある。しかし、ここでお金を渡すと買収とみなされる可能性が高いのである。お金は、あくまで領収書と引き換えでないと、違反となる。現実に、事務所にそういう要求がきたことがある。しかし、前記の理由で、責任者であった筆者はこの要求を断っている。

また、電話かけのためにアルバイトを雇ったりするケースもある。電話かけは、人手がいる一方で、精神的には結構つらい作業であるため、支持者に敬遠されたりするのである。そのような場合、アルバイトを雇い、選挙後にバイト料を払ったりするのである。実際、最近の国政選挙などでは、これを理由に逮捕者がしばしば出ている。幸い、われわれの事務所では、ボランティアの人たちが入れ替わりで時間がとれるときに電話かけにきてくれたため、このような問題は生じなかった。

しかし、次のようなことはあった。

支持者の一人から、自宅で電話をかけてもらうために、その電話代として、プリペイドカードを渡したらどうかと提案されたのである。これも、筆者は買収とされる可能性が高いと判断した。したがって、「それは、公選法違反となると思われるのでできない」と即座に断ったこともある。

今述べたように、一見何でもないようなところに選挙違反の落とし穴があり、よほど気をつけていないと、「買収で逮捕」となりかねないのである。

2　「志はあるが、無いものづくしの候補者」の選挙戦略

候補者（あるいはその周辺にいる人々）のジレンマ、折れそうになる心

全くの無名の候補者であれば、組織は支援をしようとも思わないし、候補者が支援を求めても相手にされるわけもない。しかし、候補者によっては、組織の方から支援を検討することがある。また、候補者の方から、支援を求める場合もあるだろう。特に、その組織が全県的な規模の組織であれば、知事選の候補者にとって、これ以上ない組織だと言っていいだろう。その組織の御輿に乗れば、当選できるかも知れないと考えれば、候補者あるいはその周辺の人たちは心が動いてもおかしくない。

実際に、立候補を検討する者は、大抵、労働団体などの組織や政党などの支援が得られるかどうかを見極めながら、立候補への最終的な決断を行う。これは、三重県知事に当選した野呂氏の、マスコミ等で報道されて明らかになった立候補に至るまでの過程を見ればよくわかる。元国会議員であり、地元の市長であった野呂氏のような有力な候補者であってもこうなのであり、まして、地元に足場のない候補者が最終的に立候補するか、しないかの決断も、これらの組織・政党の支援が得られるか否

かにかかっていることが多い。

しかし、「行政を変える」という志を持ち、そのことを実現するために立候補した者にとって、その組織が「変えるべき行政」内部の組織であったりすれば、それほど簡単に支援を求めるわけにはいかない。なぜなら、その組織の御輿に乗って当選したとしても、行政を変えられる訳がないからである。選挙には勝ちたいが、かといって志を曲げるわけにはいかない。まさにジレンマである。

知事選で、村尾氏は組織の支援を求めなかった。理由は以下のことが考えられる。

第一に、自らの政策に反する。すなわち、県民に向かって、観客からプレーヤーになろう、県民とともに公約を作ると言っているのに、一方で、組織の御輿に乗って選挙運動を進めるのは、どう考えても、矛盾すると考えられるからである。

第二に、当選後の政策実行への障害となる可能性がある。

第三に、より現実的には、彼の三重県庁在職当時の、労働団体の彼への反発(9)を考慮すれば、プラスよりむしろマイナスの方が多い。

と、判断したのではないか。

別のところで筆者が書いたことである(10)が、「選挙」には、普通の人が想像する以上にいわゆる「キレイ事」を押し通し難い、固有の論理と力学が働く。

「選挙はとにかく勝たなければ意味がない」のである。勝つためには、政党に挨拶し、組織に頭を下げて支持を取り付ける。志とは反するが、組織の言い分を聞き、カネも出してもらう。これが、当選の近道であろう。

村尾氏の場合には、この近道は通らなかった。志を曲げなかったのである。筆者であれば、きっと心が折れていただろうが。そして選挙に敗北した。まさに「純粋無党派の立派な敗北」（早野透[11]）であった。

選挙戦略

組織を頼らないというとき、どんな戦略があるのだろうか。

選挙戦の状況を伝える新聞

組織に頼らなくても選挙には勝てる人もいる。例えば、都知事であった故青島幸夫氏の場合である。彼は、組織に頼らないだけではなく、選挙運動そのものも行わなかった[12]。その圧倒的な知名度とその選挙スタイルゆえに、「都政を変えてくれるかも知れない」という都民の期待感がむしろ高まり、その支持を獲得したのであろうか。

それでは、組織も知名度もない候補者はどういう戦略を立てればいいのか。

この問題を考える際に、どうしても考慮せざるを得ないのが、全国の知事選で見られたいわゆる「無党派の風」現象である。長野県知事選における田中康夫氏、栃木県知事選における福田昭夫氏、千葉県知事選における堂本暁子氏、滋賀県知事選における嘉田由紀子氏、最近では宮崎県知事選での東国原英夫氏の当選で見られた、既成の組織・政党が大きな衝撃を受けたと言われる現象である。当時、筆者は、それまでの、風が吹いた選挙戦のルポなどを読み、とにかく、集会を重ねていくなかで、この風を起こせるのではないかと考えていた。組織に対抗するには個人のネットワークを作り、無党派の風を起こすしかない(13)。

個人的なネットワークを頼りに集会を各地で行い、最終的には、村尾氏は結局三重県での四カ月間、四〇〇回以上の集会をこなした。これらの集会をきっかけに口コミなどでネットワークがさらに広がり、無党派の風を起こせるのではないか。だが、現実には、「風」は吹かなかった。

戦略を考えるとき、第二のポイントは、前知事の県政をどう評価するか、自らの政策との関係をどのように位置付け、他の候補者とどう差別化を図るかという問題がある。

村尾氏は、草の根レベルからの変革「草の根革命」が必要であり、

①参加型民主主義の創造（観客席からグランドに出てボールを蹴ろう）

②消費者・納税者との連帯

を掲げ、既存の組織・団体の支援を受けず活動するとしていた(14)。

この主張は、強力なリーダーシップで「上からの生活者起点」の県政を進めた北川知事との大きな違いであるはずなのだが、現実には、マスコミにはそうは見えていなかった。

知事選候補者四人中、北川県政に批判的だった共産党系候補者を除き、他の三人は北川県政の継承・発展者と見られていた[15]のである。

有力三候補者の違いがはっきり見えない、すなわち、その政策・主張の違いが争点とならないときには、非政策的な情報、つまり、三重県出身者ではない、もと中央の高級官僚といったことが争点となる。この点を他の陣営から衝かれることは、我々も想定していたのであるが、この点への対策も考えて、もっと強力に北川県政との違いを打ち出すべきであったと考えられる。北川県政の評価が中途半端であり、徹底していなかった、つまり、北川県政の継承者ではなく、改革者であるという位置づけをもっとはっきりすべきであったのではないだろうか、というのが筆者の現在の考えである。

もっとも、北川県政の継承者としての位置付け、県政への不十分な評価には理由があったと言える。第一に、われわれの陣営には、北川県政を評価し、改革をもとに戻してはならない、と考える支援者が多くいたからである。北川県政の継承者としての村尾氏を望んでいたのである。第二に、三選不出馬表明後も、北川知事の存在感は大きく、彼が誰を支持するかが、選挙の結果を左右するのではないかと見られていたこともある。したがって、選挙戦の背後に彼の影を各候補者は見ることになり、このことは村尾氏を始め、各候補者の選挙戦略を制約することになった[16]。

3　「風」が吹くための条件とはなにか

筆者が関わったいくつかの選挙、なかでも、責任者としてその選挙活動の遂行に深く関与した三重県での経験を基に、他県での選挙戦のルポなどの内容を加味して、「風」が吹くための条件を考察したい。

「風」が吹くための条件

「風」はどんなときに吹くのか、「風」が吹くための必要条件は何なのか。

第一に、行政への閉塞感など、なんとしても政治を変えたいという空気が住民の間にあるかどうか、つまり、潜在的であれ、顕在的であれ、その空気が存在する時に、「風」が吹くということが考えられる。「風」が吹いた選挙を見ると、行政への信頼を根底から揺るがすような汚職事件、首長の多選など、受け皿があれば一気に突風が吹きかねないような状況があることが多い。最近では、東国原氏が当選した宮城県など、そのいい例であろう。

三重県で、「風」が吹かなかったのは、この条件が欠けていたと考えられる。

当時の三重県の状況は、以下のように閉塞感とはほど遠いものであった。

一九九五年に三重県知事に当選した北川知事は、「生活者起点」をキーワードに、行政改革に乗りだしていた。さらに、その後発覚した「カラ出張問題」も、むしろ県庁改革の好機として積極的に利用して情報公開を進め、北川知事は改革派知事の筆頭として全国に名を知られる存在になっていった。

したがって、三選不出馬を表明するまで、北川知事の出馬は当然のこととして見られていた。また、出馬すれば、その当選はほぼ確実視されていた。北川県政への県民の評価が高く(17)、有力な対抗馬がいなかったからである。二期八年続いた県政への評価がきわめて高いことを考えれば、県民の間に閉塞感があるとは到底言えないのである。北川知事が初当選したときの状況、すなわち、官僚出身知事が二代四〇年にわたって続いた末の県民の間に横たわる閉塞感とは全く異なる状況が、二〇〇三年の知事選の時にはあったことになる。

対立候補が、閉塞感漂う従来の体制の後継者であるならば、こちらはその体制の存続を批判するなかで、風を起こすことができたかも知れないが、実際には、有力候補すべてが、その濃淡の違いはあれ、北川県政の継承者と見られていたのである。

一番目の条件と関連するが、第二に、選挙戦の構図がどうなっているかである。例えば、汚職事件、あるいは多選首長の引退の後の選挙で、出てくる候補者がそれ以前の政治を支えていたような人物であり、しかも与党として支えていた政党がこの候補者を支援するというような場合、あるいは、オール与党体制であったものが、今回は割れてそれぞれが独自候補を立てる、しかし、それぞれの候補者は、どことなく、それまでの政治を想像させるといったような場合である。そのような政治状況の刷新を訴えて立候補する時、「風」が吹くことが考えられる。このケースでは、政党の支援を受ける候補者をそれ以前の政治の体現者として、また自らは新しい政治の実現者として、無党派層に訴えていくことができる。

第三に、「風」の受け皿となる候補者に関わるものであるが、「意外性」をその候補者に有権者が見た場合、前二つの条件と合わさって、「風」が吹くことが考えられる。例えば田中康夫氏の、軽薄そうな言動からは想像しにくい阪神大震災での地道なボランティア活動(18)、東国原英夫氏（現宮崎県知事）の、方言を巧みに交えながらの愚直な演説と芸能人を呼ばずにひたすら県内を回った姿などに、「意外に」真剣ではないかと、見る人は心を動かされるのである。もちろん、ここには計算があってもいいが、その計算が見えてはならない。

二〇〇七年都知事選の分析

二〇〇七年の東京都知事選における浅野史郎氏と石原慎太郎氏の戦いを振り返って見ると、浅野氏の敗北の原因も見えてくる。今回争点と考えられたのは、石原氏の親族に関する公私混同の問題、東京オリンピック開催の問題、築地市場の移転の問題などであった。しかし、結局どれも、都民からすれば、石原氏を知事の座から降ろして、他県の知事であった浅野氏を新しい知事に据えるというほどの閉塞感につながるものでも、都政への不満が噴出するほどの問題でもなかったということである。

また、浅野氏の政治家としての個人的な能力は別として、浅野氏のきまじめな演説スタイル(19)に、石原氏を上回る魅力を都民は感じなかった、ということなのだろうか。「きまじめさ」も状況やタイミングによっては、「風」を起こす要因とも考えられるが、今回の都知事選においては、むしろマイナスであったかもしれない。都民は、「きまじめ」な浅野氏ではなく、奔放な言動と「国に対峙する」強いイメージの石原氏を選んだといえる。

また、浅野氏は、当初、無党派でいくとして、民主党の推薦を断っている。これによって、無党派の「風」を起こそうと考えたようであるが、有権者には、単に政党隠しとしか見えなかったようである。このような見え見えの計算は、無党派層の嫌うところであり、どう見ても、この作戦がうまく機能したとは思えない。無党派層には、民主党を隠す浅野氏と自民党を隠す石原氏の戦いと映っていたのではないだろうか。

田中秀征氏は、都知事選で浅野氏が「風」を起こせる可能性があった場合として、民主党が独自候補を立てた場合を挙げている(20)。石原氏に対抗して、民主党が独自の推薦候補を立て、そこに浅野氏がまさに無党派の候補者として都政の改革を訴える。これは、前述の二番目の条件であるが、実際には、このように推移しなかった。

述べてきたことをまとめると、「風」が吹くと考えられる条件（必ずしも十分条件ではない）は、以下のようになる。

第一に、閉塞感漂う政治状況があるか。

第二に、そのような政治状況を支えてきた組織・政党を後ろ盾とする対立候補が出ているか。

第三に、そこに登場する、志を持つ候補者に、有権者の間に口コミで広がるような意外性があるか。

当然この意外性はなんとしても「行政を変える」という熱意、真剣さが見えてくる「意外性」でないといけない。

「行政を変える」ために立候補する人たちへ

これらを基に、これから「行政を変える」ために立候補する人たちへのメッセージを述べて本章の締め括りとしたい。

第一に、「風」は、計算して起こせるようなものではなく、人為的なコントロールの外にあるものである。しかし、そのような状況があるかどうかは、見極めることができるかもしれない。したがって、「行政を変える」志を持った者は、当選のために変に計算したり、妥協したりせず、愚直に自らの考えを訴えていくことである。その志は、行動の原点であり、その志に根ざした熱い気持ちと揺るぎない行動こそが、人々の心を動かす。人から人へと熱い心が伝わり、結果として、「風」を起こす可能性を秘めているのである。

第二に、公選法をよく研究することである。熱い気持ちと愚直な行動だけで、選挙活動を続けられるほど、選挙は甘くない。公選法に習熟しなければ、いきなり足下をすくわれる。

公選法の規定は、選挙のアマチュアには特に厳しいと考えていい。アマチュアだからと公選法の規定を甘く見たり、研究不足で選挙に臨んだりすれば、むしろ、ダメージが大きいのが、「行政を変える」ために立候補した者である。せっかく「風」を起こして当選しても、選挙違反で逮捕者が出れば、当選後の政策遂行に大きな支障を来す。選挙のアマチュアであるからこそ、公選法の規定を真剣に研究し、できる限りの事をして、選挙に臨むべきである。

そして、第三に、候補者の脇を固める内部のスタッフと、候補者を支援するために集まったボランティア、この両者の力を最大限発揮するために、内部スタッフ特に陣営の責任者は、ボランティアがどう感じているのか、考えているのか、たえず配慮し、心を砕かなくてはならない。ボランティアは内部スタッフが自由に動かせる手足ではない。ボランティアの活動とその支援の広がり無くして、「風」は起こせないのである。

以上のことを念頭に置きながら、政策を愚直に訴え続ければ、「行政を変える」ために立候補した者に、いつか、勝利の女神がほほえむかも知れないのである。

【注】

（1）この論考での見解は、あくまで筆者の個人的見解であり、村尾氏はじめその当時の関係者の見解を代表するものでないことを付記しておきたい。筆者は、この選挙には、責任者の一人として関わったわけであるが、ここでの見解はあくまで筆者個人のものである。

（2）その三つとは、二〇〇三年の三重県知事選挙、一九七七年の参議院議員選挙、二〇〇六年の名古屋市近郊の市長選挙である。このうち、選挙の中枢で関わったのが、本章で主として取り上げる三重県知事選挙である。

(3) 行革推進ネットワーク「WHY　NOT」の創設者であり、現在は日本テレビ「ニュースZERO」キャスター。

(4) 北川氏の三選不出馬を受けて、村尾氏の他、当時松阪市長であった野呂昭彦氏（民主、社民推薦）、自民党県議であった水谷俊郎氏、共産党推薦の鈴木茂氏の四氏の間で争われた。自民党は最終的には自主投票となったが、自民票の多くは野呂氏に流れたといわれる。
二〇〇三年四月一三日投票。

(5) もっとも、後援会組織があれば、何とかなるというものでもない。筆者が関与した最近の選挙に、名古屋市近郊のK市の市長選挙がある。K市は、二町が合併して誕生した新市であり、候補者は前町長と元町議会議長Y氏、元町議会議員であった。Y氏には、議員時代からの後援会組織があったが、もともと議員であったため、後援会もY氏の出身地区関係者や学校の同級生などで構成されており、地域的な広がりがそれほど無く、また、対立候補である前町長と学校の同級生であったため、それぞれの後援会関係者の人間関係が絡み合って、十分に、後援会が機能しなかった。結果として、Y氏は、政党や団体等も支援した前町長に大差で敗れることになった。

(6) 知事選挙などがある場合、一般の政治団体は、街宣活動やビラの配布などが禁止される。ただし、確認団体になれば、これらの活動が可能となるため、知事選挙の候補者は、それぞれが、確認団体を作り、確認団体は、候補者と連動して街宣活動や法定ビラの配布を行う。村尾氏の場合には、「『つぎの一歩』会」という確認団体を作り、村尾氏の選挙活動と連携して、村尾氏の政策を載せた法定ビラの配布などを行った。

(7) ここでいう「選挙にかかる資金」とは、告示日以後の本来の選挙のみにかかる費用（選挙運動費用）だけでなく、それ以前の、立候補に至までの政治活動に伴う費用すべてについていうものである。しばしば、混同されるのであるが、公職選挙法で規定される「選挙運動費用」と、それ以前の政治活動すべてを含む活動に要する費用は、しっかり区別する必要がある。「選挙運動費用」は法定制限額が決まっており、「選挙運動費用」がその枠内になければならないのは当然であるが、すべての政治活動を含めれば、この金額を超えることはよくあることであるし、また、違法でもない。

(8) 知事選の場合には、有効得票総数の一〇％以上である。

(9) 朝日新聞三重県版（二〇〇三年二月二二日）によれば、「村尾氏は官公労に厳しくあたる可能性があり」、労組の意向としては拒否であったという。

(10) 村尾信尚『「行政」を変える！』講談社現代新書、二〇〇四年、一七三～一七六頁。

(11) 朝日新聞朝刊、二〇〇三年四月一五日。

(12) 筆者は、選挙運動を一切行わないという選挙スタイルには反対である。なぜなら、政治家にとって、選挙の時ほど多くの人に接し、その生の声を聞く機会は他にはないからである。政治家は、選挙民と接し、その生の声を聞くことで、政治家自身の視野が広がり、さらには、それまでの考えかたも深まるのである。

(13) 組織型選挙とネットワーク型選挙については、丸楠恭一他『若者たちの《政治革命》』中公新書ラクレ、二〇〇四年参照。

(14) 当時の筆者のメモより。

(15) 読売新聞三重県版、二〇〇三年四月一二日。

(16) 日経新聞夕刊（二〇〇三年二月一五日）は「三重県知事選　影の主役は北川氏」の見出しで、北川直系をアピールする村尾氏と、北川知事との同士関係を強調する野呂氏との「北川カード」争奪戦、と報じている。

(17) 読売新聞三重県版（二〇〇三年四月八日）によれば、北川県政二期八年の評価について、

大いに評価する……………四〇％

多少は評価している……三五％

あまり評価していない ‥ 一一％
全く評価していない ‥‥　三％
その他 ‥‥‥‥‥‥‥ 一一％
と、七五％の県民が北川県政を評価している。

(18) さらに、田中氏には、次のような「意外性」もあった。「軽そうな」田中氏を、地元の有力銀行の頭取が支持したということであり、選挙の帰趨に与えた影響を考えれば、重要な「意外性」であった。

(19) もちろん「きまじめさ」「実直」といった印象が、必ずしもマイナスに働くという意味ではない。その時の政治状況によっては、こういった印象がむしろ「風」を起こす可能性もあると考える。

(20) Nikkei BPnet の田中秀征氏のコラムより。
http://www.nikkeibp.co.jp/style/biz/column/shusei/070308_19th/index1.html

第三部

メディアからの行政改革

第9章

自治体の行政改革で求められる新聞の役割

竹居照芳

高い教育水準を背景に、我が国では新聞が広く普及し、その報道は今日も社会に大きな影響力を有している。センセーショナルな報道や極端な主張などを展開する場合もあるが、市民の気付かない問題点を掘り起こす調査報道や幅広い視点に立った論調はしばしば政治を動かし、社会を変えることに貢献してきた。

このように新聞は民主主義社会にとって重要な役割を担ってきたが、新聞、放送、インターネットといったメディアの多様化に伴うメディア間競争や若者の活字離れなどによって販売部数が減少傾向をたどっている。また、記事など紙面自体も、時代の変化に対応した新たな役割を十分に自覚して、取材態勢や紙面内容をタイムリーに変えてきたか疑問もある。新聞は全体として、衰退の道を歩んでいると言わざるをえない。だが、今後の日本を考えたとき、地方自治体の行政改革を進め、かつ地方分権のもとでの住民自治を推進するうえで、新聞の果たすべき役割は大きい。そこで、新聞が十分にそうした機能を果たせるための条件は何か、考察してみた。

1　新聞は自治体改革に大きな影響力を持ちうる（事例紹介）

尼崎市議全員の不正をあばいた報道

一九九二年九月三〇日、尼崎市に配られた読売新聞朝刊は二段の横見出しで「尼崎市議カラ出張」、縦四段の見出しで「『行政視察』と二回　北海道と沖縄　一二万円受け取る」という特報を掲載した。この特ダネがきっかけとなって、同市議会議員の個人視察旅費や調査研究費などの不正使用をめぐる各新聞・放送の取材・報道合戦が始まった。

行政視察旅行のはずが、実は議員数人で市職員を同伴しての懇親観光旅行だったとか、家族旅行やゴルフ懇親会に旅費を流用したとか、はたまた、水増し請求していたとか、次々にひどい実態が報道された。実態を隠蔽し、責任回避ばかりする会派や議員一人ひとりの不正を、メディアは怒った市民パワーと一緒になって追及し、全会派、全議員が同様な公金の不正使用をしていたことを徐々に明らかにしていった。議員たちは保守から革新まですべての政党、会派がうろたえ、右往左往し、醜い姿を市民にさらした。追及の過程で保守、革新を問わず、辞職する議員が現れた。そして、九二年五月二五日には市議会を解散するところまで追い込んだ。

六月二七日に出直し選挙が行われた。だが、不正議員のなかには選挙に立候補し、当選する者もいた。それに加えて、会派の思惑もあり、新議員による議会は、一九九〇年度以前の行政視察費、議長交際費などの不正使用を徹底解明しようとしなかった。それをメディアと市民パワーは批判する……。

こうした市民パワーとメディアの盛り上がりは、市民の意識を変え、議会を変える方向に針を進めるが、さりとて、そうした変化は一直線に進むわけではない。

一地方都市の出来事だが、この尼崎市の住民運動は、市民オンブズマン運動の先駆けともいわれる役割を果たした(1)。

隠れた問題を提起する調査報道

新聞のねばり強い取材・報道は社会を変える。高知新聞が二〇〇〇年三月一日に特報し、以後、〇一年七月六日まで調査・報道し、連載記事を書いたのは、高知県が南国市の縫製協業組合および高知市の観光業者を救済するため、ひそかに低利融資制度を設けて予算を流用していた事実である。端緒となる情報を入手してから第一報までに三年を要したが、徹底した事実の積み重ねが県警や地検を動かし、元副知事らの背任容疑による逮捕、起訴へと至った。ちなみに、この一連の取材・報道で、高知新聞社は〇一年度の新聞協会賞を受けた(2)。

また、二〇〇四年八月二九日付けの朝日新聞朝刊は一面の中四段の見出しで、「地方自治体四七都

道府県一三指定市　職員互助会に一九四億円　補助額は削減進む」と報じ、互助団体への支出額などの上位ランキングも掲載した。社会面の関連記事は「公務員　知られざる特典　観劇券二万円、勤続記念にデジカメ　決算公開は少数派」という見出しが付いていた。

朝日新聞の調査に基づくこの記事は、「財政難を背景に、うち七割（の自治体＝竹居注）が九八年度以降、投入額を削減しており、宮城県は〇一年度からゼロ」と書く一方で、「支出額（年約三〇億円＝竹居注）、一人平均額ともに全国一の大阪市互助組合は、スポーツ観戦などに使える共通利用券（二万一〇〇〇円分）を毎年、全組合員に配っている。また、勤続一〇年目から五年ごとにデジタルカメラや電波時計などがもらえる制度を設けている」ことを明らかにした。

「大阪市役所についてはその後も、特殊勤務手当の実態、市役所ＯＢに対して条例にないヤミの退職金・年金を支給していたことが明らかになった」(3)。公金横領やカラ残業、労働組合へのヤミ専従なども表面化し、大阪市の長年にわたる腐敗の構造が明るみに出た。

それよりも前の一九九六年、大阪市では違法な超過勤務手当に対して住民訴訟が起こされた。一億円を管理職の有志で返還することで和解したが、その後も、大阪市は法律を無視して職員への過剰な厚遇を続けていたことが各紙の〇四年〜〇五年の取材・報道で明白になったのである。そして、市長と市議会、市長と職員、市と労働組合、のそれぞれの関係が癒着し、市民を無視してきた市政の正常化がようやく始まった。

ところで、二〇〇六年から〇七年にかけて全国各地の議員の政務調査費不正使用をあばく報道は、一〇年以上前に尼崎市議会議員の不正支出で明らかになった問題の一つである。全国各地の新聞が各自治体の行政や議会の問題をきちんとフォローしていれば、もっと早く政務調査費のありかたを正常化させていたのではないか。新聞は普段の研鑽を怠ると、その社会的な存在価値が薄れてしまう。

2　新聞に期待される役割

進む自治体の情報公開

ここ一、二年、自治体の情報公開は急速に進展している。都道府県は言うに及ばず、主要都市や東京都特別区は広報紙で主要な行政情報、議会情報を伝えるだけでなく、ホームページで詳細な内容を公開しているところが多い。議会の本会議における質疑をホームページのビデオですべて公開しているところもある。

しかし、行政や議会が流す大量の情報を住民が有効に活用するのは至難の技である。役所独特の用語を住民が正しく理解することは不可能に近い。新聞に期待される役割の第一は、予算案をはじめとして、行政が開示した大量の情報を住民の視点に立って整理要約し、わかりやすく住民に伝えることである。第二に、議会に対する住民の関心は乏しいが、議会で、何が問題として取り上げられ、それについて誰がどんな答弁や議論をしているかを住民にわかりやすく伝えることである。第三に、行政も議会も概して都合の悪い情報を表に出したがらないから、隠蔽されている行政や議会の問題点を発掘、調査、分析し、報道する、さらには、その改善、改革を促すことが新聞に期待される。

第四に、自治体に対する住民の要望、意見などを載せる紙面を用意すること。そして、第五に、主要なテーマを取り上げ、住民の要求、主張などと、それに対する議員や自治体担当者の見解、方針などを自由にぶつけ合い、相互理解ひいては合意に多少なりとも寄与する〝言論の広場〟を提供することである。これには学識経験者などの第三者にも参加してもらうのがいい。第六に、住民が便益と負担との関係を理解し、行政のありかたを考えるようになる啓蒙的な紙面をつくること、である。

新聞は映像主体のＴＶと違って、大量の文字情報を提供できるから、問題をくわしく紙面で取り上げることができるし、数字が入るような細かい問題も取り上げやすい。一般紙のように住民の購読者数が多ければ、行政改革の推進に大きな影響力を持つだろう。

民主主義を支える新聞の警告は十分か

神野直彦東大教授は「予算の民主主義と予算公開の原則は一八三〇年代の英国で、議会の内部に新聞記者席が設けられたことをもって確立されたといわれている。新聞は予算を読み解いて、国民に知らせる任務がある。夕張市の場合でも、市民がある日、突然に財政破綻を知らされるのではなく、新聞が適宜、警告を発しているようでないと民主主義は有効に機能しない」(4)と新聞の役割を重視している。

だが、実際に新聞がそうした役割を十分に果たしてきたか、といえば、岐阜県、大阪市、夕張市などの問題が示すように、自治体行政をめぐる突っ込んだ取材、報道は明らかに不足していた。地方自治とはいうものの、ひところ〝三割自治〟などといわれたように、実際には国が権限も財源も大半握っていたとか、地方の財政はツケの大部分を最終的には国に回せるシステムになっていたから、自治体の行政や議会にしても、また住民にしても、問題意識や危機意識の生まれようがなかったと言えなくもない。冷静かつ客観的な目を持つべき新聞もその延長線上にあった。

とはいえ、打ち出の小槌に依存する、そうしたシステムが永続するはずはない、将来、どうなるのか、といった問題意識を欠いていたという点で、新聞もまた反省を迫られてしかるべきであろう。では、今後、新聞が民主主義の先兵としての役割を果たせるようになるか、といえば、それも容易ではない。

3　いま新聞が抱える問題点 ――記事と経営と両面で

発表物に依存する自治体関連の報道

いまの一般紙の記事・紙面には、いくつかの特徴がうかがえる。第一に、テレビや週刊誌の影響を受け、スキャンダルを派手に取り上げるなど、紙面のつくりかたが概して興味本位であり、じっくりと問題に取り組むことが少ない。また、他紙が記事にしそうなら、自紙でも記事にするといった横並びの傾向は相変わらず続いている。

第二に、速報重視と関わりがあるが、発表や取材対象者の言うことを鵜呑みにして記事を書くなど「客観報道主義」の傾向が強くなっている。「誰それが明らかにしたところによると、……」と書けば、たとえ誤報であっても報道する側の責任はない、という発想である。換言すれば、発表内容を冷静かつ客観的、歴史的な目でとらえる批判精神が薄れている。

第三に、一部の重点的なキャンペーン記事などは別として、独自の調査報道がきわめて少ないし、それを行う取材態勢ができている新聞社は限られている。地方自治体に関する取材、記事では、どの新聞社も突っ込みが浅い。

現在、県紙、地域紙、ローカル紙（地元紙）は地元のさまざまな出来事を報じてはいるものの、行政に関する報道は、予算のほかは、事件等にからんで、首長の答弁でニュース性のあるものを取り上げたりするぐらい。あとは、自治体が住民に知らせるためメディアに提供する情報、即ち発表ものがほとんどである。議会での質疑を簡潔に要約して載せている新聞はいいほうだろう。行政情報については、自治体が発行する広報紙のほうが概して詳しい。

予算、決算の中身のチェックとか、福祉、教育などの行政ニーズなどに立ち入った視点での独自取材、報道は、いくつもの県紙や地域紙を実際に読んだ限りではまず見当たらなかった(5)。

都道府県や主要な市には記者クラブがあり、自治体の広報担当が情報を提供している。また、新聞社は各種の催しで県や市の後援などを得たり、逆に県や市の行事を共催や後援したりして、持ちつ持たれつの関係にある。お互い利用しあう面が少なからずある。なかでも、県紙などの地方紙は、全国紙やブロック紙の攻勢を排するため、県や市などと密着することもままあるといわれる。そうした経営サイドの事情も含めて、自治体を担当する記者の問題意識が鈍かったことは否めない。

ところで、記者クラブについては、鎌倉市が竹内謙市長のもとで、一九九六年に記者クラブの部屋を廃止し、誰でも使える広報メディアセンターを設けたり、長野県が田中康夫知事のもと、二〇〇一年に「脱・記者クラブ宣言」を発したりしたことがあるように、情報公開のありかたとして問題にされることがある。

県や市が情報公開の観点から、より多くのメディアに伝えたい、あるいは多くのメディアからまとめて取材を受けるほうが楽だ、ということで、記者クラブのオープン化や廃止を実行するのは一つの考え方である。また、記者クラブはメンバーが限られ、閉鎖的だから、入会を希望するメディアに加入を認めるべきだというのも、独占禁止法的な観点では当然である。

しかし、行政側にとって記者クラブを置くのは結構、メリットが大きい。記者クラブのメンバーと日頃から付き合いがあり、気心が知れているので、行政側が内心期待する記事の取り上げ方になるよう働きかけやすい。それに、困ったときに記事の書き方などで穏便にはからってもらえる可能性がある。事務的にも、記者クラブがないと、発表などは県や市がやりたいときに個別にいちいち連絡して記者を集める形で行なわざるをえないから面倒でもある。

一方、記者クラブから行政などに会見などの要請があると、行政などは個別のメディアからの要請と違って、大体は受けざるをえない。即ち、行政など取材先の都合で取材を許されたり、断られたりすることがほとんどなくなるので、知る権利を担うメディアにとって、記者クラブの価値はきわめて大きいと言える。

これまでも、記者クラブによっては外国人記者に会見への出席を認めるなど、徐々にオープン化している。県庁などの記者クラブにオフィス使用、電話代などで便宜を図りすぎるのは是正すべきだが、記者クラブ無用論はかえって行政改革を遅らせる面もある。新聞記者は所属するそれぞれのメディアからひたすら競争に駆り立てられている。彼ら記者の労働条件を悪化させないという効用も記者クラブにはある。そうした事情を含め、記者クラブの是非をある一面だけで判断するのは性急である。

もちろん、記者クラブ問題は、読者・市民の観点からすれば、メディアが、記者クラブがあることに甘えず、中立・公正な立場で問題の本質に迫るジャーナリスト精神を堅持してきたかの話である。それは新聞の役割を考えるうえで大きな課題である。

購読者の減少傾向が続く

記事・紙面上、そうした問題点を抱える日本の新聞界は、経営的にも大きな転換点に差し掛かっている。

日本の新聞界では、日刊の一般紙は全国紙（読売新聞、朝日新聞など）、ブロック紙（北海道新聞、中日新聞、西日本新聞）、県紙、地域紙などに分かれる。戦時体制で一県一紙に統合された歴史が背景にある県紙と呼ばれるものは、発行部数が二〇万部前後かそれ以上の日刊新聞で、三〇ぐらいある。七〇万部余の規模の新聞もあり、販路が複数県にまたがる新聞もある。地域紙は発行部数が概ね数万部で、下は一万部程度から上は一〇万部余までである。江戸時代の藩の領地に見合う地域の読者が中心の地域紙もある。以上のほかに、紙面すべてがローカル・ニュースに特化したローカル紙（地元紙）が存在する。その中には、大阪日日新聞のように公称一一万部と規模が大きいものもある(6)。

これら日刊の一般紙がいま経営面で直面している大きな問題の一つは、若い世代で新聞が読まれなくなっていることである。テレビに加え、インターネットの普及で、大きな出来事をはじめとして各種の情報が新聞なしで入手できるようになった。また、携帯電話の普及に伴って、若者の活字離れが一層進行した。このため、日刊新聞の総発行部数は一九九七年度（五三七六万部）をピークに日本全体としてゆっくりとだが下降線をたどっている。〇六年一〇月現在の総発行部数は五二三一万部である。俗に〝押し紙〟といわれる、購読者の裏付けのない新聞発行部数を差し引けば、実質はもっと急速に減少しているとみられる。

いま一つは、地方経済の疲弊などで新聞広告への出稿が減る傾向にあることである。〇六年の新聞広告費は前年を三・八％下回り、二年連続して減少した。無理な広告獲得競争の激化で広告の質が落ちていることは否めない。『日本新聞年鑑'05－'06』は「国内新聞の概況」として「財務状況は厳しさが続いている」と述べているように、新聞経営が厳しい環境にあることは変わらない。

それに加えて、新聞界が危機感を強めているのは、消費税の引き上げである。〇九年にいまの五％

から八％に引き上げられたら、経営危機に陥る新聞社が出て新聞界全体が混乱するのではないかと業界内部でささやかれている。また、現在、独占禁止法の適用除外とされ、新聞の定価販売を支えている再販売価格維持行為制度が、数年のうちに廃止される可能性もある。それも現実化すれば、激烈な値下げ競争が起きて企業淘汰が起こることが予想される(7)。

そうした厳しい経営環境の中で、二〇〇六年一二月中旬に岩国市に本社のある「防長新聞」（約一万六〇〇〇部）が廃刊、自己破産を申請した。同社は日刊紙と地域情報紙を中心とした経営だったが、広告収入が不況で減り、販売部数もピーク時の半分に落ち込んだため、経営が行き詰まった。空母艦載機の岩国基地への移転を容認する論調が読者の反発を受けたことも経営の足を引っ張ったという。

少し前の話だが、滋賀県には「滋賀日日」が一九七九年に休刊したあと、県紙に相当する新聞がずっとなかった。そこで、〇五年四月二九日に地元経済界の支援も受け、「みんなの滋賀新聞」が創刊されたが、同年九月一七日に早くも休刊に追い込まれた。京都新聞、中日新聞などとの競争や、通信社からニュース提供を断られる、地元の記者クラブ加入を拒否されたなど新規参入の障壁が高かったせいもあるが、読者を引き付けるだけの魅力に欠けていたと見てよかろう。

いずれにせよ、地域の読者が読み続けたいと思う紙面づくりが経営上、焦眉の課題である。それができなければ、若者の新聞離れと地方経済の疲弊や新聞の販売競争激化で、経営の行き詰まる新聞社が出てくることは十分予想されるところだ。

4　新聞の歩むべき道は

変わる行政の重点分野に新聞は対応しているか

では、今後の新聞はどうあるべきか。

財政危機を背景とする市町村合併に伴って、市町村数は約三二〇〇から約一八〇〇に減った。今後も徐々に集約が行われよう。道州制の実現はほど遠いにせよ、国から地方への権限や税源の移譲はこれからも進む。都道府県から市町村への移譲も同様だろう。だが、小さな政府、効率的な政府をめざす行財政改革はこれからが本番だ。少子高齢化などで社会保障関係の予算が大きなウエートを持ち、住民のワークライフバランス追求などもあって、行政の重点分野も様変わりしつつある。したがって、現在の新聞の取材態勢や紙面づくりのほうも、そうした変化に見合って、新たな重点分野を十分にカバーするように変わっていく必要がある。それはおそらく読者のニーズに沿うだろう。

全国紙やブロック紙は県版を何ページか持っているが、主要都市以外の市町村レベルでの突っ込んだ取材を行う人員配置や紙面建てになっていない。それに比べ、県紙や地域紙などは本社のある市（県庁所在地でない市に本社のある新聞もある）における取材網や紙面に重点を置き、独自性を持つ。それ以外の地方のニュースについてはエリア内をいくつかに分けた紙面建てにし、それらの地域に取材記者を配置している。また県全体よりも大体は販売エリアが狭いローカル紙（地元紙）も、同様な配置や紙面にしている。

地域に本社がある県紙や地域紙は、記者だけでなく、多くの社員、従業員もその地域にいるから、自ずとその地域の直面する問題を実感しやすい。したがって、本社のある市および周辺の地元ニュースを重点的にカバーし、報道する県紙や有力な地域紙は、地域の問題をごく自然に自分たちの問題として報じる。また、住民やその地域の行政にそれなりの影響力を持つ。それだけに、今後、自治体の行政改革を推進するうえで、県紙などは大事な土俵になりうるのである。

だが、県紙以下、市町村を実際に取材して回る記者の数はいずれも限られている。二〇万部程度の発行部数の県紙だと、内勤を含めて編集に携わる者は多いところで百数十名、少ないところでは七、八〇名ぐらいである。また、地域紙は大半が従業員総数一〇〇人以下で、編集の人員はその半分か三分の一にとどまる(8)。

このように、現在の新聞は、各地方自治体の行政改革を媒介する担い手としてはいささか心もとない。しかし、グローバル化のもと、地方における経済、社会、暮らしなどが揺らいでおり、行政のありかたも変革を迫られている。そうした分野に紙面や記者を重点的にシフトすることが必要だ。限られた人員などの制約の中で、客観報道主義や発表依存型から脱却して住民の視点に立った解説や問題点の指摘ができるメディアへと、取材態勢や紙面づくりを切り替えることが望ましい。

広い視野と深く掘り下げた取材で記事が書ける記者の育成を

それには、以下の対策を県紙、地域紙やローカル紙が実施することが求められる。

取材態勢については、まず、記者が若いうちはいろいろな分野の取材を経験する必要があるが、その後は、特定の分野に秀でた専門記者として育成することである。広い視野からとらえ、かつ深く掘り下げる記事こそが、今後、新聞が生き延びる道だからである。

当面は、第一線の記者に行政の実務、実態や行政改革のあり方等に関して学んでもらうとか、教育研修を受けてもらうことである。あるいは、人事のパターンを変えて、行政問題について豊富な取材経験があり、問題意識に富んだベテランがいたら、彼らを第一線での取材・執筆にあたらせることである。

紙面構成については、地域の行政に関する紙面を大幅に拡充して、行政の課題や行財政改革のあり方を皆で多角的に議論する〝広場〟を設けることである。自治体幹部や議員のみならず、住民や学者等が〝広場〟に参加するようになれば、従来の一方的に情報を供給するだけのメディアから双方向的なメディアに変貌する(9)。

いまや、行政・議会の問題点を追及するオンブズマンなどＮＰＯの活動をメディアが後追い報道する形で行財政改革が進展することが多い。ＮＰＯなどには、記者に問題点の所在および背景説明や情報提供などを行うことを期待したい。そうした働きかけにより、それまで気付かなかったとしても、記者は問題意識を持つようになり、視野が広がる。そして、関連する記事を執筆するようになる。いい意味でメディアを活用し、メディアを育てることが必要である(10)。

そうした改革が新聞を読者に近づけるとともに、地方の行財政改革を促し、地域の経済や社会を活性化する。それが、ひいては新聞を地域住民にとって必要不可欠なものにし、結果として新聞の存在価値を維持し、高めることができるのではないか。

地域に密着した新聞がないところも

以上、行財政改革を推進するうえでの新聞の役割について述べた。だが、〝広場〟の機能があまり果たされそうにない地域があることも指摘しておく必要があろう。

その最たるものが巨大な都市、東京都区部である。東京都の各区はそれぞれが大都市並みの人口を抱えている「都市（シティー）」である。日刊の一般紙は都全体を対象にした面と、都区内版や多摩版などの面を持っている。しかし、特別区一つ一つを対象にした紙面をつくるところはない。もちろん取材記者を各区に常駐させてはいない。そのため、区の行政事情に関するきめ細かい情報が乏しい(11)。「都政新報」（週二回）、「都政新聞」（月三回）のような都政専門紙があり、一般紙よりも詳しいが、一般市民は購読していない。

一方、県全体をカバーする県紙ないしは地域紙がないのが滋賀県と和歌山県である。すでに述べたように、滋賀県に本社を置く日刊の一般紙は存在しない。京都新聞などの販売エリアではあるが、それらの新聞は本社所在地のある地域の取材や紙面づくりと違って手薄な取材体制である。また、和歌山県には夕刊紙の紀伊民報（本社、田辺市）はあるが、主に県南部を販売エリアとしており、和歌山市など北のほうの取材等は手薄になっている。このように、地域に密着した〝広場〟の役割を果たすメディアが各地域にあるとは限らない。

これらの「空白」地域に新たに新聞が誕生する可能性はまずないとみてよかろう。新聞の斜陽化が進むとすればなおさらだ。残念ながら、「空白」地域では、全国紙などの地域版が主要な地域ニュースをカバーするにしても、それ以上を望むのは無理だろう。将来、ひょっとしたら無料紙が重要な役割を担うかもしれないが、ここでは考察の対象外である。いまのところ、市民がインターネットなどを利用して独自の〝電子広場〟を形成することを期待するしかなさそうに思われる。

【注】

（1）　ここの記述に関しては『実録　市民vsカラ出張議会　解散と再生の舞台裏』尼崎市議会不正出張問題編集委員会、一九九四年一一月を参考にした。

（2）　『新聞研究』〇一年一〇月号「高知新聞社　平成一三年度新聞協会賞受賞『やみ融資問題』の調査報道と企画連載『黒い陽炎――県やみ融資究明の記録』」に基づく。

（3）　大峯伸之「大阪市役所の職員厚遇問題」『都市問題』、〇五年九月号。

（4）　〇六年一二月二八日付け日本経済新聞の公会計改革広告特集の中のインタビュー記事。

（5）　〇六年あたりから、日本経済新聞が地域経営、なかでも自治体会計（公会計）の改革に力点を置いて報道するようになった。先進自治体の取り組みを紹介したり、財務指標で全自治体をランキングしたりしている。各自治体が全国の自治体の中で財政的にみて、どのレベルにあるのかという相対的な位置が読者にわかる。

（6）　県紙、地域紙という呼び方は日本新聞協会に加盟する新聞社を、規模をもとに分けて呼ぶ慣習的な区分を用いた。ローカル紙（地元紙）という呼び方は、日本新聞協会に加盟せず、通信社から海外・国内ニュースを買っていない日刊の一般紙をさすもので、筆者の便宜的な用語使用である。

（7）　無料紙が広がる可能性があることも、有料の新聞の経営基盤を揺るがすおそれがある。米国の新聞界では、メディアが株式を公開しているという事情もあるが、ネットや無料紙に対抗して人員整理、用紙サイズの縮小（によるコスト削減）、独自ネタの提供、解説記事などの比重増大などの傾向が出ている。

（8）　『日本新聞年鑑'05－'06』の新聞社別データより。

（9）　中国新聞（本社、広島市）は、〇七年一月五日から紙面を刷新。道州制を念頭に、中国地方五県をカバーする「ワイド中国」の面を設けるとともに、広島県および周辺県の各地域を以前よりきめ細かく報じる面建てにした。また、「ふれあい」の面に「わいわい　討論」の欄を設け、ブログと組み合わせて、「景観を守るまちづくりを考える」などのテーマで〝広場〟を提供している。
また、〇七年一月以降、盛んになった東京都特別区等における議員の政務調査費をめぐる新聞報道は、読者に情報提供を求めている。

（10）　ローカル紙（地元紙）の上越タイムス（本社、新潟県上越市）は毎週一回、特定のNPO（くびき野NPOサポートセンター）に紙面を提供し、そこが編集した四ページにわたる県下のNPO関係の情報を載せている。また、新潟県上越地域振興局、上越市、妙高市にも、それぞれ週一回一ページだが、行政情報の面を提供している。編集権をＮＰＯや県市に渡すことについては疑問もあるが、ＮＰＯなどとの協動は新しい試みである。

（11）朝日新聞の場合、都区内は都内版、川手版の二つあり、都下は武蔵野版と多摩版とがある。なお、神奈川県では五つの版を設けているが、それらの紙面はほとんど同じ内容。埼玉県では四つ、千葉県は三つの版で同様である。

第10章　新しいジャーナリズムの可能性

木村恭子

1　ネット時代の市民の影響力

インターネットの普及と軸を一にして、ネットが選挙の当落を含めた政治への影響力を強めている。といっても、日本以外での話しだが……。

米国のネット上での政治活動は、「一九九六年ごろから活発化し、国政選挙を経るごとに拡大している」（毎日新聞二〇〇七年四月三日付け朝刊）そうだ。

個人的には、「二〇〇四年」が一つのエポックメイキングな年として記憶に残っている。同年の米大統領選で共和党のブッシュ、民主党のケリー両候補の陣営がホームページを立ち上げた。

また、米民主党は同年七月の党大会で、ブログ（日記風の簡易型ホームページ）を通じて情報発信する書き手「ブロガー」向けにも、既存のマスメディア同様に記者席を設けた。特にこのニュースには、日本の現状、ブロガーはおろか記者クラブに所属している会社でないと、なかなか記者席を設けてもらうのは難しい現状と比較して、かなり驚いた。

さらに、米国では、二〇〇八年一一月の大統領選に向け、民主党のヒラリー・クリントン上院議員やジョン・エドワード元上院議員がネット上で立候補を表明。政治を司る側のネットによる選挙活動は、常態化しているといえる。

また、アジアの中では韓国において、ネットを利用した政治活動が活発だ。二〇〇二年の大統領選では、出馬した七人のうち六人がネット上で公約や遊説日程を細かく示したように、立候補者が選挙運動としてネットを活用した。

一方、有権者側についても、米国や韓国で、ネットを積極的に使い、政治に影響を与えているケースが目立つ。例えば、ネット人口が総人口の約七割（約二億人）に達したとされる米国。二〇〇八年の大統領選投票まで一年半以上もある二〇〇七年四月に、イラク早期撤退を求める左派系市民団体「ムーブオン」（会員三〇〇万人）が、民主党から出馬している候補七人を対象にした「ネット模擬予備選」を行った。約四万三〇〇〇票のうち一位は、「来年三月末までに米軍撤退」を求めるという、バラク・オバマ上院議員で、得票率二八％。一方、ヒラリー氏の得票率は一一％で五位と低迷した。

また、韓国でも二〇〇二年の大統領選で、有権者側もネットを通じて様々な支援活動を繰り広げ、盧武鉉（ノ・ムヒョン）候補を支援するグループがネット上で「ノモサ（盧武鉉を愛する人々の会）」を結成、盧氏の当選に一役買ったと言われている。

日本ではどうか。

まず、候補者側からみたネットの選挙運動への活用については、公職選挙法で公示（告示）後に政党や候補者によるホームページやブログの更新が禁じられているなど、厳しく規制されている。例えば、ホームページは、選挙期間中に禁止されている「ビラとはがき以外の文書図画の頒布・掲示」に当たる、という具合だ。

とはいえ、二〇〇七年四月の統一地方選では、公職選挙法の枠内で、ネットを活用した候補者が増えた。序章でインタビューした、佐賀県の古川康知事は、再選に向けての出馬にあたり、個人のＨＰ(1)でマニフェストをアニメ画像にして公開。また、三選を果たした東京都の石原慎太郎都知事は、選挙期間中、ブロガー約三〇人を事務所に集めて懇談した。

ネットが普及した現代社会を想定していなかった時代に制定された公職選挙法。かねてからネットによる政治活動に積極的な民主党は、ネットを使った選挙運動の解禁を盛り込んだ公職選挙法改正案を、一九九八年から四回にわたり国会に提出している。また、ネット利用に消極的だった自民党内でも、解禁に向けた動きが、中堅・若手議員を中心に高まりつつある。

一方、有権者側から見た場合は、「公示（告示）後に候補者についての書き込みを個人のホームページにしてはいけない」といった規制はないものの、「ネット上のサイトが票の動向を左右した」といった話を、少なくとも私は聞いたことがない。候補者側が海外の先例と同じ道を歩み、ネット活用を積極化しつつある一方で、有権者側については、ネットによって政治に影響力を及ぼしたような目立った動きが見られないのが、現状のようだ。

日本でも、ネット利用者は七九〇〇万人（二〇〇五年版情報通信白書）[2]。また、ブログ登録者は八六八万人（二〇〇六年三月末現在、総務省調べ）に上り、六カ月前（二〇〇五年九月末現在、同）の四七三万人から八割増と急増している。日本でも、有権者がネットを利用して政治に関わり、ひいては改革の原動力となりうる可能性があるのではないか、と想像する。

そのカギを握る一つは、有権者（＝市民）と政治を仲介する役割を担う「メディア」という、システムではないかと考える。海外では、ネット時代を反映した、新聞やテレビといった既存のメディアではない、新しいメディアが台頭している。

例えば、市民が記者として参加する韓国のネット新聞「オーマイニュース」（OMN）[3]。読者が盧武鉉大統領の支持層と重なり、二〇〇二年の同政権の原動力となったといわれ、二〇〇四年の大統領弾劾政局でも、盧大統領や太陽政策を支持することで存在感を増した新メディアは、二〇〇六年六月に日本に進出した。

これは、ネットを利用した新しいメディアであることに加え、市民が記者として参加している点がユニークだ。また、個人がブログを通じて自分自身がメディアを持つ、ブロガーの存在も新しい流れといえる。

私は、こうした新しいメディアがジャーナリズムとして社会意識の概念まで根付くのだろうか、新しいジャーナリズムは市民の政治意識にどのような影響を与え、さらには改革へと影響力を及ぼす可能性があるのであろうか、といった問題意識を持っている。

そこで、この章では、日本のネットメディアやブロガーなどの新しいメディアとしての市民ネットメディアの台頭について、市民ジャーナリズムの視点から紹介したい。そして、既存メディアについては、市民が政治に影響力を及ぼした例として、米国で一九九〇年代に現れた、既存メディアが市民（読者）を巻き込んで試みた、ジャーナリズム改革を目指す運動「パブリック・ジャーナリズム」ついて、後半で触れたい。

市民ジャーナリズム（Grassroots Journalism）と、パブリック・ジャーナリズム（Public Journalism）。この二つの新しいジャーナリズムが、日本において、市民の住民活動や政治意識にどのような影響を及ぼすのか、市民による改革を可能とするのか、を掘り下げていきたいと思う。

2　市民ネットメディア

ネット新聞

前述の、市民が記者として参加する韓国のインターネット新聞「オーマイニュース」（OMN）のようなネット上のニュースサイト（ネット新聞）は、オーマイニュースの日本語版ができる以前に、日本にもあった。

ＯＭＮが韓国で創刊された二〇〇〇年から遅れること二年。ネット新聞「Ｊａｎ　Ｊａｎ」（http://www.janjan.jp/）が、二〇〇二年七月に創刊された。現在、原則無給の市民記者約三〇〇〇人を抱える。発行母体は、朝日新聞編集委員や神奈川県鎌倉市長を歴任した竹内謙氏が社長を務める、ＮＰＯ型株式会社の日本インターネット新聞（東京・千代田）だ。

ホームページを見るに、市民記者からの記事のほか、選挙に関するデータベースに力を入れていると見受けられる。「ザ・選挙」のページでは、全国政治家のデータベース（国から地方まで）として、選挙状況は政治家からのレポートなどが掲載されている。

地方選挙の研究者やウォッチャーの間では、なかなかの評判らしいが、正直、一般への知名度はまだ高いとは言えない（少なくとも、私の友人らは誰も知らなかった……）。実際、抱える市民記者の数も、

ＯＭＮの市民記者四万人と比べて見劣りする。

二〇〇七年四月の統一地方選前に取材した竹内社長は、創刊当時を、こう振り返った。「ＯＭＮの成功もあり、すぐにブレイクすると期待していた」そうだが、「韓国とは状況が違うことを、一年たって気付いた」という。

竹内社長によると、日韓の大きな違いは、日本は韓国に比べて既存の大手新聞への信頼性が高い、ということだそうだ。

韓国では、一九八〇年代にようやく軍事政権から民主化路線が敷かれた中で、韓国の三大紙（朝鮮日報、中央日報、東亜日報）が保守的な論調をとり、韓国市民は既存の新聞に対する期待よりも、進歩的なジャーナリズムを求める声があったという。その声に応えたのが、ＯＭＮだった。「特にＯＭＮが扱う政治問題への関心が高く、逆に政治問題が焦点にならない時のアクセス数は大手紙のネット版に劣る」（二〇〇六年三月四日付け毎日新聞夕刊）のだという。

ＪａｎＪａｎは、日本でネット新聞が政治への影響力を強めていくために、日本の風土にあうような方向での対応を考えた結果、看板となる「ザ・選挙」を二〇〇六年七月に立ち上げた。特に住民が身近に感じられる「地方」に力を入れていくという。「ネットメディアがまだ日本には定着していない」と語る竹内社長は、「（発行を）続けることが一番大事。方向性は間違っていない」と言い切る。

ＪａｎＪａｎ創刊から四年たった二〇〇六年三月に、ソフトバンクが三〇％出資した日本法人「オーマイニュース・インターナショナル」（東京・港）が設立され、同年八月にＯＭＮが日本でも創刊された（http://www.ohmynews.co.jp/）。元サンデー毎日編集長でテレビキャスターの鳥越俊太郎氏を日本語版編集長に迎え、話題先行でスタートした感もあるが、今のところ韓国のような盛り上がりが日本ではまだない。

当初、二〇〇六年内で市民記者五〇〇〇人の登録を目指していたものの、同社のプレスリリースによると、三〇〇〇人を突破したのが二〇〇七年二月。さらに、二月二〇日付けで、講談社の『フライデー』『週刊現代』などの編集長を歴任した元木昌彦氏を編集長代理に据え、編集体制の強化を図った。

日本語版の平野日出木編集次長は、二〇〇七年二月末のインタビューで、「韓国と日本ではネット新聞の立ち上げのタイミングも違うので、日本は日本のやり方でやっていく」と語り、日本でのスタンスは、「大きな政治状況を変えるよりも、身近な話題、テーマについての記事を中心にしていく」方針をとるとのこと。

実際、いじめの問題でリアルに子供のいじめを書いた市民記者の記事に対し、既存メディアから「記者に取材させてほしい」との問い合わせがあったという。こうして、日本語版の記事に対し、ほかのメディアが注目する機会を増やしながら、「日本の窒息状況のメディアを変えていく」（元木編集長代理）役割を追求する。

平野次長は、今後の課題として、㈠市民記者ではない編集部の出稿を増やす㈡市民記者の稼働率を上げる㈢記事の質を高める――ことを挙げた。

ＪａｎＪａｎやオーマイニュース日本語版のほか、ライブドアのＰＪニュース（http://www.

pjnews.net/index.php）など、市民が記者となり発信する市民参加型ネットニュースサイトが日本でも複数出てきて、「市場」が広がりつつある中、どのように存在感を日本で示していくのか。果たして、市民ジャーナリズムとして、社会意識の概念にまで根付くのか。今後の展開に注目したい。

ブロガー

市民がニュースを発信するにあたり、プラットフォームを他者（ＪａｎＪａｎやＯＭＮ）に求めるのではなく、自らがプラットフォームとして発信するのがブログだ。日本では市民記者によるネット新聞の普及よりもブログの浸透の方が早かったといわれ、ネット新聞が先に根付いた韓国とは環境が違う。「この順番の違いは大きい」（二〇〇六年五月一二日付け朝日新聞朝刊）のだそうだ。

総務省の発表によると、二〇〇六年三月末現在で日本でのブログ登録数は八六八万件。数のパワーで、ブロガーが既存のメディアの存在意義を揺るがすのではないか、との勢いを感じる数字だ。

実際、アクセス数が月に数万を超えるブロガー（「アルファブロガー」と呼ばれているそうだ）も現れ、ブロガーに自社製品の宣伝を期待する企業も増加している。ブロガーに商品などの記事を執筆してもらい、ネット上での口コミ効果による商品の認知度の向上を図るのが狙いだという。

二〇〇六年版情報通信白書でも、「消費者発信型メディアによって形成されるコミュニティの影響力（消費者の意見、評価等の影響力）が高まり、消費者主権の流れが後押しされている」として、「消費者発信型メディアの台頭」を取り上げている。

また、前述のように、東京都知事選で勝利した石原知事も、選挙中にブロガーを集めて意見交換会を行った。経済の場のみならず、政治の場でも「無視できない存在」（民主党中堅議員）になってきた。目的を限定しない自己表現の形態であるブログが完全に定着している、といわれる米国のブログ事情をみながら、日本のブロガーが市民メディアとして、また市民ジャーナリズムとして根付くかどうか、についての可能性を探ってみたい。

前述のように、米国では、民主党が二〇〇四年七月の党大会で、ブロガー向けにも記者席を設け、またホワイトハウスでも記者として招き入れられるなど、ブロガーがジャーナリストの一員として認められつつある。また、ブロガーが米テレビのCBSの報道に異を唱えた結果、キャスターが降板したり、最近では、ブログを中心に活動しているフリー・ジャーナリストに対し、取材源の秘匿が適用されるか、といった議論も巻き起こっているほど、ブロガーの社会的な存在感が大きくなってきている。

こうした米国内の事情を記した資料のうち、日本語訳の本も出ている『We, The Media: Grassroots Journalism by the People, for the People』（朝日新聞社から『ブログ　世界を変える個人メディア』として出版されている）を、ここでは紹介する。著者は、シリコンバレーの地方紙「サンノゼ・マーキュリー・ニューズ」のコラムニストだったダン・ギルモア氏。

日本でこの本が出版されたのは二〇〇五年だが、ネットメディア、市民メディア、市民ジャーナリズムの確立がまだ途上にあると思われる日本においては、今読んでも古い感じはしない。

「ブロガーを志す人には必読の書」と紹介された書評（朝日新聞、二〇〇五年一〇月二日朝刊）では、こう説明されている。

著者は、自らが一九九九年にブログを開設したことから、ブログが持つ「大きな潜在能力と新たな課題に気付いた」という。例えば、ジャーナリストよりも専門家や現場の人間の方が真実をよく知っていることに気づき、今まではそれを知らせる手段がなかったが、ネットの登場で表面化しやすくなった。結果、「ブロガー」と呼ばれる個人がマスコミや世の中に大きな影響を与え始めたと指摘。ネットが新しい市民ジャーナリズムを形成しつつあると主張している。

一方で、ネットでは無責任な風評が流布される危険もあり、市民ジャーナリストの教育の必要性を訴えた。

著者は、市民メディアの台頭は既存メディアへの驚異でもあるが、両者がうまく競争することで、ジャーナリズム全体の向上につながることを期待する。

実際、ギルモア氏は、新聞社を退社し、二〇〇五年に市民ジャーナリズムを育てるための会社、グラスルーツ・メディア社を設立した。「市民ジャーナリズムに大きな可能性を感じた」からだという。同年に来日した際、朝日新聞（二〇〇五年一〇月二七日朝刊）に掲載された対談では、ブログの役割について、「ブログの重要な役割の一つは、マスメディアの批評家として機能すること」を挙げている。「正当な批判もあり、その部分にはメディアも耳を傾けるべきだ」という。

とはいえ、ギルモア氏自身も、「政治記事や良質なコラムは、絶対ニューヨーク・タイムズで読む」とのことで、「広い取材源を持ち、正確で包括的な視点を持てるのがマスメディアの優れたところ」と、マスメディアの利点も指摘。ブログについては「より専門的な話題や事件などの背景を知るには有効だと思っている」との認識を示した。

ブログを通じた市民メディアの可能性については、「ブログとプロのメディアの境界線があいまいになりつつある。自分に大切なことを日々発信することは広義のジャーナリズムであるし、わずかな人でも共感してくれればいい」といい、「ブログがジャーナリズムかどうかより、メディアの環境が広がっていき、従来のメディアと市民の情報が補完的に共存していく環境ができるととらえるべき」と断じた。

一方で、「発信が多くなれば、より多くのノイズ（雑音）も発生する。その中から必要な信号をきちんとすくい取るための、ジャーナリズム教育も必要になろう」との問題意識も示し、「誰もがジャーナリスティックな活動ができるようになる時代。市民がニュースの過程に加わり発言することで、より良い市民社会への道が開けると思う」と締めくくっている。

この記事を改めて読むに、日本のブログ事情は、彼の指摘通りに推移してきているように思える。例えば、日本で人気のブログ、アルファブロガーの内容は、経済分析から書評、時事、芸能ネタなど様々だが、ギルモア氏がいう「より専門的な話題」が多いように思う。

私自身、マスメディアに長く勤めている記者として振り返るに、マスメディアには確かに「専門性」が高い記者もいることにはいるが、多くは、「記者クラブに配属されて三日もしたら、専門家気取り」と揶揄《やゆ》されるような状況だ。いろいろな取材に携わる、という人材育成の方法が一般化しているゆえの、ある意味での弊害か。「広い取材源」や「包括的視野」を養うことには有用だが、「高次な専門性」を身に付けるのにはなかなか難しい職場環境ともいえるのだろう。

その意味で、専門性を持ち合わせ、しかもジャーナリズム教育も受けたブロガーが登場することは、正直、私自身にとっては、明らかに「脅威」だ。

果たして、日本でも、永田町の首相官邸での記者会見にブロガー席が設けられる日がくるのだろうか。米国が、ブロガーの活躍を通じて「より良い市民社会」を築くことができるのかどうか、といった過程を見守ることは、日本の近未来を予見することにもつながるだろう。

なお、日本にも、ブログという新しいメディアに早くから注目し、既存メディアから参加型メディアへの世代交代を一貫して唱えてきた人がいる。時事通信社に勤めるＩＴ専門記者の湯川鶴章編集委員だ。

湯川氏は、資料によると、高校卒業後渡米し、米カリフォルニア州立大学サンフランシスコ校経済学部卒業。サンフランシスコの地元紙記者を経て、時事通信社米国法人に入社。現在は帰国している。二〇〇三年九月に『ネットは新聞を殺すのか』（共著、ＮＴＴ出版）を上梓し、同名のブログも発信していた。さらに、二〇〇五年一〇月には『ブログ・ジャーナリズム――三〇〇万人のメディア』（共著、野良舎）、翌年六月には『ブログがジャーナリズムを変える』（ＮＴＴ出版）を出版するなど、ブログに関する著作物も多い。

今は、社公認のポッドキャスティング（ネット上で音声データファイルを公開する方法の一つで、オーディオのブログとして位置付けられている）「ＩＴブログツナガリ　ＩＴ潮流」（http://it.blog-jiji.com/001/）で、ＩＴ業界のキーパーソンへのインタビューを展開している。

「時事通信社公認のブログ」ということで、開設当時は、「時事通信社がブログの事業化に向けた実験を開始した」（日経メディアラボ）と、メディア業界の中でも話題になった。

私は湯川さんにまだ直接お会いしたことがないが、著書やブログにはとても参考になる情報がたくさんある。ご興味のある方は、ご一読を。

余談だが、日本での「メディア批判」といえば、ネットの巨大掲示板「2ちゃんねる」を思い浮かべる人も多いのではないだろうか。「2ちゃんねる」はネット新聞でもなく、ブログでもない、日本独自のネット文化といえよう。閉鎖騒動など「2ちゃんねる」自体の話題も尽きず、「市民参加型のネット上での情報公開」という点では、今の日本においては、ネット新聞やブログよりも、その存在感は大きいのではないだろうか。

とはいえ、「2ちゃんねる」が、市民メディア、はたまた市民ジャーナリズムというカテゴリーに入るのか。さらには、ＳＮＳ（ソーシャル・ネットワーキング・サービス）(4)や、ビデオ共有サイトの「ユーチューブ」(5)、三Ｄ仮想空間「セカンドライフ」(6)といった、「ソーシャルメディア」と呼ばれる、ユーザー間のつながりやユーザーコミュニティを基盤としたサービスなどはどういうカテゴリーに属するのか。発展途上なゆえに興味が尽きない。

3　パブリック・ジャーナリズム

ブログ事情と同様に、既存メディアについても、日本の一歩先を行く米国。一九八〇年代末以降、米国では、新聞の発行部数も読者も減少したことを受け、「読者が新聞から離れたのではなく、新聞が読者から離れてしまったのではないか」と考えた人々によって、市民（読者）との対話を中心とした、メディアの再生に向けた新たな試み、パブリック・ジャーナリズム（シビック・ジャーナリズムとも呼ばれる）が始まった。

パブリック・ジャーナリズムについては、東京大学大学院情報学環の林香里助教授が二〇〇二年に上梓した、『マスメディアの周縁、ジャーナリズムの核心』（新曜社）(7)にくわしく記されている。ただ、本の厚さが三センチもある学術書。しかも、単価が五五〇〇円と決して安くないこともあり、ここで、私が同書の内容を抜粋しかいつまんで紹介することで、皆さんの理解を得たいと思う。

成り立ち

パブリック・ジャーナリズムの運動は、一九八八年の米大統領選に起因する。メディア各社は、ブッシュ候補とデュカキス候補のPRを垂れ流した上に、ショーアップ効果の増幅を手助けした、との批判を受けた。その結果、多くのジャーナリストは次回の選挙に向けて、いかに選挙・政治報道を工夫するか、が課題となっていた。

そんな中で、一九九〇年のカンザス州知事選報道にあたり、同州の新聞『ウィチタ・イーグル』は、「読者の興味をより反映する工夫を凝らそう」と、一般読者を討論会に招いて政治について思っていることを語らせ、それを記録して報道。さらに、紙面で市民に投票に行くよう直接呼びかけるキャンペーンを展開した。

この地方紙の「実験」を参考に、新聞ジャーナリズムとマスメディア研究を行う、フロリダ州のポインター・インスティテュート・フォー・メディア・スタディーズ（以下、ポインター）は、ノース・カロライナ州の「シャーロット・オブザーバー」（以下、シャーロット）と組み、一九九二年の大統領選の報道にあたり、「市民（読者）をカスタマーではなくパートナーにすえる」ことを目的にプロジェクトを開始した。選挙期間中、市民によるパネル・ディスカッションを行うなどし、市民が関心をもつ争点「市民アジェンダ」を設定。「読者こそが、選挙キャンペーンの中心的役割を担っている」と認識させるよう工夫を凝らした。

このポインターとシャーロットによる共同実験が、パブリック・ジャーナリズムの最初の体系的な試みだと言われている。

新聞と読者（市民）の断絶を再接続することを狙い、基本は、市民の討論であり、市民が選挙戦におけるアジェンダを設定すること。この手法は、市民との絆と対話を重視し、選挙報道の視点を変え、問題解決をふまえたジャーナリズムを工夫する動きとして、次第に全米各地に広まっていき、一九九五年までに、一五〇以上の報道機関で実践されるようになった。

市民に与えた影響

ポインターとシャーロットの取り組みは、「おおむね読者に評判がよかった」との報告があり、実際の大統領選の投票率でも、シャーロット市の有権者は六〇％が投票に行き、ノース・カロライナ州全地域平均五〇％や全米平均五五％を大きく上回った。同報告では、「市民と新聞をパートナーとして再接続する」という当初の目的は達成されたのではないか、と結論づけられている。ただ、実際に、シャーロット市の政治に及ぼした影響については、「確かな結果を得ることは困難である」とのこと。

とはいえ、元来、ジャーナリズムの活動は、パブリックのために公開される言論活動であるにも関わらず、「パブリック・ジャーナリズム」というトートロジー（同語反復）的な用語が生み出されたことは、ジャーナリズムの本質的前提が揺らいでいて、ジャーナリズムをパブリックへと引き戻そうとする、運動家たちの新たな意気込みを示すもの、と理解すれば、シャーロットの実験以降、全米各地（主に地方紙）で、市民参加のディベートなどによって、市民が政治過程に組み込まれたことは、報道方法の改革だけでなく、コミュニティのパブリック・ライフの活性化推進の一助となったのではないか、と考えられているそうだ。

しかし、米国のメディア学者によると、二一世紀に入り、パブリック・ジャーナリズムの運動は、やや停滞気味であるという。一つには、パブリック・ジャーナリズムに明確な定義がないことが運動の求心力を弱めることにつながっているほか、パブリック・ジャーナリズムの実践にあたっての手段として用いられた、DOP（Deliberative Opinion Polling：デリベラティブ・オピニオン・ポウリング）という、市民参加型の世論調査方法の限界によるところも大きいそうだ。

DOPは、一九九六年の大統領選の際に全米レベルで実施されたが、必要な資金や労力が大きい一方で、結果が地味であることを受け、二〇〇〇年の大統領選では全米レベルで実施されることはなく、むしろ、コストも労力も少なくてすむ、ネットを通しての政治討論や意見交換の方が話題に上った。

DOPの成果としては、市民たちが討論したその場限りではなく、その後も、そのテーマに高度かつ持続的な関心を持つようになった、との報告があるが、一方で、難しいテーマについて、いわゆる一般市民をにわかに教育し、討論させたとしても、その結果がどこまで有効か、は疑問が残る、との指摘もあるという。

評価

パブリック・ジャーナリズムの典型的な取り組みである選挙報道にあたっては、市民とのオンラインや公開による討論会や、市民によるアジェンダ設定への関与など読者との双方向性を追及していくが、これに対して、主に大手新聞は「客観主義からの逸脱」だと批判しているそうだ。また、パブリック・ジャーナリズムが、あくまでもマスメディアの内部改革にとどまっているにもかかわらず、運動では民主主義社会の再構築までも掲げることから、「ジャーナリズムの機能をあまりにも過大評価している」との批判もある、とのこと。

「何を書いて、どれを印刷するかを決める権利が、依然としてジャーナリスト側に残ったままである」ことが原因だとの指摘もあり、これは、既存メディアが改革しようとすること自体の限界なのか。「何を書いて、何を発信するか」を決める権利が市民側にある、ブログとの大きな違いと言えるだろう。

とはいえ、すでに一五年の月日が流れたパブリック・ジャーナリズムの運動を通じて、米国民の意識がどう変わったのか、コミュニティのパブリック・ライフが活性化されたのか、について知りたいところだ。

パブリック・ジャーナリズムについては、ほかに、仙台市にある新聞社、河北新報で論説委員を務める寺島英弥氏が書いた『シビック・ジャーナリズムの挑戦』（日本評論社）もある。著者が実際に米国各地で見た運動の報告で興味深いが、残念なことに二〇〇五年の発行。最新の米国での状況をご存知の方は、ぜひお聞かせ願いたい。

さて、米国が生んだパブリック・ジャーナリズムの日本での運動は？　「パブリック・ジャーナリズム」と、「グラスルーツ・ジャーナリズム」とを混同している情報も見受けられる中、問題意識という段階でまだ留まっているように思える。

しかし、最近の選挙前の世論調査と選挙結果との不一致（「無党派」が増え、当日にならないと投票行動を決めない層が多いことにも起因するが……）を見るに、日本のマスメディアもそろそろ選挙報道のあり方を再考しなければいけない時期にきているのかもしれない。米国と同じように、地方紙がそういった問題意識に敏感に反応するのだろうか。

私個人としては、林さんの著書で紹介されている報告の中で、米国のマスメディアの編集局が「まるで銀行や保険会社のようになった」と指摘され、特に主流のマスメディア企業では、「ジャーナリストたちの特権階級化が進み、一般市民との距離が広がる一方である」ことや「高給に慣れたジャーナリストが普通の市民の生活感覚を失い、普通の市民の代表として権力を監視するジャーナリズム本来の役割を果たせなくなる」との危惧が挙がっている点が、とても印象に残った。

日本では、どうであろう。ジャーナリストが銀行員、はたまたキャリア官僚になったに等しい「勝ち組」として、「上から見下ろす」ような状況になってはいないだろうか。自戒の念を込めて、権力を監視するジャーナリズム本来の役割を果たすことが持続的に可能になるためならば、パブリック・ジャーナリズムのような運動が日本に起きることを、期待したい気持ちだ。

これは、ジャーナリスト側からみた考えではあるが、市民にとっても、こうした運動に参加することは、問題解決を進めていくためのツールとして利用でき、改革をもたらし、よりよいパブリック・ライフを送ることができる可能性を秘めていると、言えるではないだろうか。

4　終わりに

この章では、市民参加型のネットニュース（ネット新聞）やブログといった、市民ネットメディアからなる市民ジャーナリズム（グラスルーツ・ジャーナリズム）と、米国から発した市民（読者）を巻き込んでの既存メディアの改革運動、パブリック・ジャーナリズムの紹介を通じて、私の問題意識、「新しいジャーナリズムが、市民の政治意識や改革の動きに、どのような影響を与えるのか」について探ってみた。

結論は……。私の勉強不足もあって、残念ながら、今の段階ではよくわからない、というのが正直なところだ。とはいえ、特にネットを背景とした参加型メディアでもある市民ジャーナリズムには、「市民に影響力を発揮しそう」との予感はする。実際は、まだまだ発展途上のネット新聞。一方ブログは、なかなかの存在感が出てきたが、それがどういった形で、新しいメディアとして、またジャーナリズムとして根付き、市民を巻き込み、改革につながっていくのか。残念ながら、私はまだ輪郭がつかめていない。

ＳＮＳ、Ｗｅｂ２・０(8)など、ネット上ではいろいろなツール(9)が出てきてはいるが、そうしたネット上の技術革新に、市民（利用者）や社会が追いついていないのではないだろうか、とも思える。しかし、市民側がそれらをうまく使いこなせるようになった時。その時は、市民パワーと新しいメディアのパワーが一つとなった新しいジャーナリズムが誕生し、とてつもない「社会的な動き」の原動力となりうるのではないか。

それが確信に変わるのは、いつなのだろう。

【注】

(1) 古川知事の個人HPは、http://www.power-full.com/

(2) 過去および最新の「情報通信白書」は総務省のHPからダウンロードできる。http://www.johotsusintokei.soumu.go.jp/whitepaper/ja/cover/index.htm

(3) 韓国のオーマイニュースのHPは、http://www.ohmynews.com/

(4) SNS（ソーシャル・ネットワーク・サービス）の略。広く情報を公開する一般的なウェブサイトとは異なり、すでに加入している人の紹介がないと参加できない招待制のサービスを指すことが多い。米国では米グーグル（Google）社が二〇〇四年一月にサービスを開始した。“Orkut（オーカット）”、日本では㈱ミクシィが二〇〇四年三月にサービスを開始した“mixi（ミクシィ）”などが先鞭をつけ、多くの利用者を得ている。主な機能としては、自分のプロフィールや写真を公開する機能、公開範囲を設定できる日記機能、共通のテーマで意見交換や情報交換を行うコミュニティ機能、その他、会員同士のメッセージ機能や訪問履歴を残す機能、カレンダー機能などがある（総務省ホームページから）。

(5)　「ユーチューブ」は、個人が録画した様々な映像をネット上に投稿し、互いに閲覧できる米国発のサービス。日本では、ソニーが参入することを二〇〇七年四月に発表した。

(6)　三Ｄ仮想空間「セカンドライフ」とは、米国発の三次元仮想空間。パソコン向け無料オンラインゲームで、利用者は、コンピューターグラフィックス（ＣＧ）の街でキャラクターを操り、会話や買い物を楽しむことができる。米国のＩＢＭやナイキなど、実在の企業が相次ぎ出店。日本企業の進出も始まっている。今夏にも日本語版が登場する見込み。

(7)　パブリック・ジャーナリズムについては、林香里『マスメディアの周縁、ジャーナリズムの核心』新曜社、二〇〇二年、第九章で主に取り上げられている。

(8)　ソフトウエアの世界では最初の第一版を『リリース1・0』、大幅に改訂した第二版を『2・0』と呼ぶ。Ｗｅｂ2・0とは、インターネット第二版、つまり『ネット革命の第二幕』という意味。米国でネット株バブルが崩壊した後、検索大手のグーグルが二〇〇四年夏に株式を上場、再びネット株に注目が集まった。そうしたネット業界の復活に目をつけた米ハイテク出版社のティム・オライリー社長が「Ｗｅｂ2・0会議」という集まりを開いてから、話題となった。「1・0」時代とは、まず情報発信の担い手が変わった。ネットの普及で誰もが情報を発信できるようになっても、1・0時代はそれを活用していたのはメディアや企業だったが、2・0時代になると個人や消費者が情報発信の主役となった。ブログや社交情報サービス（ＳＮＳ）が典型例だ（日本経済新聞、二〇〇六年一二月二五日夕刊一五面「ニッキィの大疑問」などから）。

(9)　野村総合研究所によると、ＳＮＳとブログ関連の広告市場規模は二〇〇六年で二二一億円。ネット広告全体の伸びを上回る年率五割増のペースで拡大、一一年には一七〇六億円に達するという（日本経済新聞、二〇〇七年四月一六日朝刊一一面)。

最終章　草の根からの変革

村尾信尚

1　メディアの中立性？

テレビや新聞などを通して、私たちは今、時代がどう動いているのかを知る。確かにメディアは世の中のさまざまな出来事を報道している。しかし、それはほんの一部の事実だけであって、世の中の全体像を伝えているわけではない。また全体像を伝えようと思っても、それは不可能だ。

以前、サッカーの試合を東京代々木の国立競技場で見たことがある。それまで私は、テレビの画面を通してサッカーを観戦してきたが、生《ナマ》の試合を見て驚いたのは、個々の選手の複雑極まりない動きだ。テレビカメラはどうしてもボールの行方を追うため、ボールに絡む選手しか画面には出てこない。ところが、一人ひとりの選手はテレビで見るのと違い、驚くほど複雑に動いている。メディアを通して知る世の中の動きは、このサッカー中継のように決して全体の動きを捉えているのではなく、あくまでもメディアの送り手の問題意識によって切り取られた一部の動きであるのだ。メディアの受け手は、常にこのことを認識しておくことが大切だ。

イギリスの歴史家E・H・カーは『歴史とは何か』(1)の中で、「歴史とは歴史家と事実との間の相互作用の不断の過程であり、現在と過去との間の尽きることを知らぬ対話」と述べ、歴史とはその歴史を書く歴史家の主観的産物であるとしている。過去に起きた数多くの事実のうち、現在および将来の社会に大きな影響を及ぼすと歴史家が考えるもの、それがその歴史家の「歴史的事実」となるのである。

メディアの「報道」についても、カーが定義する「歴史」と相通ずるところがあるように思う。時々刻々世界中からいろいろな事件や事故が飛び込んでくるなか、メディアはどの出来事をニュースとして報道する価値があるのかを判断し、そしてこれをどのような視点から分析し、評価していくのか、を常に問われている。もちろんメディアには「報道の客観性」とか「報道の中立性」が求められ、メディアに携わる者はこのことを強く自覚しなければならないのであるが、他方でニュースを取り扱うのが生身の人間である以上、こうした作業においてはどうしてもその人の主観的な判断が入り込んでくる。「客観的な報道」とか「中立的な立場で事実を伝える」ということは実はありえなくて、むしろメディアは、そのよって立つ視点を明らかにしてニュースをつくり、それを視聴者に判断してもらうということになるかと思う。

そう考えれば、次に問題となるのは、現代社会を捉える視点をどこに置くか、ということであり、現代社会をどのように把握するか、ということである。今、私はニュース報道の現場に身を置いているが、以下においては、こうした私の問題意識について述べてみたい。

2　プランB

小泉内閣では、「官から民へ」とか「国から地方へ」ということがよく言われた。変革の時代の今、中央省庁主導で国をリードしてきたこれまでの体制に制度疲労が目立ってきた。官主導の護送船団方式の崩壊、年金制度に対する不信感の増大、巨額の財政赤字の存在……。

もう東京永田町の政治家や霞ヶ関の官僚だけにこの国を任せておくわけにはいかない。

一方で、市民の意識は確実に変化している。成長社会から成熟社会へ移行するなかで、人々は「企業の戦士」としてではなく、「地域社会の市民」として自己を捉え始めている。また、豊かさの質が問われるなかで、人々は健康と環境に配慮したライフスタイルに強い関心を持ち始めている。

こうした時代状況を背景にして、これにうまく適応できないでいる日本は今、いたるところでイエローカードを突きつけられている。それに対する答えは今まで私たちが歩んできた道の延長線上にはなく、別の道を行かなければならないだろう。

たとえば、成長社会から成熟社会へと移行していくなかで、人々の関心も「モノの生産」から「質の高い消費」に変わっていく。そしてこれに伴い、生産者サイド内の労働対資本という従来の政治の対立軸は次第に消滅していき、その代わりに、「安心と安全を求める消費者」対「従来の利益確保を求める生産者（経営者と労働者）」という新たな対立軸が浮かび上がってきているように思える。「資本家vs労働者」から「生産者vs消費者」へ、である。これはニュース報道の現場に携わる私の実感でもある。

ところが、政治がこの動きに追いついていない。現在の与党自民党の基盤は相変わらず財界を中心とした勢力であるし、野党民主党の基盤は労働組合を中心とした勢力である。そして自民党は「上げ潮政策」と称して、再び成長志向を強めている。今必要なのは、消費者の利益を守る勢力であり、企業ではなく地域社会に軸足を置く市民の声を集める勢力なのだ。

こうした事例をはじめとして、私は現代社会における対立の構図を左記のように列挙してみたい(2)。各項目の前者に掲げているものをAグループ、後者をBグループとしよう。戦後、経済大国を目指した日本は、どちらかと言えば、このAグループにその軸足を置いてきた、あるいはBグループに対する問題意識が希薄であった、と考えられる。

しかし、これからは今までのようなスタンスでは、問題は解決しない。牛肉など食品の安全性が

	A		B
・	生産者	vs	消費者
・	税金を使う人	vs	税金を払う人
・	官	vs	民
・	国	vs	地方
・	モノの豊かさ	vs	心の豊かさ
・	開発重視	vs	環境重視
・	ハンディのない人	vs	ハンディのある人
・	現世代	vs	次世代

指摘されるとき、従来の消費者行政は厳しく問い直されなければならない。「医者」より「患者」の立場で、「先生」より「生徒」の立場で医療や教育のあり方を考えることが必要だ。公共事業のあり方が議論されるとき、納税者の視点が重視されなければいけない。行政組織の改革を進めるにあたっては、「民間でできるものは民間で」の発想が大切だ。このようにして考えていくと、Bグループのサイドからの視点が、これからの社会のグランドデザインを描くうえで非常に重要だ。

経済社会の改革が叫ばれる今日、現行の政策体系に取って代わるオールタナティブな政策パッケージを打ち出すには、先ず私たちはBグループのサイドに立って、一つ一つ問題提起をしていくことが大切ではないか。そして、この一つ一つの問題提起の集積が、新しい社会をリードする政策体系をかたちづくることになるのだ。消費者、納税者の立場からは「透明性」、民間、地方の立場からは「自立や自律」、心の豊かさ、環境保護の立場からは「ロハス（LOHAS）」[3]、ハンディのある人の立場からは「ユニバーサル」、次世代の人々の立場からは「持続可能性」という概念が浮かび上がってくる。

以上が、プランBのコンセプトであるが、これを具体的な例で考えてみよう。

プランBは患者の立場に立って、インフルエンザに有効な医薬品タミフルについて、服用による死亡事故との因果関係が明確でなくとも、疑わしき事例が認められれば、その時点で厚生労働省は適切な対応をすべきであったと考える。

プランBは生徒の立場に立って、「いじめによる自殺者」の件数を従来過少に報告してきた学校・教育委員会側の対応を批判する。

プランBは納税者の立場に立って、公共サービス部門の業務における市場化テストの実施を推進する。

プランBは善良な市民の立場に立って、検察・警察の取調べの適正化を図るため、録画・録音などによる取調べの可視化を要求する。

プランBは地方の立場に立って、たとえば市町村が担うとされた行政サービスについては、そのサービスに関わる都道府県や国の担当部局を原則として廃止する。

プランBは豊かさの質を求めて、GDP（国内総生産）に代わる、健康と持続可能性に配慮した新しい社会指標を開発する。

プランBは環境重視の立場に立って、揮発油税等の道路特定財源を環境対策などの一般財源に充当することを要求する。

プランBは何らかのかたちでハンディを負っている人々の立場に立って、これを自己責任に帰することなく、必要に応じた公的支援策を検討する。

プランBは次世代の人々の立場に立って、将来の財政負担を軽減するために、特例公債（建設公債以外の赤字公債）依存体質からの脱却目標年次を明らかにする。

このようにプランBの視点から、たとえば以上のような現代社会を切る切り口が提示されるのだ。

このプランBという考え方は、要するに、今までとは違うもうひとつの選択肢という意味である。二〇〇三年、米国の環境学者レスター・ブラウンは、同名の著書『プランB』(4)において、開発ではなく環境に配慮した社会のあり方を提唱している。さらに言えば、この発想は、エーリッヒ・フロム(5)の「持つ（have）」生き方ではなくて、「ある（be）」生き方にも通じていると言えよう。また、ヨアン・S・ノルゴー、ベンテ・L・クリステンセン『エネルギーと私たちの社会』(6)において紹介されている「達成価値」ではなく「存在価値」に重きを置く考え方とも類似している(7)。

3　官民同時改革の必要性

変革の時代には、役所も社会も大きく変わらなければならない。官の限界が明らかになる一方で、民の可能性が期待される今、スリム化する官に代わって、民には公益を担う主体としての自覚が強く求められている。官の改革と同時に、民の改革もまた不可欠なのである。以下においては、官の改革のなかでもその本丸を占める公務員制度の改革について私見を述べる。その後、民の改革について私がその設立に関わったＷＨＹ　ＮＯＴについて述べることにしたい。

(1)　公務員制度の改革

今の公務員制度を考えるにあたっては、改めて「誰のための公務員改革なのか?」「公務員は誰に仕えるのか?」という原点に立ち返った議論が必要だ。

先ずは、データに基づいて日本の公務員の現状を見てみよう。人口千人当たりの公務員数は主要先進国中、日本が一番少ない。軍人・国防を除いた国・地方・政府企業の職員数はフランス八〇・三人（二〇〇四年）、イギリス七四・六人（二〇〇五年）、アメリカ七一・一人（二〇〇五年）、ドイツ五二人（二〇〇四年）、日本三〇・九人（二〇〇六年）である。

公務員制度を語るとき、こうした実態を踏まえて議論しなくてはいけないのだが、それにしても国民の公務員批判は絶えることがない。

公務員を取りまく現在の問題は、国民が公務員の給料を支払っている「雇用者」であるにもかかわらず、「被雇用者」である公務員が、「雇用者」の意思がどこにあろうと、自分の立場を守ることができるところにある。納税者である私たちにとって、公務員は「お上」であり、私たちの「奉仕者」であるという実感がないのだ。

ここで、「納税者」の視点から問題提起をしよう。平成一九年度の国の一般会計予算における税収は五二・五兆円なのに歳出総額は八二・九兆円。公務員の人件費を含む歳出総額が納税者の支払い総額を大きく上回り、経常的経費に充てる赤字国債を発行している状況のもとで、公務員の身分保障を理由にして公務員の整理解雇あるいは給与カットをしないことが理屈として通るのか。

現在、政府は特定の分野で市場化テストを実施している。市場化テストとは、官の事業を民と競争させ（官民競争入札）、効率性の比較を通じて官業の範囲の縮小を図るものだ。特に、コスト比較が容易なサービス提供部門において、納税者への説明責任を果たすためには市場化テストが有効である。

公共サービスの財源は税金というかたちで政府が徴収するとしても、特定の業務についてはその業務を遂行するにあたり、もはや公務員を雇用して政府が直営で行なう必要はない。これからの役所を考えるとき、公共サービスを実際に供給する者としての役所の役割は次第に消滅していくだろう。

ところで、市場化テストによって民に軍配が上がっても、その部門の公務員の解雇、配置転換ができなければ効果はない。公務員の身分保障との関連で、市場化テストの効果を疑問視する行政関係者は少なくないのである。

現行の国家公務員法は、公務員の中立性の確保(8)などを理由にその身分を保障している。ただし、同法第七八条は、「官制若しくは定員の改廃又は予算の減少により廃職又は過員を生じた場合」、いわゆる行革による解雇を定めている。しかし、今までこの規定に基づいて人員整理を行なったことは殆どなかった。公務員制度改革を言う前に、現行制度でできることをしっかりやらなければならない。

ここで公務員の労働基本権の制約が問題とされるのであれば、労働基本権の付与を真剣に検討すべきではないか。今や、行政運営の世界的な潮流は「官から民へ」である。公務労働の分野もその例外ではない。企業が消費者志向でなければ存続していけないように、これからは行政も納税者志向でなければ、国民の支持は得られないのである。

公務員制度を含む行政改革を行なう際、私たちが忘れてはならないのは「最終の費用負担者」である納税者の視点だ。このため納税者に対する「情報公開」と「説明責任」の徹底を改革の基本としなくてはいけない。例えば、公務員の労使交渉において、どちらの側が納税者に対する説明責任を果たしているか。納税者である国民に分かるよう、これからは交渉の過程をできる限り公開することが必要だ。

「納税者による評価」について一言付け加えよう。「納税者による評価」の具体的な事例としては、例えば学校選択制がある。公立小中学校の先生の評価は先生同士で行なうのではなく、その地域の住民が行きたい学校を選択できるシステムを導入するだけで、「住民による評価」が実現する。こうした議論においては必ず適正な評価ということが問題になるが、「誰のための公共サービスか」「誰のための公務員か」との原点に常に戻らなければならない。

ニュース報道の現場から見ていても、社会保障、環境、治安、教育問題など公共分野の比重は、今後大きくなることはあっても小さくなることはない、と強く感じる。こうした状況下、公共部門に対して問うべき課題は何だろうか。私は「大きな政府か小さな政府か」といった政府のサイズではなくて、政府活動の質であると考える。しかもその質の高さは納税者の視点から評価されたものでなければならない。国民負担の観点から言えば、今後は大きな政府とならざるを得ないであろうが、他方で公務員数の観点から言えば、小さな政府にすべきだ。いずれにせよ私たちは、拡大する公共分野に対して、納税者満足度を最大化する政府活動のあり方を模索していかなければならない。

(2)　WHY　NOT

私たちは自分たちの社会に対して当事者意識を持っているだろうか？　国や社会に対する当事者意識を国民が持っているかどうかを示す指標の一つが投票率だ。衆議院議員選挙における投票率の推移を見ると、戦後以降の昭和期においては六八％～七六％の間を推移していたが、平成に入り投票率は急低下した。一時は六〇％を切ったが、二〇〇五年九月小泉前首相の「郵政選挙」では六七％台まで上昇した。しかし、これをもって投票率が今後上昇するとは考えにくい。投票率低迷の要因については様々な指摘がなされているが、私はこれを、社会における一人ひとりの個人の無力感と相まって「社会のあり方を決めるのは私たちだ」という当事者意識が欠如しているためではないか、と考える。

ところで、私は以前、草の根からの改革を訴えて小さな会合を開いたとき、「世の中どうせ変わらない」と参加者に一蹴されたことが忘れられない。「世の中どうせ変わらない」とみんながあきらめている。これこそ、本当の日本の危機だ。私たちの真の敵は既得権益の側に立つ者ではない。普通の人々の無力感や無関心こそ私たちが戦わなければならない敵なのだ。市民の心に火を点ける、そんな市民の意識改革をどうやって進めるか。そのことが私の頭から離れなくなった。二〇〇〇年の夏のことである。

私が考えたのは、たとえば地方自治体の首長選挙の際、選挙公約は行政サービスの供給サイドにいる政治家や政党ではなく、行政サービスの購入者である住民がつくり、それを立候補者に確約させるような仕組みができないかということだった。選挙公約というものを、政治家がある特定の公共サービスの提供を住民に約束するものと捉えずに、住民がある特定の公共サービスの購入を政治家に提示して、政治家がその供給を約束するかどうかの契約書とみなすのだ。「住民がつくる公共サービス購入注文書」「公共サービスをオーダーメイドする」「住民からの逆公約」……。このアイディアは選挙公約における住民と政治家の立場を逆転させるものだ。

私たち自身が行動を起こすことによって、私たちは社会への参加意識を持つことができるし、しかも住民がつくった選挙公約で実際に役所が変わったら、私たちは大きな自信を持つことができるのだ。私たち自身で公約をつくることになれば、払う税金以上の要求をしても、それは無理だということが分かる。今まで住民は、行政に対して受け身の立場に立たされていたこともあり、気楽な考えでサービスを要求してきた面がなかったか。しかし、これからは住民自ら行政のなかに入り込んで「このようなサービスをしてほしい」ということになれば、「それでは、その費用は誰が負担するのか」についても考えなくてはいけなくなる。主体的に行政に関わっていけばいくほど、行政の問題を自分自身の問題として捉えざるを得なくなるのである。私たちがオーダーメイドで公共サービスを注文できれば、自治とか参加型民主主義という考え方がより身近になるのではないだろうか。

私たちは二〇〇一年二月、「有権者がつくる選挙公約」を提唱して、市民ネットワーク「WHY NOT」をつくった。「WHY NOT」は「どうして？ やってみようよ」の意。今でも前途は多難だが、進む方向は間違っていないと思う。

ニュース報道にあたっても、私は、私たちがこの社会に対して当事者意識を持つことがまず何よりも重要だと考えている。一見私たちとは関係のないところで社会は動いているように思えるかもしれない。だけどそれは違う。私たち自身がこの社会をつくっているのだ。私たちが投票権をしっかりと行使すれば世の中を変えることができる。

たとえば戦争。戦争は私たちの意に反して起こるのではない。「戦争は終わる。もしあなたが望むなら」オノ・ヨーコさんのこの発言は正しいと私は思う。

4　草の根からの変革

最近日々のニュースに接していて、どうしても考えざるを得ないのが「平和」と「格差」の問題である。これを日本国憲法の条文に照らしていえば、「戦争の放棄」を定めた第九条と「健康で文化的な最低限度の生活」を保障した第二五条である。これからの日本のあり方を考えるとき、私個人としては、この九条と二五条をめぐって、各政党が骨太の選択肢を国民に提示すべきだと思う。たとえば、「改憲か護憲か」「集団的自衛権を認めるのか否か」「日米同盟か東アジア共同体構想か」「低福祉低負担か高福祉高負担か」「成長志向か生活志向か」……。

いずれにせよ、日本は今岐路に立たされていることは間違いない。私たちはこのままでいいのか？視点を変えると、今まで見えなかったものが見えてくる。そしてまわりの風景が変わると発想の仕方に変化が生じ、思考回路が変わる。人々の思考回路が変われば、社会設計のやり方が変わる。こうして政治や行政が変わり、社会が変わり、日本が変わる。前述のプランBは、その視点をどこに置くか、についての一つの考え方である。

「国から地方へ」「官から民へ」、日本を変えるためには、今度こそ草の根からの変革しかない。これからは、一部の政治家や官僚など特定の少数者ではなく、市民や消費者といった不特定多数の人々が社会のあり方について的確な判断を下していくことになる。そうなれば、行政や企業の情報公開が不可欠となってくる。情報公開とそれに伴う説明責任がなければ、選挙において有権者は何を頼りに投票してよいか分からないだろうし、市場において消費者は何を信じて商品やサービスを購入してよいか分からないだろう。こうして社会の透明性が今後ますます重要になってくる。

透明度の高い社会においてこそ、草の根からの変革は実現するであろうし、その変革の目指す方向は正しいものとなろう。こうしたことを考えると、メディアの果たす役割は今後ますます重要になると感じざるを得ないのである。

【注】

（1）Ｅ・Ｈ・カー『歴史とは何か』岩波新書、一九六二年。
（2）村尾信尚「プランＢ」『北海道自治体学会ニュースレター』二〇〇二年一二月。
（3）Lifestyle Of Health And Sustainability の略で、「健康と持続可能性に配慮したライフスタイル」という意味。
（4）Lester R. Brown, Plan B, W W Norton & Co Inc. 2003.
（5）エーリッヒ・フロム『生きるということ』紀伊国屋書店、一九七七年。
（6）ヨアン・Ｓ・ノルゴー、ベンテ・Ｌ・クリステンセン『エネルギーと私たちの社会』新評論、二〇〇二年。

（7）　同書によれば、「達成価値」と「存在価値」は左記のような対比によって示される。

「達成価値」	「存在価値」
自然の制御	自然との調和
更新	保全
生産性	創造性
階層	平等
競争	協力
物質主義	簡素主義
知識	感性
専門的知識	全体的な考察
外への開発	内なる発展

（8）　公務員の身分保障との関連で語られる公務員の中立性とは何か。特定の政党や政治家を半ば公然と支援する公務員組合がある現状において、この問題をどのように考えたらよいのだろうか。

過剰債務と高齢化が進展する地元で、市民と行政が一体となった自治体づくりに向けて活動。

十枝真弓（とえだ・まゆみ）

会社員。1999 年明治大学卒業。
市民と行政・企業とのマッチングポイントを探る。活動テーマは、市民参画と NPO の中間支援。

渋谷典子（しぶや・のりこ）

特定非営利活動法人参画プラネット代表理事、名古屋大学大学院法学研究科博士後期課程在籍。1956 年生まれ。
15 年間の NPO 活動実践から法律問題解明の必要性を痛感、仕事と研究の両立に取り組む。

林やすこ（はやし・やすこ）

特定非営利活動法人参画プラネット事務局長。1953 年生まれ。
ある自治体の指定管理者選定委員として、市民の立場で指定管理者制度に関わる。

堀尾博樹（ほりお・ひろき）

税理士。1979 年一橋大学経済学部卒業。
住民には見えにくい役所仕事の全体像を財政学・会計学から明らかにすべく研究中。

竹居照芳（たけい・てるよし）

日本経済新聞社社友・フリージャーナリスト。1939 年生まれ。
国と地方自治体の財政問題を軸に、日本の経済社会の持続可能性（サステナビリティ）を追求。

執筆者紹介（執筆順）

木村恭子（きむら・きょうこ）

日本経済新聞社勤務。早稲田大学ジャーナリズム教育研究所客員研究員。1963 年生まれ。
記者の駆け出し時代の地方支局で地方自治に関心。今回首長取材で、持続的な行政改革の可能性に期待。

山口武美（やまぐち・たけみ）

三重県職員。1963 年生まれ。
人事、行政経営などの業務を経験。一市民としての視点を大切にし、内部からの行政改革に取り組む。

勝浦信幸（かつうら・のぶゆき）

鶴ヶ島市職員。特定非営利活動法人ハート理事長。LGF 主宰。1954 年生まれ。
地域にある多様な資源の連携・活用による地域課題の解決に向け実践的に取り組む。

西村　聡（にしむら・さとる）

石川県職員 (現在、東京大学先端科学技術研究センター産学連携コーディネーターとして出向中)。1967 年生まれ。
地域住民のニーズを政策として実現することができる自治体職員を目指し、自己変革中。

中村健一（なかむら・けんいち）

経済産業省に勤務ののち、(株) 中村製紙所勤務。1972 年生まれ。

監　修

村尾信尚（むらお・のぶたか）

関西学院大学教授。NEWS ZERO メインキャスター。1955年生まれ。

WHY NOT の創設者。選挙公約は政治家ではなく有権者が作って、これを政治家に突きつけようと提唱。現在も、市民の視点から政治のあり方を追求。

編著者

澤　昭裕（さわ・あきひろ）

東京大学先端科学技術研究センター教授。1957年生まれ。

WHY NOT 世話人会代表。地方自治体（宮城県）での勤務や NPO 活動経験から、地方自治体の行政改革や公務員問題に関心。

無名戦士たちの行政改革 —— WHY NOT の風

2007年11月10日初版第一刷発行

監　　修　村尾信尚
編 著 者　澤　昭裕 + WHY NOT メンバー
発 行 者　山本栄一
発 行 所　関西学院大学出版会
所 在 地　〒662-0891　兵庫県西宮市上ケ原一番町 1-155
電　　話　0798-53-7002

印　　刷　協和印刷株式会社

Printed in Japan by Kwansei Gakuin University Press
ISBN 978-4-86283-021-0

http://www.kwansei.ac.jp/press